U0534979

司法鉴定立法体系化研究

拜荣静 著

中国社会科学出版社

图书在版编目（CIP）数据

司法鉴定立法体系化研究 / 拜荣静著 . —北京：中国社会科学出版社，2023.7
ISBN 978 - 7 - 5227 - 2392 - 1

Ⅰ. ①司… Ⅱ. ①拜… Ⅲ. ①司法鉴定—立法—研究—中国 Ⅳ. ①D918.9

中国国家版本馆 CIP 数据核字（2023）第 143881 号

出 版 人	赵剑英
责任编辑	许　琳
责任校对	李　硕
责任印制	郝美娜

出　　版	中国社会科学出版社
社　　址	北京鼓楼西大街甲 158 号
邮　　编	100720
网　　址	http://www.csspw.cn
发 行 部	010 - 84083685
门 市 部	010 - 84029450
经　　销	新华书店及其他书店

印刷装订	北京市十月印刷有限公司
版　　次	2023 年 7 月第 1 版
印　　次	2023 年 7 月第 1 次印刷

开　　本	710×1000　1/16
印　　张	16.5
字　　数	254 千字
定　　价	98.00 元

凡购买中国社会科学出版社图书，如有质量问题请与本社营销中心联系调换
电话：010 - 84083683
版权所有　侵权必究

前　言

党的十八届四中全会通过的《中共中央关于全面推进依法治国若干重大问题的决定》提出："推进以审判为中心的诉讼制度改革，确保侦查、审查起诉的案件事实证据经得起法律的检验。全面贯彻证据裁判规则，严格依法收集、固定、保存、审查、运用证据，完善证人、鉴定人出庭制度，保证庭审在查明事实、认定证据、保护诉权、公正裁判中发挥决定性作用。"以审判为中心的诉讼制度改革要求司法鉴定改革要逐渐偏向司法鉴定适用制度改革，主要表现为详细规定鉴定人出庭作证制度。2016年，司法部与最高人民法院联合出台的《关于建立司法鉴定管理与使用衔接机制的意见》进一步体现出司法鉴定改革在推动鉴定工作与审判工作更好衔接所中作出的努力。因此，目前我国更应当注重司法鉴定适用制度改革，加强司法鉴定制度与诉讼制度、证据制度的衔接，减少司法鉴定程序与诉讼程序的矛盾冲突。

从现有司法鉴定立法体例本身来看，我国关于司法鉴定的相关制度规定过于分散，存在司法鉴定规定不完善且诸多规定内容存在重复的问题，使得司法鉴定制度无法满足日益复杂的司法鉴定实践需求，某种程度上还阻碍诉讼程序的顺利进行，进而影响诉讼效果。改革开放以来，尽管全国人大常委会、司法部、公安部、最高人民法院、最高人民检察院均在各自权限范围内就司法鉴定问题制定了相应法律规范，但从已有规范内容看，司法鉴定立法不仅在形式上未能实现体系化，而且内容方面也基本各自为政，缺乏协调性。这种散乱的立法现状和中央关于制定统一司法鉴定法的精神和要求极不相称。

全国人大常委会《全国人民代表大会常务委员会关于司法鉴定管理问题的决定》（以下简称《决定》）实施已长达17年之久，其中许多内容与现行司法制度体系、诉讼程序、证据规则之间存在诸多不协调，诸多规定过于原则，缺乏具体可操作性，且缺乏相应的配套措施。《决定》作为司法鉴定改革的阶段性成果，在当时更多偏向于司法鉴定管理制度改革，因此《决定》在司法鉴定的管理及鉴定机构、鉴定人的资格等方面的规范取得了较大进步。有学者甚至认为"从《决定》的内容来看，其性质实际上是关于司法鉴定管理活动的行政法，《决定》所解决的就是司法鉴定的统一管理问题，即司法行政机关应当做到登记的统一、资质的统一、培训的统一、鉴定标准的统一、收费的统一、违规处罚的统一。"[①] 但纵观《决定》全文，仅有少量条款涉及鉴定实施内容，这就使得《决定》并不能有效解决司法鉴定实施过程中出现的各类问题，导致司法鉴定制度与诉讼制度、证据制度之间衔接不畅。同时，因《决定》立法规格和层次较低，并不能有效管理涉及诉讼的所有鉴定机构。

改革是制度自我完善的重要手段之一，政策是改革的重要表现形式，通常认为政策灵活性大于法律，但是政策的长期效果是不够稳定的。我国司法鉴定制度改革已进行了数年，取得了较多改革经验与成果。目前我国司法改革已进入新时期，司法鉴定制度改革也已进入新阶段。因司法鉴定管理制度改革无法从根本上解决司法鉴定领域存在的诸多问题，所以需要在立法层面对其进行彻底变革。已有的司法鉴定制度不适应当前相关司法实践，无法与诉讼制度与证据制度等进行良好的衔接。新时期，司法鉴定活动管理的体系化与司法鉴定立法和诉讼法内容的互融性和一致性，要求我国司法鉴定法的立法形式应该走统一化的道路。司法鉴定统一立法可以为司法鉴定改革提供法律依据，有利于进一步推进司法鉴定改革的实质化发展。也只有进行司法鉴定统一立法体制的构建，才能解决目前存在的因部门利益之争所导致的"多头鉴定""重复鉴定"和"反复投诉"等问题。

[①] 卞建林、郭志媛：《规范司法鉴定程序之立法势在必行》，《中国司法鉴定》2005年第4期。

目前我国并不存在司法鉴定统一立法,又因司法鉴定程序与诉讼程序密切相关,三大诉讼法不得不对司法鉴定程序进行规定。但是三大诉讼法涉及司法鉴定的立法较为分散,过于原则。且针对鉴定活动的实际操作条款较少,仅以原则性条款对诉讼中司法鉴定的适用进行规定。同时,三大诉讼法有关司法鉴定的内容相互独立,缺乏应有协调性。实践中的司法鉴定活动并非仅由三大诉讼法进行规定,甚至三大诉讼法仅在很小篇幅内对现行司法鉴定活动予以规范,更多则是集中在行政法规、规章、地方相关立法与司法解释层面。由于司法鉴定相关规定大多由国务院各部委、最高人民法院、最高人民检察院、地方人民代表大会及常务委员会制定,因此很多法律概念、原则、规则和制度都有所不同,存在矛盾和冲突。原因之一是各部门法存在立法时间、修订时间、立法技术等方面的差异,缺乏效力层级较高的司法鉴定统一立法为其制定活动提供立法依据,且不同部门因利益之争等原因亦无法在司法鉴定相关的法律概念、原则、规则和制度方面实现统一。除此之外,行政法规、规章、地方相关立法与司法解释对司法鉴定内容的详细规定也造成了司法鉴定整体法律结构体系的失衡。有学者甚至提出:"统一司法鉴定管理的法治化并未因有关司法鉴定问题的法规规章等规范性文件的增多完全进入法治化轨道,有些规定在某种程度上还阻碍了其法治化的进程,甚至影响了司法鉴定统一管理的法治化发展。"[①] 可见,现有司法鉴定规范制度存在的系列问题,需要以统一立法的形式予以解决。

《决定》作为我国司法鉴定最高法律位阶的制度性规定,与其他部门规章、地方法规、司法解释等共同构成现有司法鉴定法律体系。其效力层级较之全国人大制定的法律更低,因此部门规章、地方法规及司法解释等并未完全受《决定》约束,《决定》一定程度上被架空和屏蔽。有学者提出"由于《决定》作为司法鉴定制度改革的法律文本在实施过程中不断地遭遇立法部门、司法实践部门的地方立法、相关答复、解释与规定不同程度地屏蔽与肢解,导致我国司法鉴定统一管理法治化出现

[①] 杜志淳:《司法鉴定法立法研究》,法律出版社2011年版,第22页。

了暂时停滞甚至退步。"① 上述问题在实践中具体表现为以下五个方面。

首先，《决定》与地方性法规存在不一致规定。《决定》第 3 条规定需要登记管理的司法鉴定主要有三类，分别为法医类鉴定、物证类鉴定和声像资料鉴定，并于第 4 款规定"根据诉讼需要由国务院司法行政部门商最高人民法院、最高人民检察院确定的其他应当对鉴定人和鉴定机构实行登记管理的鉴定事项"，将其作为口袋条款。但是地方性法规通常规定司法鉴定包括法医类鉴定、物证类鉴定、声像资料类鉴定以及其他类鉴定，以法规形式将其他类鉴定直接纳入统一管理范围。《决定》规定的口袋条款范围明显小于地方法规随规定的"其他类鉴定"，因而容易出现某些鉴定类别依据地方性法规有法可依，但依据《决定》却无法可依的现象。2019 年 5 月司法部与生态环境部联合印发了《环境损害司法鉴定执业分类规定》，至此司法鉴定"四大类"司法鉴定执业分类规定已全部出台。随后颁布的地方司法鉴定管理条例通常规定将"四大类"的鉴定事项纳入司法鉴定统一管理范围，包括 2019 年 12 月公布的《上海市司法鉴定管理条例》和 2020 年 9 月通过的《北京市司法鉴定管理条例》等。通过将《决定》和地方性法规进行对比，地方性法规虽然与司法鉴定实践发展相适应，但是却与上位法有所冲突，缺乏法律依据，上位法体系化的缺位使得司法鉴定的地方立法内容缺乏统一性。对该问题的解决有两条路径：一是对《决定》进行修改，并在后续进行分散式立法对司法鉴定进行规定，二是梳理现有立法，通过统一立法的形式对司法鉴定进行规制。分散式立法不能对司法鉴定原则性内容进行统一规定，后续的修订内容及手续较为繁琐，因此采用统一立法既可以实现法律与地方性法规的统一，后续需要修订的规范也相应较少。《决定》与地方性法规的不一致规定还体现在鉴定机构之间是否平等方面。《决定》第八条规定："各鉴定机构之间没有隶属关系"，该条款表明鉴定机构之间不存在上下级隶属关系，各个鉴定机构之间是平等的。但正是由于该规定，司法实践中容易出现"重复鉴定""多次鉴定"等问题。地方为解决上述问题，探索出终局鉴定制度，对鉴定次数进行限制，同时通过

---

① 杜志淳：《司法鉴定法立法研究》，法律出版社 2011 年版，第 22 页。

设立地位高于普通鉴定机构的省市司法鉴定中心①。虽然地方的相关规定是为了解决司法鉴定实践中所存在的问题,但是本质是对上位法《决定》的突破,不利于司法鉴定法律体系的确立。

其次,《决定》与规章及司法解释存在矛盾。《决定》第7条规定:"侦查机关根据侦查工作的需要设立的鉴定机构,不得面向社会接受委托从事司法鉴定业务",因当时学界及司法工作人员对"面向社会"存在不同理解。法工委函200552号和政法20082号明确规定了侦查机关可以接受司法机关委托且侦查机关之间可以相互进行委托,对"面向社会"进行了限缩解释,将其解释为面向"社会上的企事业单位、其他组织和个人"。有学者认为"该解释使侦查机关在此问题的执行渐渐地疏远了《决定》的文本,甚至一步步地脱离了《决定》中的禁止性限制"。2017年2月公安部颁布《公安机关鉴定规则》,其中第二十四条规定:"鉴定机构可以受理下列委托鉴定:(一)公安系统内部委托的鉴定;(二)人民法院、人民检察院、国家安全机关、司法行政机关、军队保卫部门,以及监察、海关、工商、税务、审计、卫生计生等其他行政执法机关委托的鉴定;(三)金融机构保卫部门委托的鉴定;(四)其他党委、政府职能部门委托的鉴定。"对于公安机关鉴定机构接受其他党委、政府职能部门委托进行鉴定是否符合《决定》文本内涵有待追问。此外,侦查机关鉴定机构及鉴定人的准入并不以《决定》为依据,而是以侦查机关内部鉴定规则为依据,二者本质上不存在差异,侦查机关内部鉴定人准入规则甚至更为严格,例如公安机关鉴定人准入需要具有人民警察职业道德并要求身体状况良好,适应鉴定工作需要。但是,侦查机关鉴定机构及鉴定人的准入由侦查机关进行内部控制,因而存在司法实践中较为随意地执行准入规则,尤其是较多基层侦查机关的鉴定机构往往不符合规定,存在如不具备司法鉴定的硬件设施或鉴定人员不足等问题。同时,亦有学者通过实践调研发现,"司法实践中,有些侦查机关授权其所属鉴定机构'对外'面向社会开展鉴定业

---

① 《深圳市司法鉴定条例》第8条:"设立市司法鉴定专家委员会(以下简称专家委员会),聘请若干名专家为鉴定人,负责本市的复核鉴定。"

务，从而突破了《决定》'不得面向社会接受委托从事司法鉴定业务'的限制"①。综上所述，在我国对当事人的诉讼权利愈加重视且进行以审判为中心的诉讼制度改革背景下，侦查机关是否仍需要单独设立鉴定机构值得商榷。

再次，各部门规章之间存在冲突。不同部门之间存在利益冲突，对司法鉴定进行解释及规定时往往以本部门利益为导向，因此容易出现各部门所出台的司法鉴定的规定之间存在矛盾冲突的问题。例如对司法鉴定人的权利及义务、鉴定机构成立条件与鉴定的委托、受理程序等问题，各部门通常都会予以规定，但因部门利益、技术与法律水准不一，导致其规定内容粗细不均且内涵各异，最终影响司法鉴定的科学性与合法性。

最后，《决定》与司法实践存在冲突。司法实践中地方通过制定司法鉴定管理条例对地方司法鉴定制度予以细化，具有一定的地方特色，形成地方化的司法鉴定制度。但是司法鉴定意见作为法定证据之一，需要有中央所颁布的法律对司法鉴定的原则性条款进行规定，对司法鉴定的原则性问题不能由地方进行带有行政化色彩的细化与规定。同时，《决定》第八条规定："各鉴定机构之间没有隶属关系；鉴定机构接受委托从事司法鉴定业务，不受地域范围的限制"，该规定进一步表明司法鉴定委托及鉴定意见的使用是不受地域范围限制的，要求鉴定机构与鉴定人的司法鉴定活动须具有统一性。地方通过制定司法鉴定管理条例与成立地方行业协会对地方司法鉴定活动进行管理，会影响到司法鉴定制度作为司法制度的适用统一性。因此需要对司法鉴定进行统一立法，对司法鉴定原则性问题以法律形式进行规定，允许地方对司法鉴定非原则性内容进行细化。

此外，《决定》规定应当由司法行政部门负责鉴定机构与鉴定人的登记管理，但是实践中出现司法行政部门与法院双重管理的现象。虽然《决定》在文本层面取消了审判机关所管辖的司法鉴定机构，实现了"审鉴分离"，保持了鉴定机构与法院的中立地位，但是由于鉴定机构曾长期属于法院的内设机构，因此实践中"审鉴分离"并未彻底实现。《决定》第二

---

① 卞建林、郭志媛：《健全统一规范公正的司法鉴定制度》，《中国司法鉴定》2015年第3期。

条第四款规定："根据诉讼需要由国务院司法行政部门商最高人民法院、最高人民检察院确定的其他应当对鉴定人和鉴定机构实行登记管理的鉴定事项"。该条款的存在一定程度上造成法院通过"册中册"与"册外册"两种不同形式对鉴定机构进行登记管理。大部分学者对法院该行为提出批评，认为该行为实际上架空了《决定》，法院作为司法机关分割了司法行政机关对鉴定机构及鉴定人的管理权，最终造成司法鉴定管理的无序，无法实现真正的"审鉴分离"。但也有学者提出，法院进行"册外册"属于无奈之举，《决定》第二条第四款存在实践逻辑错误，"'鉴定事项'在'诉讼'中是否需要，只有司法机关熟悉，有无必要纳入登记管理理应由司法机关'商'司法鉴定登记管理机关，现在的规定致使司法机关对诉讼需要的鉴定事项没有与司法行政机关沟通的法定渠道"[①]。无论法院采取"册中册"与"册外册"相结合的司法鉴定管理机制是出于不甘心丧失对司法鉴定机构的管理权，还是因诉讼实践需要而设立，我们都需要通过统一立法的形式对该问题予以解决，否则将阻碍我国司法鉴定制度走上法治化与科学化道路。

综合来看，已有司法鉴定立法对于司法鉴定活动中的鉴定申请、决定、实证、质证、异议等各种权力和权利的承担主体，在不同诉讼阶段进行明确规定尚有不足。因为承担主体存在于不同部门，权利、义务、责任承担方式有别，这就需要司法鉴定法立法在运行机制和体制等诸多方面进行整体性引导和规制。司法鉴定统一立法通过对现行司法鉴定立法进行全面梳理，对法律逐部进行分析并统筹考虑，在此基础上构建一个统一的司法鉴定性立法体系框架，并对司法鉴定法立法中的法律概念、原则、规则和制度进行统一。目前我国正在开展司法改革，《中华人民共和国监察法》中亦规定了鉴定是监察委调查过程查明案件事实的手段和措施之一，司法实践中早已形成大司法鉴定概念，未来要整合现有法律、法规、规章、司法解释、规范性文件关于司法鉴定活动的相关规定，使司法鉴定立法体系化不能将司法鉴定范畴仅仅局限在诉讼程序。

---

① 郭华：《司法鉴定制度改革与司法鉴定立法之推进关系》，《中国司法鉴定》2018年第5期。

目　录

前　言 ……………………………………………………………… （1）

第一章　司法鉴定立法体系化科学路径 …………………………… （1）
　　第一节　司法鉴定基本要义 ……………………………………… （2）
　　第二节　司法鉴定制度与诉讼制度关联性 …………………… （16）
　　第三节　司法鉴定相关规范简理 ……………………………… （19）
　　第四节　司法鉴定启动权立法缺陷 …………………………… （23）
　　第五节　司法鉴定立法统一化之必然 ………………………… （28）

第二章　司法鉴定立法现状 ……………………………………… （30）
　　第一节　司法鉴定已有立法梳理 ……………………………… （32）
　　第二节　现有司法鉴定立法缺陷分析 ………………………… （37）
　　第三节　域外司法鉴定立法 …………………………………… （53）
　　第四节　我国司法鉴定制度的特殊性 ………………………… （62）

第三章　司法鉴定立法体系化的必要性 ………………………… （67）
　　第一节　统一立法具备形式一致性 …………………………… （68）
　　第二节　统一立法具有立法目的的一致性 …………………… （81）
　　第三节　统一立法具有内部集成并富有逻辑的体系 ………… （91）

第四章　司法鉴定立法体系化重点问题检视 …………（103）
第一节　司法鉴定法立法吸取诉讼法改革成果的必要性 ……（106）
第二节　司法鉴定立法具备以诉讼法为基础的合理性 ………（113）
第三节　司法鉴定法立法应当体现诉讼法发展的现代化方向 ……………………………………………（121）
第四节　司法鉴定法立法中利用全面司法改革成果可拓展范畴 ……………………………………（133）

第五章　司法鉴定立法体系化的优势 …………………………（144）
第一节　司法鉴定立法体系化的统领作用 ……………………（144）
第二节　司法鉴定统一立法对于诉讼主体司法鉴定活动规制的全面性 ……………………………（165）

第六章　司法鉴定立法体系化的立法技术 ……………………（178）
第一节　司法鉴定法立法中的体系化应注意的问题 …………（179）
第二节　司法鉴定法立法需要重点关注的立法质量问题 ……（183）
第三节　司法鉴定法立法中的刚性与柔性 ……………………（200）

第七章　司法鉴定立法体系化内容 ……………………………（215）
第一节　司法鉴定的主体管理 …………………………………（217）
第二节　司法改革与司法鉴定立法应答 ………………………（226）

参考文献 …………………………………………………………（250）

第一章

司法鉴定立法体系化科学路径

随着社会发展，案件涉及的专业知识越来越多，仅凭法官和当事人根本无法对案件中的专业问题进行分析和鉴别。无论是民事类案件还是刑事类案件抑或是行政类案件，都随着技术进步变得愈加复杂，而法官作为案件的中立裁判者，往往具有深厚的法律知识，但却缺乏其他的专业知识，无法对案件中的专门性问题作出准确而科学的判断。因此，为了使案件能够得到公正处理，诉讼程序中专业人员的介入就显得更加必要。司法鉴定以科学知识为基础，采用科学技术等手段对诉讼中的专门性问题进行分析和鉴别，得出对案件事实的认定意见。这表明司法鉴定活动既属于科学活动的范畴，又是带有法律属性的司法活动。因此对司法鉴定活动不能仅从科学视角进行分析，将其认定为单纯的科学活动，而应该也从法律视角对其进行探析。司法鉴定机构及司法鉴定人在接受了司法机关的鉴定委托后，需要按照法定的鉴定标准与规范进行分析与鉴别，且需要遵循法律规定的鉴定时间。这意味着需要满足法律要件的司法鉴定活动与单纯的科学活动之间是存在差异的，单纯的科学活动可以不受诉讼时效的约束而追求科学的精确，而司法鉴定活动是依据案件中现存的材料进行分析与鉴别，且需要按照法定的鉴定标准与规范得出事实认定意见，其与单纯的科学活动所追求的客观真实程度不同。司法鉴定意见具有一定的滞后性，与诉讼程序一样，其是对案件事实的无限接近，但却并非案件事实本身。近些年来，各地出现许多因司法鉴定有误而导致的错案，这使得人们对司法鉴定活动的科学性与合法性产生极大的怀疑,许多学者与司法实务者都对该问题背后的原因进行了分析。同时,我国也相应出台了一系列针对司法鉴定及鉴定意见的制度设计与相关规定,试图对司法鉴定程序进行完善,实现司法鉴定活动的法治化发展。中央与地方为了推动司法鉴定制度的快速发展,增强司法鉴定活动的社会公信力,出台了许多司法鉴定相关规定,一定程度上与我国开展的司法鉴定改革形成合力,推动我国司法鉴定制度朝着公平、公正的方向发展。

目前,我国正在开展"以审判为中心"的诉讼制度改革,该诉讼制度改革为实现司法公正提供了制度保障。我国的司法鉴定制度仍然存在很多的问题:"逐渐显现出滞后的趋势,出现了许多与诉讼价值目标、庭审方式改革、证据制度的发展不相适应的情况"①。我国司法鉴定制度作为重要的司法制度,其落后一定程度上阻碍了我国司法制度的整体发展,不利于我国法治国家、法治政府、法治社会的一体化建设。司法鉴定人出庭作证制度的完善契合以审判为中心的诉讼制度改革方向,但仍然存在许多的司法鉴定单行制度不满足司法公正与程序正义的要求。所以应当制定统一的《司法鉴定法》,对不符合司法公正与正义价值的部分制度进行改革,推动司法鉴定制度朝着司法公正与程序法治的方向发展。在本章,笔者将对司法鉴定基本概念、特征、价值目标、立法概况与部分重要制度等进行简要概述,为后文论述司法鉴定统一立法提供概念与制度基础。

第一节　司法鉴定基本要义

在 2005 年《全国人民代表大会常务委员会关于司法鉴定管理问题的决定》(以下简称《决定》)出台前,我国对司法鉴定并没有统一的规定,学者们对司法鉴定概念有不同的界定。《决定》出台后,司法鉴定的概念才在法律层面上被确定下来。《决定》认为:"司法鉴定是指在诉

---

① 刘革新:《构建中国的司法鉴定体制》,博士学位论文,中国政法大学,2006 年。

讼活动中鉴定人运用科学技术或者专门知识对诉讼涉及的专门性问题进行鉴别和判断并提供鉴定意见的活动"。此概念明确了以下问题：一方面，司法鉴定的范围被限定在诉讼范围，司法鉴定源于诉讼活动需求并为诉讼所涉及的专门性问题服务。在立法未明确规定司法鉴定概念之前，学界对于司法鉴定内涵多有争议，司法鉴定的适用范围是学者的主要争议点。学界通说认为司法鉴定只适用于诉讼活动，仲裁、行政执法等活动所涉及的鉴定不属于司法鉴定。但也有学者持有不同观点，认为有些准司法活动的鉴定行为也属于司法鉴定范畴，实践中则更倾向于将司法鉴定的范畴扩大到仲裁等领域①。该文认为要对司法鉴定立法进行统一化，需对司法鉴定的范围进行重新界定，反对将司法鉴定的范畴扩大到仲裁、行政执法等活动领域。理由为仲裁、诉前鉴定等不属于司法程序，不能由三大诉讼法进行规制，因而其不属于司法鉴定范畴。但笔者认为随着司法实践的发展，应当适当扩大司法鉴定的范围，现行司法鉴定活动并非仅由三大诉讼法规定，甚至三大诉讼法仅在很小篇幅内对现行司法鉴定活动予以规范，内容更多是集中在行政法规、规章、地方相关立法与司法解释层面。不仅如此，三大诉讼法关于司法鉴定的规定大多属于原则性条款，针对鉴定活动的具有实际操作性的条款较少，且三大诉讼法有关司法鉴定的内容相互独立，缺乏应有的协调性。目前我国正在开展司法改革，《中华人民共和国监察法》中亦规定了司法鉴定是监察委调查过程查明案件事实的手段和措施之一，司法实践中早已形成"大司法鉴定"概念，未来要整合现有法律、法规、规章、司法解释、规范性文件中关于司法鉴定活动的相关规定，司法鉴定立法体系化不能将司法鉴定范畴仅仅局限于诉讼程序。另一方面，将司法鉴定结果界定为鉴定意见而非鉴定结论，明确了鉴定意见仅是证据的一种，并不存在高于其他种类证据的效力。鉴定结论的表述带有一定误导性，性质上属于定案依据，带有不可推翻性；而鉴定意见则属于需质证和审查的意见性证据，最终需综合全案证据认定才能成为定案依据。实际上，鉴定结论的表述一定程度上表明了法院对鉴定人员所作出判断的信任程度，该表述

---

① 刘革新：《构建中国的司法鉴定体制》，博士学位论文，中国政法大学，2006年。

与我国当时的诉讼国情存在关联。我国刑事诉讼领域曾长期以侦查为中心，司法鉴定通常也是由侦查机关启动，且侦查机关享有设立鉴定机构的权力，通常侦查阶段的鉴定事项都是由侦查机关的鉴定机构所处理，公安机关、检察院和法院通常都比较信任侦查机关鉴定机构所出具的鉴定文书。因此，鉴定结论的表述体现出当时诉讼程序的特点。鉴定意见的表述表明其仅是鉴定人就案件中的专门性问题作出的个人判断，因鉴定人员在鉴定过程中具有一定的主观意识，且可能存在因客观材料不足、鉴定人认识水平限制、操作过程有误等问题，鉴定意见对专门性问题所作结论并非一定与客观事实相符。因此，鉴定意见需要在法庭上进行展示，符合法定条件时鉴定人需出庭接受质证，案件最终经过法官自由心证得出结论。若当事人认为鉴定意见存在问题，可以向法院申请重新鉴定或补充鉴定，这既是对当事人诉讼权利的保护，也是对公正裁判的保证，防止因鉴定意见有误而影响案件的公正处理。

鉴定意见作为法定的诉讼证据类型，三大诉讼法都对此进行了明确的规定。司法鉴定意见在尚未被法庭查证属实之前属于证据材料，只是可以被用来证明案件事实的众多资料中的一种，并不能直接成为证据。三大诉讼法对司法鉴定意见进行了明确规定，意味着鉴定意见具有了证据能力，获得了在法庭审理过程中出示并成为证据调查对象的资格，即意味着司法鉴定意见具有可采性。司法鉴定人通常会运用科学技术或者专门知识对专门性问题进行分析鉴别，因此，司法鉴定意见的证明力度较强。在法官自由心证过程中，鉴定意见往往会对法官产生极大的影响力。鉴定意见所具有的证据能力与证明力的来源不同，鉴定意见的证据能力是三大诉讼法的立法者所赋予的。而鉴定意见的证明力则是由鉴定意见本身所赋予的。因鉴定意见具有科学性等特征，使得裁判者通常会相信鉴定意见所证明的案件事实。同时，这也源于法官对科学的盲目信任，法官对科学的盲目信任在很大程度上被投射到司法鉴定意见上，这也是导致部分错案的原因。法官应当对司法鉴定活动的性质有更深刻的认识，司法鉴定活动并不是纯粹的科学活动，鉴定人容易受到案件影响，从而产生个人主观倾向，例如因对被害人的同情而产生对犯罪嫌疑人或被告人的偏见等，这种个人主观倾向很容易反应在鉴定意见上，最终将会影响到鉴定意见的科学性与中立性。

在不同的诉讼程序中，鉴定意见都是重要的法定证据，这意味着鉴定意见必须具有证据三大内在属性，即客观性、关联性与合法性。鉴定意见的客观性体现在鉴定意见内容的客观性与鉴定意见形式的客观性两个层面。鉴定意见内容的客观性体现在其鉴定材料、手段、标准等的客观性方面，要求鉴定意见所反映的内容必须是客观存在的，而不能是主观臆想的。鉴定意见形式的客观性则体现为鉴定意见必须以可以为人们所感知的形式存在，即鉴定意见必须以鉴定文书或其他形式存在。鉴定意见的客观性是其作为证据的根本属性，是鉴定意见关联性与合法性的前提与基础，若出现鉴定意见所依据的鉴定材料不真实等问题，则必然影响到鉴定意见作为证据的资格。

鉴定意见的关联性是指鉴定意见与案件事实存在某种联系或鉴定意见能够证明某一部分案件事实。鉴定意见的关联性主要体现为其形式的关联性与内容的关联性：从形式上来说，鉴定意见必须与案件事实存在某种逻辑上的关系，即可以从鉴定意见推导出某种案件待证事实；从内容上来说，鉴定意见对证明部分案件事实具有实质性帮助与作用。鉴定意见的关联性体现出鉴定意见对证明案件事实具有实质性价值，是在鉴定意见客观性基础上进一步的证明作用揭示。

鉴定意见的合法性体现其法律属性：证据的合法性要求必须具备法定的表现形式，即是否属于法定证据类型，鉴定意见属于三大诉讼法所规定的法定证据形式；鉴定意见的出具主体即鉴定机构与鉴定人必须具备法定资格；鉴定意见应当按照法律规定的方法与程序作出，否则鉴定意见将不具有合法性，最终不能在法庭审理过程中予以出示并接受法庭调查；鉴定意见必须经过法定的审查程序，只有经过法定审查程序的鉴定意见才能成为定案根据。这既符合我国"以审判为中心"诉讼制度改革，又体现出对当事人诉讼权利的重视。鉴定人出庭作证制度体现出鉴定意见的合法性，若符合法律规定出庭要件，鉴定人应当出庭接受当事人交叉询问和法庭的询问。如果出现鉴定人不具有鉴定资格或鉴定程序严重违法等情况，当事人可以申请重新鉴定，这是对当事人诉讼权利的保障，在刑事诉讼程序中也是对控辩双方权能的平衡。

本质上来说，司法鉴定意见属于言词证据而非实物证据。司法鉴定意见是司法鉴定人通过运用科学技术等手段，根据案件收集材料对案件中的专门性问题进行分析和鉴别后得出的个人意见，既具有主观性，又体现客观性。鉴定意见虽然以鉴定文书为载体，但本质上仍然体现司法鉴定人的个人意志，属于司法鉴定人意见的表达。司法鉴定作为言词证据，不同于证人证言与当事人陈述，其体现出一定的科学性；司法鉴定人与当事人、证人不同，司法鉴定人是在案件发生后对案件材料进行科学分析与鉴别后，才形成了对案件事实的认知。正是因为鉴定意见属于言词证据，对司法鉴定人进行质询就显得尤为重要，司法鉴定人出庭作证制度也就应运而生。1998年国务院出台"三定"方案之前，在司法鉴定领域明显体现出职权主义色彩，公安、人民检察院、人民法院与司法行政机关都可以启动司法鉴定；在《中华人民共和国民事诉讼法》（以下简称《民事诉讼法》）出台前，司法鉴定资源主要集中在侦查部门，满足打击犯罪的刑事需求。此时的司法鉴定带有强烈的公权力色彩，侦查机关的鉴定机构所出具的鉴定结论通常直接作为定案依据，法院对鉴定结论的审查仅为形式审查，基本不对其进行实质审查。这也就意味着当事人无法对司法鉴定机构或鉴定人出具的鉴定结论提出异议，无法通过在法庭上对鉴定人进行交叉询问以验证鉴定结论的真伪。2005年出台的《决定》更多涉及司法鉴定统一管理问题，主要是为了解决司法鉴定机构管理混乱等所引发的"重复鉴定""多头鉴定"等问题。《决定》也并未对司法鉴定人出庭作证制度进行规定，随着我国"以审判为中心"诉讼制度改革的开展，作为其核心内容的庭审实质化则要求所有的证据材料都需要经过法庭查证核实才能成为定案依据，作为重要证据的鉴定意见也必须要接受法庭的查证与核实才能成为定案依据。若只是对鉴定意见进行当庭宣读，则根本无法实现对鉴定意见是否具有真实性、合法性与科学性问题的认定，因此，鉴定人出庭作证成为确保法院对鉴定意见采信准确度的重要制度保障。

我国目前已确立的鉴定人出庭作证制度，有利于实现法庭对鉴定意见的审查核实，增强其作为证据的法律属性。鉴定人出庭作证制度意味着鉴定人必须接受诉讼双方和中立法院的询问，这属于对司法鉴定人及其所作出的鉴定意见的"事后监督",当庭询问鉴定人既有利于排除虚假的鉴定意见,保障鉴定意见的客观真实,又有利于使当事人通过鉴定人的叙述更好地理解鉴定内容,提高当事人对最终判决结果的可接受度,保障司法的公信力。但是由于我国司法鉴定数量较大,很多鉴定人出庭作证仅仅是走过场,法官也极为信任鉴定人,不加辨析地盲目信任鉴定意见内容。究其原因,除了法官对司法鉴定意见的科学属性存在认知错误以外,还与法官自由裁量权过大有关。在司法鉴定法体系化过程中,应当对司法鉴定人出庭作证制度进行完善,加强其与诉讼制度的联系,通过构建法官在裁判文书中对为何采信司法鉴定意见进行充分说理论证制度,提高人民对司法鉴定意见的认可度。

对司法鉴定活动的特征问题,学界也有不同的认识。普遍而言,大多数学者认为司法鉴定活动具有中立性、科学性与合法性这三大特征。本书认为,司法鉴定还应当具有主观与客观相结合的特征,该特征既体现在鉴定过程中,也体现在鉴定意见中。有学者从马克思主义认识论的角度对司法鉴定主观性与客观性的关系进行了阐述,该学者认为"从认识论的角度看,司法鉴定是鉴定人对客观事物作出的主观判断,它是根据鉴定资料的客观状况,利用科学的仪器设备并遵照相应方法,运用科学技术的客观标准进行,是主观对客观的反应,是主观与客观的统一体"[①]。司法鉴定的客观性是鉴定意见具有较强证明力的重要原因,司法鉴定人是在委托人所提供的客观案件材料基础上进行分析鉴别,并不是对与案件无关的材料进行分析。除此之外,司法鉴定人的鉴定手段与方法是通过长期验证而被留存下来的,司法鉴定标准也是由相关规章进行规定的。通过上述分析可以发现,鉴定人形成个人判断意见的依据标准也是客观存在的。

但是,司法鉴定人的主观性是不可避免的。鉴定意见是由个人作出的,不论司法鉴定人的准入标准是否一致,司法鉴定人的知识水平和职业道德水平都将有所差异,那么司法鉴定活动不可避免会受到鉴定人专

---

① 王素芳:《诉讼视角下的司法鉴定制度研究——以刑事诉讼为出发点》,上海大学出版社2012年版,第20页。

门知识、职业道德、操作技能水平等影响，最终体现在个人意见的表达上。司法鉴定人会受到情绪或立场影响，导致其鉴定意见具有主观性。我国刑事诉讼中，侦查阶段的鉴定通常由侦查机关的鉴定机构负责，侦查机关的部分鉴定人员是具有警察身份的，该类鉴定人员会更近距离接触案件事实，极大可能会产生对被害者的同情情绪与对犯罪嫌疑人或被告人的厌恶情绪，最终在鉴定时带有主观情绪。在英美法系国家，司法鉴定人通常是由其中一方当事人委托，鉴定人在接受委托后则成为该方的专家证人，此种情形下的司法鉴定人必然带有主观立场，可能影响到司法鉴定的真实性。司法鉴定的主观性还体现在法官的自由裁量权行使方面，法官在审查鉴定意见时，不可避免地会带有一定的主观色彩。

司法鉴定的主观性是无法消除的，其贯穿于整个诉讼程序，我们应当正确认识司法鉴定的主观性与客观性，通过严密的程序安排尽量使司法鉴定的主观性被控制到最小程度，例如严格鉴定机构及鉴定人的准入规则、对鉴定人进行定期的职业道德培训、实行严格的鉴定机构及鉴定人回避制度、法官采纳鉴定意见应严格其说理程序等。本节除了对司法鉴定主客观相结合特征进行阐述外，接下来将分别阐述司法鉴定的中立性、科学性与合法性三个特征，以期实现对司法鉴定更深层次的认识。

司法鉴定作为一种收集证据的活动与侦查活动存在本质差异，侦查机关天然具有追诉犯罪的属性，因而不能保持中立立场。但因鉴定意见为证明案件事实的证据之一，司法鉴定机构则必须保持中立立场。司法鉴定的中立性特征要求司法鉴定机构独立于司法机关，我国2005年《决定》建立了"审鉴分离"制度，结束了饱受诟病的"自审自鉴"问题，在一定程度上促进了司法鉴定管理体制向司法公正道路的迈进。但是我国仍存在影响司法鉴定保持中立立场的"侦鉴合一"问题，尽管"侦鉴合一"有利于提高侦查活动的效率，符合我国的侦查现状，但却极大影响到司法公正的实现。本质上来说，司法鉴定机构既不属于国家司法机关，也不是行政管理机关，仅是向诉讼活动提供鉴定意见的服务单位。

确立鉴定人回避制度与鉴定人出庭制度都属于司法鉴定机构保持中立性立场的应有制度。在诉讼活动中，回避制度是保证诉讼活动、取证活动公正进行的程序保障，而司法鉴定活动本质上是一种取证行为。因此，司法鉴定制度与诉讼程序、证据规则具备本质上的互动联系，在司法鉴定活动中坚持并适用回避制度，这也是保证司法公正的有效机制。目前，从已有回避制度在司法鉴定活动中的运行来看，鉴定人回避已达成共识，2016年起实施的《司法鉴定程序通则》对此也做出较为明确的规定："鉴定主体的独立性包含两个方面的含义：鉴定主体不隶属于任何机构独立开展鉴定工作；鉴定活动应由受委托的鉴定人独立完成。鉴定主体的中立性是指其在进行鉴定活动时不偏向任何一方，忠实于科学与事实，做出客观公正的鉴定结论。"① 在我国现有的这种市场化鉴定机构运营模式中，鉴定机构中的鉴定人必然要受到鉴定机构的约束和管理，鉴定机构的管理人会对鉴定人产生影响，若鉴定机构的管理人与案件存在关联，该鉴定机构是否应当实行整体回避呢？目前司法鉴定实践中仍存在回避信息的不对称性，申请回避运行面临诸多困难，因此未来我国司法鉴定立法体系化过程中应重视鉴定人回避制度的完善，使司法鉴定能够保持中立立场。

在我国司法鉴定机构市场化运营模式中，不可能完全实现鉴定机构与鉴定人的中立，我们更应当加强对鉴定人的职业道德培训与准入门槛的把控，并建设严格的鉴定机构及鉴定人责任制度，通过严格程序规定限制司法鉴定机构与鉴定人的恣意。与此同时，鉴定人出庭作证不仅有利于控辩双方对鉴定意见充分质证，消除疑虑，而且有利于倒逼鉴定人在进行司法鉴定活动时保持中立立场。因鉴定人不具有不可替代性，出庭作证接受控辩双方与法官的质询有利于发现鉴定意见是否客观真实。若鉴定人并非以中立立场对专门性问题进行鉴定，鉴定意见不符合客观公正、科学规范的基本要求，则可以将鉴定意见予以排除，安排重新鉴定或补充鉴定，防止冤假错案的发生。司法鉴定立法体系化过程中，要完善鉴定人出庭作证的相关规定，体现法庭对鉴定意见质证中庭审实质化的要求，提升鉴定人出庭接受质询对于冤假错案防范的积极功能。

科学性是司法鉴定的本质属性，司法对公正的追求要求鉴定意见具

---

① 黄维智：《鉴定结论论——作为证据形式的相关问题研究》，博士学位论文，四川大学，2004年。

有科学性,司法所具有的实体正义价值内涵要求鉴定意见作为意见性证据应当尽可能具有准确性和真理性特征。法国学者勒内·弗洛里奥指出:"鉴定错了,裁判就会发生错误,这是肯定无疑的。"① 该认识并未夸大司法鉴定作为证据所发生的效力,虽然鉴定意见仅是证据种类之一,没有高于其他证据的效力,但是由于法官对案件中的专门性问题认识不足,有专门知识的人对案件中专门性问题进行鉴定后得出的判断性意见具有弥补事实认定者认知空白与障碍的重要作用,因此,鉴定意见是否客观真实且是否具有科学性就显得极为重要。有学者通过研究发现,"在(震惊全国的) 20 起刑事冤案中,有 15 起案件在鉴定方面存在问题"②,可见司法鉴定对于实现司法公正具有十分重要的意义。随着科学技术的发展,人们越来越重视其在司法实践中的作用,"'科学性'也成为一个包容一切'对的''正确的'甚至'绝对真理'的代名词"③。在司法鉴定的应用中,也出现了对司法鉴定科学性的不当认识,存在对司法鉴定意见科学性的盲目崇拜问题,因此一旦鉴定意见存在错误则直接导致案件事实的认定错误,最终出现冤假错案。对鉴定意见一定具有科学性的错误认识源于人们忽视了鉴定人在进行鉴定时易受到主观影响这一客观事实,司法鉴定活动是鉴定人主观认识与科学客观性相互作用的过程。

  一方面,我国虽规定了鉴定人、鉴定机构准入制度,但鉴定意见是以现有客观材料为鉴定依据,若鉴定材料存在被污染或非本案证据等问题,则必然影响到鉴定意见的客观性。因此,鉴定意见并非是对案件客观事实的描述,而是对案件客观真实的无限接近。另一方面,鉴定人会受到职业素养、情感冲击等影响诱发职业偏向性,鉴定人往往因鉴定需要而对案情多有了解,在一些恶性案件中容易产生"疾恶如仇""同情弱者"等非理性情绪,容易在鉴定意见形成过程中加入个人主观情绪。④

---

  ① [法] 勒内·弗洛里奥:《错案》,赵淑美等译,法律出版社 2013 年版,第 180 页。
  ② 陈永生:《我国刑事误判问题透视——以 20 起震惊全国的刑事冤案为样本的分析》,《中国法学》2007 年第 3 期。
  ③ 李苏林:《论司法鉴定的科学性》,《山西大学学报》(哲学社会科学版) 2018 年第 4 期。
  ④ 李苏林:《论司法鉴定的科学性》,《山西大学学报》(哲学社会科学版) 2018 年第 4 期。

此外，鉴定意见不可避免会受到鉴定人专门知识水平、职业道德、操作技能等影响，现行鉴定人出庭制度促进鉴定意见接受司法程序检视，通过质询使鉴定意见科学性得以显现并最终实现司法公正。目前的司法实践中，通过重复鉴定纠正了很多错误鉴定意见，实现了案件裁判公正。立法通过规定司法鉴定人、鉴定机构准入制度一定程度上保障了鉴定主体的鉴定水平及鉴定能力，在制度层面能够有效保障司法鉴定的科学性。"更为重要的是，有专门知识的人出庭质证并对鉴定意见提出意见，有助于对鉴定意见进行实质性审查。"① 在法庭中，除了通过法官和当事人对鉴定人进行询问而检视司法鉴定意见是否科学、真实外，同行复核也是审查司法鉴定意见是否科学的重要方式。虽然当事人和法官可以对司法鉴定人进行询问，但由于当事人和法官缺乏专业知识，实际上不能从科学的角度对司法鉴定意见进行核查。在诉讼程序中，专门知识并非法律知识或普通常识，具有法律知识的法官和具有普通常识的当事人通常并不具有专门知识，无法对案件中的专门性问题作出准确而科学的判断。相应地，即使鉴定人在法庭上对鉴定意见进行说明，法官和当事人也无法对鉴定人所作出的解释说明判断真伪。基于"术业有专攻"原则，专家辅助人的出庭就显得极为重要，可以对案件中所涉及的专门性问题发表专业意见。同行复核意味着有专门知识的同行业专家可以通过对鉴定人询问的方式，从本专业的角度对鉴定人所作出的鉴定意见进行质询，使当事人和法官能够更好地理解鉴定意见，对鉴定意见是否具有科学性作出判断。我国诉讼法规定的专家辅助人制度有利于通过对鉴定意见进行审查推动鉴定意见科学性实现。

但是，目前我国的司法辅助人制度存在问题。一方面，有专门知识的人出庭较为困难，当事人需承担专门辅助人的经济成本，经济成本将成为制约专家辅助人制度的因素之一。另一方面，专家辅助人对鉴定意见很难发挥真正的制约作用，我国《最高人民法院关于适用〈中华人民共和国刑事诉讼法〉的解释》第 265 条规定："证人、鉴定人、有专门

---

① 李苏林：《论司法鉴定的科学性》，《山西大学学报》（哲学社会科学版）2018 年第 4 期。

知识的人、调查人员、侦查人员或者其他人员不得旁听对本案的审理"，这也就意味着我国实际上并未建立鉴定人与专家辅助人同时出庭的制度，专家辅助人难以通过与鉴定人进行辩论，发现鉴定意见所存在的问题，同时也不利于当事人与法官对鉴定意见专门性知识的认识。有学者提出应当建立鉴定人与有专门知识的人同时出庭作证的制度，"在现有制度框架内，一个便捷有效的措施是让鉴定人、有专门知识人同时出庭，因为只有在专业同行之间才能实现'旗鼓相当'的较量"[1]。综上，在未来司法鉴定法体系化过程中应当注重为司法鉴定的科学性提供体系化保障，主要从法律制度保障和科学技术保障两个层面入手，同时应当注重对有专门知识的人出庭作证制度的修改与完善。

司法鉴定为诉讼活动提供法律服务，具有法律服务性质。司法鉴定作为科学实证活动与传统科学研究活动有很大的区别，归根结底是司法鉴定的法律属性所决定的。司法鉴定作为法律明确规定的司法活动，必须要受到法律规定的约束，司法鉴定活动应当在法律制度框架内运行，尚未进入司法领域的传统科学鉴定活动并不属于司法鉴定，且不符合法律规定的司法鉴定活动所得出的鉴定意见也不具有证据法上的意义，无法成为定案依据。合法性是司法鉴定活动区别于传统科学活动的本质属性，司法鉴定的法律属性主要体现在三个方面。首先，司法鉴定人与鉴定机构具有法定资格，我国规定了司法鉴定人、鉴定机构准入制度，若由无法定资格的鉴定机构与鉴定人对案件中的专门性问题进行鉴定，该鉴定活动不产生任何法律效力，鉴定意见甚至不会成为证据材料进入法庭。司法鉴定人与鉴定机构的法定资格要求体现出法律对鉴定主体的重视程度，若司法鉴定人不具有法律规定的专门知识，其与普通的当事人、法官在专门知识层面则没有任何区别，根本无法对诉讼案件中的专门性问题形成准确而科学的论断，不仅影响法官的自由心证，也会对司法公正产生阻碍作用。"鉴定机构和鉴定人具备法定资格，鉴定结论才有初步的被接受的可能性，否则应当不予采纳。"[2] 其次，司法鉴定的申请、

---

[1] 刘振红：《诉讼专门性问题认定难的理论解读与制度分析》，《山东社会科学》2015年第2期。

[2] 邱爱民、杨鈜云：《论鉴定结论作为科学证据的资格要素》，《学术界》2011年第5期。

启动与受理程序都必须符合法律规定，司法鉴定申请权、启动决定权等都由法律明确规定。司法鉴定活动要件是否合法将最终影响到鉴定意见的合法性评价，只有符合法定程序作出的鉴定意见才能成为证据。司法鉴定的程序符合法律规定体现了司法对程序正义的追求，只要司法鉴定意见的作出具有程序上的正当性，则应当认可鉴定意见作为定案依据的资格。最后，鉴定意见的评价也离不开司法限制，鉴定意见只有经过司法评价才能最终从鉴定人的意见性证据转化为定案依据。目前，我国司法鉴定存在立法规格和层次低、立法较为分散、过于原则、地方立法内容缺乏统一性等问题。为了使司法鉴定能够在法治体系中良好运行，需重视上述问题，并通过司法鉴定法体系化使司法鉴定活动有法可依。

司法公正与司法效率是司法活动的价值追求目标，司法鉴定活动作为重要的司法活动，相应地，司法公正与司法效率也应当是司法鉴定活动的价值追求目标。在现代社会中，人们在进行程序建构时实际上都考虑了公正与效率双重价值，这在司法制度中尤为明显。因为司法制度关系到公民的权利、义务与责任，当公民之间或公民与国家发生冲突时，往往都会诉诸具有中立地位的法院，以期能获得公正的裁判和司法保护。司法公正是司法制度的根本价值追求，任何司法制度都应当考虑司法公正，司法公正同时也是司法制度的内在固有价值，缺乏对固有价值的信仰意味着司法制度在运行过程中将会失去本真。司法鉴定制度作为重要的司法制度，与诉讼制度、证据规则的关系十分密切，能够起到重要的诉讼证明效果，这要求司法鉴定活动必须以追求司法公正作为其根本价值追求。只有将司法公正作为司法鉴定活动的根本价值追求，才能使司法鉴定发挥出强大的诉讼证明作用。

司法公正的内容包括实体公正与程序公正两个层面，司法鉴定活动追求司法公正价值，应当从实体公正和程序公正两个层面进行安排。司法鉴定活动的程序公正是实现其实体公正的前提和保障，实体公正是司法鉴定活动的根本目标。"司法鉴定中程序正义的核心是服务裁判的公正，也就是有利于裁判的公正性，这实际上就是服务于实体正义。"①

---

① 潘溪：《我国司法鉴定的法治化研究》，《中国司法鉴定》2014年第1期。

司法鉴定活动的程序公正需要满足以下三点要求。首先，当事人应当充分而富有意义地参与司法鉴定活动，因司法鉴定意见并非由当事人作出，故而当事人在司法鉴定活动中应当平等而充分享有参与权利。我国刑事诉讼领域，司法鉴定启动制度设计一定程度上阻碍了程序公正的实现，并未平等地赋予当事人司法鉴定活动的参与权。我国现有法律制度规定司法鉴定启动权由公安、检察院和法院享有，与之相对应的是当事人不享有司法鉴定启动权，只能向法院申请启动司法鉴定。按古典自然正义理论，听取双方的意见是司法公正的基本内涵，但我国现有的司法鉴定启动制度存在严重的控辩权能失衡问题，并没有赋予控辩双方平等的司法鉴定参与权。因此，司法鉴定活动并不符合程序公正的程序参与原则，没有平等地赋予当事人双方充分而富有意义的程序参与权。其次，司法鉴定活动的程序公正要求符合中立裁判原则，中立裁判原则主要体现在法院对鉴定意见的审查层面。2005年《决定》收回了法院设立司法鉴定机构的权力，目的是为了保证鉴定机构具有中立性，初步实现了法律文本上的"审鉴分离"。收回法院设立司法鉴定机构的权力不仅有利于实现鉴定机构的中立性，还有利于实现法院的中立性。因法院与司法鉴定机构不具有控制与被控制的关系，法院能够以更加中立的态度对待司法鉴定意见。若司法鉴定意见是由法院的鉴定机构及鉴定人作出，则法院对该鉴定意见的信任程度会非常高，可能丧失中立立场，在审查司法鉴定意见时仅仅是走过场，而不进行实质性审查，最终会影响到司法公正的实现。在刑事诉讼领域，我国曾长期以侦查程序为中心，在以侦查为中心的制度背景下，公安机关、检察院和法院往往具有相同立场，即完成对犯罪的打击。当时，法院对鉴定意见的审查通常属于形式审查，这是不符合程序正义的中立原则的。随着我国"以审判为中心"的诉讼制度改革开展，庭审实质化的要求使法院以更加中立的态度进行证据审查，法院也相应地对侦查机关鉴定机构所出具的鉴定意见进行更加中立化的实质性审查，有利于实现司法鉴定活动的程序正义。最后，司法鉴定活动需要满足程序及时原则，司法鉴定意见应当在法定的期限内作出。司法鉴定活动的及时性原则是其与普通科学活动的区别之一，普通的科学活动为了追求科学的真理性，往往会花费数十年甚至上百年时间。而司法鉴定活动是为诉讼服务的，诉讼活动必须在法定期限内完成，这也就要求司法鉴定意见必须在法定期限内作出。司法鉴定活动的及时性原则符合程序公正要求，有利于案件得到及时且公正的处理。

司法鉴定的实体公正则要求司法鉴定意见必须是客观真实且准确的，鉴定意见一旦出错，则会产生巨大危害后果，例如侵害当事人合法权益、刑事诉讼中导致无辜者含冤入狱，最终导致司法公信力丧失，使司法鉴定意见不具有可信力。我们应当认识到科学的司法鉴定意见并非绝对正确，鉴定意见是绝对真理与相对真理的统一，因为科学是需要经过不断推翻以验真伪的过程，也许现在被认为是正确的科学手段在未来会被推翻，这表明科学的鉴定意见具有不确定性。但是，这并不意味着鉴定意见不具有可信性，在现有科技条件下鉴定意见仍然符合科学本身的性质与规律，具有权威性和可靠性。实体公正主要体现在司法鉴定意见是否客观真实，司法鉴定意见的真实准确主要与司法鉴定人的专业知识、职业道德以及鉴定设备相关。司法鉴定活动实体公正的实现程度将影响到诉讼裁判结果的实体公正实现程度，司法鉴定意见出现错误则会导致以该鉴定意见为定案依据的裁判结果有误，影响到司法实体公正的实现。

除此之外，司法效率也应当是司法鉴定活动需要考虑的重要因素。单纯追求司法公正的司法鉴定制度并不是现代意义上的司法鉴定制度，缺乏了现代制度应当具有的效率因素。司法鉴定过程中，司法效率应当体现在以下几个方面。一方面，鉴定机构及鉴定人能够及时完成鉴定活动并出具科学的鉴定意见，不存在故意拖延司法鉴定活动的问题。司法鉴定的效率将会影响到诉讼效率，最终导致诉讼的迟延，因此司法鉴定活动必须对司法公正和司法效率予以相同的重视程度。虽然我国司法鉴定制度经过了多年发展取得了许多进步，但是仍存在部分制度不完善的问题影响到司法鉴定制度的效率。我国《决定》并未对同一鉴定事项的鉴定次数予以限制，造成司法鉴定实践中当事人及司法人员对鉴定次数存在不同理解。司法实践中容易出现"重复鉴定"和"反复投诉"等现象，"重复鉴定""反复投诉"与"多头鉴定"都将影响到司法鉴定活动的效率，并影响到后续诉讼程序的顺利进行。因此，我国未来统一司法鉴定法应当对同一鉴定事项的鉴定次数予以限制，吸收地方立法所探索出的终局鉴定制度，以提高诉讼效率，节约司法资源。我国正在进行统一司法鉴定制度的构建，构建过程中应当兼顾司法公正与司法效率，促进司法公正与效率价值的统一与平衡。

第二节　司法鉴定制度与诉讼制度关联性

司法鉴定制度是国家法律制度的重要组成部分，是一个国家法律、法规、规章中所规定的规范司法鉴定活动的各项规则和体制的总称。司法鉴定制度与诉讼制度、证据制度的关系极为密切。诉讼制度是司法鉴定制度产生和存在的前提与基础，证据制度伴随着诉讼制度的产生而出现，只有在出现诉讼制度后才产生了对司法证明的需求，司法鉴定作为极为重要的司法证明方式之一也随之出现。在司法证明史上，经历了从"神明裁判"到"口供裁判"再到"证据裁判阶段"的发展过程。随着社会的发展，人们的认识水平和科学技术发展水平不断提高，人们更加理性地认识到司法鉴定对诉讼制度和证据制度的重要性。司法实践中，"证据之王"从口供变为了鉴定意见，这是法治社会中文明与进步的体现之一。司法鉴定在诉讼程序中发挥极为重要的作用，无论是刑事诉讼程序还是民事诉讼程序抑或是行政诉讼程序，其诉讼证明活动一般都与司法鉴定密不可分，包括法医类鉴定、物证类鉴定、声像资料鉴定等活动。

我国自出现具有"诉讼性质"的审判活动开始，就产生了带有司法检验性质的活动，这种司法检验活动可以为裁判者提供专业性意见，推动裁判者作出公正的裁判结果。"据史料证实，先秦时期的《礼记》和《吕氏春秋》中就有当时有理官进行损伤检验的记载。秦汉以后，法医鉴定、笔迹鉴定、文书鉴定、痕迹鉴定逐渐兴起与发展。"[①] 随着民间鉴定实践的发展，到了唐代，检验制度被正式纳入法律中。著作方面，宋代提刑官宋慈编写的《洗冤集录》成为了我国历史上第一部法医学著

---

① 刘革新：《构建中国的司法鉴定体制》，博士学位论文，中国政法大学，2006 年。

作，在海内外产生了较大影响。郑克的《折狱龟鉴》也对司法检验活动产生了较大影响。我国古代的司法检验活动归根到底是服务于专制主义中央集权的，缺乏对当事人权利保护的意识。发展到现代，1906年的《大清刑事民事诉讼法》（草案）最早对鉴定问题进行了规定，成为了我国现代司法鉴定制度的起点。"西方国家的司法鉴定制度萌芽始于16世纪。"① 随着西方资本主义的发展，刑事诉讼制度也从纠问式向控告式转变，司法鉴定制度也随之改变，一定程度上体现出双方平等对抗的理念。19世纪之前的西方鉴定制度与中国古代鉴定制度更多是由裁判者单方控制，诉讼双方并不会对鉴定活动产生影响，而现代鉴定制度符合各国司法体制，受到各国诉讼制度与证据制度的影响。

由于司法鉴定制度与诉讼制度存在密切联系，因此要重视实践中司法鉴定法与诉讼法衔接不畅与重复规定的问题。司法鉴定制度与诉讼制度具有一致的价值追求，即对实体正义与程序正义的共同追求，因而司法鉴定法的修订应当要与诉讼法保持一致。在充分发挥民主立法功能的基础上，综合立法、实务、理论各方意见，对照三大诉讼法、人民法院和人民检察院组织法、司法解释、司法改革理念和要求、任务，系统明确地安排司法鉴定立法内容。同时，司法鉴定立法应该意识到司法鉴定已不仅仅限于诉讼取证的视域，诉讼证明仅是其功能行使的一部分，而维护司法公正、提升司法效率和司法公信力才是应对目前司法体制改革的立法面向。司法鉴定制度具有服务于诉讼制度的属性，诉讼制度可以借助司法鉴定制度实现司法公正的目标，实现诉讼制度的现代化。司法鉴定意见作为法定证据在诉讼证明中起到非常重要的作用，但是，我们应当认识到司法鉴定制度的作用并不仅限于为诉讼制度提供诉讼证明作用，司法鉴定制度除了具有为诉讼制度服务的价值外，还具有自身的独立价值。司法鉴定制度与诉讼制度相关的程序主要有司法鉴定的启动程序、司法鉴定的监督与救济程序、司法鉴定意见的审查判断程序，而司法鉴定机构及鉴定人的管理制度、司法鉴定技术规范与标准等制度与诉讼制度的关联并不密切。司法鉴定制度本身体现出对公正和法治的追求，

---

① 刘革新：《构建中国的司法鉴定体制》，博士学位论文，中国政法大学，2006年。

并不仅仅是为了诉讼制度的司法公正目标而运行。

司法鉴定制度与不同诉讼制度的关系并不完全相同，司法鉴定在不同诉讼程序有所区别，三大诉讼法对司法鉴定程序既有共通规定，又有不同规定。三大诉讼法都在证据一章中对司法鉴定意见的证据属性予以确认，将其规定为法定证据种类，这也就意味着司法鉴定意见需要经过法庭质证程序才能成为最终定案根据。同时，三大诉讼法都并未赋予当事人司法鉴定启动权，无论是在刑事诉讼程序抑或是民事诉讼程序、行政诉讼程序，三大诉讼法都仅规定当事人享有司法鉴定申请权。除此之外，三大诉讼法关于司法鉴定程序还有非常多的共同点，在未来司法鉴定统一立法中，应当对三大诉讼法就司法鉴定程序的共性问题进行总结与归纳，在统一司法鉴定法中予以规定。同样，三大诉讼法对司法鉴定程序也有许多不同规定。司法鉴定制度与刑事诉讼制度的关系最为紧密，"司法鉴定制度的发展历程是以刑事证明制度为主要内容的刑罚体系的附庸，这种情况一直延续到近代物证技术的应用时期，包括笔迹鉴定在内的科学实证活动在近代中国的早期实践中得到体现"①。随着民事诉讼案件与行政诉讼案件的增多，司法鉴定在民事诉讼程序和行政诉讼程序中所起的作用也越来越大，司法鉴定制度与民事诉讼制度和行政诉讼制度的关系也变得越来越紧密。在刑事诉讼程序中，公安机关、检察院和法院都具有司法鉴定启动权，而唯独当事人没有司法鉴定启动权，该规定不利于刑事诉讼控辩双方的平等对抗。在民事诉讼程序与行政诉讼程序中，只有法院享有司法鉴定启动权，双方当事人都平等地享有司法鉴定申请权；民事诉讼中由双方当事人协商选择司法鉴定机构，充分体现出对当事人双方在诉讼程序中的平等对抗。在当事人申请鉴定人出庭作证的法定要件方面，刑事诉讼法与民事诉讼法、行政诉讼法的规定也有所不同。刑事诉讼程序规定鉴定人出庭作证必须要满足当事人对鉴定意见有异议且法院认为有必要这两个要件，而民事诉讼程序则规定只需满足当事人有异议或者法院认为有必要的其中一个构成要件即可。刑事诉

---

① 沈臻懿：《笔迹鉴定在近代中国的早期实践》，《山西师大学报》（社会科学版）2010年第6期。

讼中关于鉴定人出庭作证的构成要件规定过于严苛，不利于对鉴定意见的审查，因此，有必要在司法实践中对"人民法院认为有必要出庭"的要件进行形式化判断，使得更多的鉴定人能够出庭接受当事人交叉询问和法院询问，保障司法鉴定意见的客观真实。除此之外，民事诉讼法在证据一章中，明确规定鉴定意见属于证据法定种类之一，且以三项法律条文对鉴定意见进行了详细规定，足以见对其证据属性的重视程度。与此不同的是，刑事诉讼法将鉴定意见规定在侦查一节，而并未像民事诉讼法和行政诉讼法一样，将鉴定意见在证据一章中进行详细规定。刑事诉讼法将鉴定意见在侦查一节中进行规定，实际上体现出刑事诉讼程序对鉴定意见性质的认知误区，司法鉴定并非侦查机关的侦查手段，故而应当对刑事诉讼程序中的司法鉴定性质进行重新界定，将其定位为由法院启动并对诉讼提供证明作用的程序。

第三节 司法鉴定相关规范简理

2005年2月28日，第十届全国人民代表大会常务委员会第十四次会议通过了《全国人民代表大会常务委员会关于司法鉴定管理问题的决定》（以下简称《决定》），并于同年10月1日起施行。《决定》是我国目前公布的法律地位最高的专门的司法鉴定规范性文件，在司法鉴定立法上具有划时代的意义，《决定》在关涉司法鉴定的重大原则问题上予以了明确规定。《决定》主要规定了司法鉴定的概念、鉴定人和鉴定机构实行登记管理制度，明确国务院司法行政部门主管全国鉴定人和鉴定机构的登记管理工作，明确了法院和司法行政部门不得设立鉴定机构，侦查机关可以根据侦查工作的需要设立鉴定机构。《决定》颁布以后，我国司法鉴定工作逐步走上法治化、规范化的发展道路，但司法实践中仍存在较多问题，如多头鉴定、久鉴不决、"三大类鉴定"之外管理真空等问题，其影响到审判效果并一定程度上阻碍了司法鉴定行业的快速发展。2014年10月，党的十八届四中全会通过《中共中央关于全面推进依法治国若干重大问题的决定》，明确提出要健全统一司法鉴定管理体制。2015年4月24日，第十二届全国人民代表大会常务委员会第十四次会议对施行10年之久的《全国人民代表大会常务委员会关于司法鉴定管理问题的决定》进行了修改，对过去十余年司法鉴定在司法实践中所存在的问题与障碍进行了处理。为推动司法鉴定更好地发挥为诉讼制度服务的作用，2016年10月18日，最高人民法院、司法部联合出台了《关于建立司法鉴定管理与使用衔接机制的意见》，其主要包括以下四个方面的内容，分别为：加强沟通协调，促进司法鉴定管理与使用良性互动；完善工作程序，规范司法鉴定委托与受理；完善工作程序，规范司法鉴定委托与受理；严处违法违规行为，维持良好司法鉴定秩序①。《关于建立司法鉴定管理与使用衔接机制的意见》有利于完善司法鉴定制度，推动司法鉴定统一管理体制改革，并发挥司法鉴定在审判程序中的积极作用。

其他有关司法鉴定的法律规范主要散见于三大诉讼法及相关法律中，以及司法机关、国务院相关部门等颁布的行政法规、部门规章中的相关规定中，除此之外，部分省（市）就司法鉴定问题开展了地方立法，相继颁布了一批地方法规。这些立法工作对于司法鉴定活动进行了规范管理，发挥了应有作用，下文对司法鉴定相关规定进行详细梳理。

就其他相关法律规范及司法解释而言，我国有关司法鉴定的法律规范主要散布于三大诉讼法及相关法律之中，三大诉讼法及其司法解释中都有涉及鉴定方面的规定。以《中华人民共和国刑事诉讼法》（以下简称《刑事诉讼法》）为例，其对司法鉴定的规定主要在第二编第二章第七节，虽然《刑事诉讼法》第七节仅以看似十分简单的四项法律条文对刑事诉讼程序中司法鉴定进行原则性规定，但在具体审判程序规定中亦有司法鉴定相关规定，如第一百九十二条第三款："公诉人、当事人或者辩护人、诉讼代理人对鉴定意见有异议，人民法院认为鉴定人有必要出庭的，鉴定人应当出庭作证。经人民法院通知，鉴定人拒不出庭作证的，鉴定意见不得作为定案的根据"。除此之外，相关诉讼法司法解释同样也对司法鉴定进行详细规定，如《最高法关于适用〈中华人民共和

---

① 最高人民法院、司法部：《关于建立司法鉴定管理与使用衔接机制的意见》。

国刑事诉讼法〉的解释》第四章第五节：鉴定意见的审查与认定即对相关司法鉴定程序进行规制。另外《监狱法》《仲裁法》《消费者权益保护法》《行政处罚法》等法律对司法鉴定也有所涉及。我国有关司法鉴定的司法解释主要有最高人民法院发布的《人民法院司法鉴定工作暂行规定》、最高人民检察院发布的《人民检察院鉴定规则（试行）》《人民检察院鉴定机构登记管理办法》和《人民检察院鉴定人登记管理办法》等。

就司法鉴定相关的行政法规、部门规章而言，其主要包括司法部先后制定的《司法鉴定机构登记管理办法》《司法鉴定人登记管理办法》《司法鉴定程序通则》《司法鉴定执业活动投诉处理办法》，国务院制定的《医疗事故处理条例》《职工工伤与职业病伤残评定标准》，国家发改委颁布的《司法鉴定收费管理办法》，公安部颁布的《公安机关鉴定规则》《公安部刑事技术鉴定规则》《公安机关刑事案件现场勘验检查规则》。其中，《司法鉴定程序通则》自2007年7月18日经司法部部务会议审议通过并于同年10月1日起施行后，为落实修改后的诉讼法律对司法鉴定程序的新规定，司法部于2015年12月24日通过了修订后的《司法鉴定程序通则》。修订后的《司法鉴定程序通则》优化了司法鉴定程序，并在防错纠错、文书规范、鉴定人出庭作证等方面有所完善，进一步推动了司法鉴定活动向科学化、规范化与合法化发展。

就地方立法而言，全国部分省、市就司法鉴定问题开展了地方立法，颁布了一批有关司法鉴定的地方法规。我国司法鉴定地方立法探索始于1998年，黑龙江省于1998年12月12日通过《黑龙江省司法鉴定管理条例》，成为我国地方省市对司法鉴定立法的最早实践探索。截至2020年10月，全国已有22个省市完成司法鉴定的相关地方立法活动。在《决定》出台以后，地方立法对司法鉴定的探索一定程度上弥补了《决定》不足，有利于遏制司法鉴定实践中的混乱现象，对规范地方司法鉴定工作起到重要作用。地方立法探索出很多已经为社会公众所普遍认可的司法鉴定相关制度，例如终局鉴定制度等。已有司法鉴定立法为各地司法鉴定活动正常开展提供了法律依据，相关立法实践经验为司法鉴定立法体系化提供了理论基础。

2017年7月19日，中央全面深化改革领导小组第三十七次会议召开，会议通过了《关于健全统一司法鉴定管理体制的完整意见》。这次会议指出，司法鉴定制度是解决诉讼中涉及的专门性问题、帮助司法机关查明案件事实的司法保障制度。健全统一司法鉴定管理体制，要适应以审判为中心的诉讼制度改革，完善工作机制，严格执业责任，强化监督管理，加强司法鉴定与办案工作衔接，不断提高司法鉴定质量和公信力，保障诉讼活动顺利进行，促进司法公正。

2019年7月10日，中共中央办公厅、国务院办公厅印发了《关于加快推进公共法律服务体系的意见》。该意见指出要健全统一的司法鉴定管理体制，加强司法鉴定管理与司法办案工作的衔接，健全鉴定人负责制，统一司法鉴定标准，为案件事实认定提供技术支持。推动完善国家司法救助制度，明确特定案件当事人司法救助的条件、范围，逐步完善公证机构、司法鉴定机构，依法减免相关费用制度，加强法律援助工作与公证、司法鉴定之外的衔接。《意见》指出，要完善公共法律服务相关法律法规和规范性文件，研究制定国家宣传教育法，推动制定法律援助法、司法鉴定法，修改律师法、公证法、仲裁法等法律法规。

《关于健全统一司法鉴定管理体制的完整意见》和《关于加快推进公共法律服务体系的意见》是中央层面近年来对于司法鉴定立法和管理体制的系列要求，而且首次明确提出制定司法鉴定法，健全统一司法鉴定管理体制，要求制定司法鉴定法应该适应以审判为中心的诉讼制度改革。因此，在制定司法鉴定法、完善司法鉴定管理体制过程中，应该重点考虑完善司法鉴定工作机制，严格鉴定机构和鉴定人执业责任，强化司法鉴定活动监督管理，加强司法鉴定与办案工作衔接，使司法鉴定法的制定适应和对接司法体制改革和诉讼程序立法内容，满足司法鉴定法立法的现实需要。

总体来看，已有司法鉴定立法对于司法鉴定活动中的鉴定申请、决定、实证、质证、异议等各种权力、权利的承担主体，在不同诉讼阶段进行明确规定尚有不足。因为承担主体存在于不同部门，权利、义务、责任承担方式有别，这就需要司法鉴定法立法在运行机制和体制等诸多方面进行整体性引导和规制。"司法鉴定活动根本目的是为诉讼服务，为正确的裁量和解决纠纷提供科学依据。"① 尽管目前已经制定出台关于司法鉴定领域的部分法律规定，但是并不成体系，存在诸多需要完善和充实的内容，与三大诉讼法对应的司法鉴定立法仍显薄弱，这也使司法鉴定活动中的很多重要问题并没有得到彻底解决。另外，我国的司法改革仍然在路上，伴随司法改革的诉讼法修改成为机制上不断发展及内容不断更新的过程，证据规则的不断完善使鉴定意见在三大诉讼中的证明作用地位凸现，尤其是体现在刑事诉讼中。

第四节　司法鉴定启动权立法缺陷

2006年发生了震惊全国的"邱兴华杀人案"，邱兴华于2006年7月16日一连杀害10人，逃亡过程过两次作案又导致一死三伤，造成极大的社会影响。8月19日邱兴华很快被捕案件侦破，案件证据、事实本身没有争议，但是诉讼中，辩方提供了邱兴华祖上三代均为精神病的证据，并请求法庭对邱兴华犯罪时的精神状态进行司法鉴定，而此诉求被法庭以辩方未提交有说服力的证据而驳回，最终邱兴华被执行死刑。现行的刑事诉讼法只是赋予了辩方司法鉴定申请权，但是否准许并启动司法鉴定程序由法庭决定，邱兴华案件中司法鉴定问题引发了学界对于刑事诉讼程序正当性的质疑，同时也开始思考司法鉴定制度和诉讼程序的衔接问题。基于本案的特殊性，在司法审判的法律效果和社会效果价值选择中，法庭可能考虑社会效果偏多，因为本案被害人数量达14人且被告人犯罪手段极为凶残，但法律效果考虑疏失导致学界对控方和法庭独占司法鉴定启动权所产生的控辩权能失衡产生隐忧。这也产生了对庭审中的司法鉴定启动权的重新讨论，如何认定这种启动权性质，究竟是取证权利还是司法权力，直接关系到庭审中诉讼程序的正当性问题。

我国刑事诉讼法规定，侦查阶段由公安或人民检察院启动司法鉴定程序，起诉阶段由人民检察院启动，均委托鉴定机构进行鉴定。公安与

---

① 潘溪：《我国司法鉴定的法治化研究》，《中国司法鉴定》2014年第1期。

人民检察院在侦查和起诉阶段所享有的司法鉴定启动权具有绝对性，独立行使初次鉴定、补充鉴定与重新鉴定启动权，不受审判机关与辩方制约，即使《刑事诉讼法》第 148 条规定"侦查机关应当将用作证据的鉴定意见告知犯罪嫌疑人、被害人；如果犯罪嫌疑人、被害人提出申请，可以补充鉴定或者重新鉴定"，也就是说法律赋予犯罪嫌疑人与被害人对鉴定意见提出异议的权利，但是否补充鉴定或重新鉴定还需要侦查机关批准许可。《刑事诉讼法》第 197 条对法院在审判阶段享有司法鉴定启动权作出了明确规定："法庭审理过程中，当事人和辩护人、诉讼代理人有权申请通知新的证人到庭，调取新的物证，申请重新鉴定或者勘验。公诉人、当事人和辩护人、诉讼代理人可以申请法庭通知有专门知识的人出庭，就鉴定人作出的鉴定意见提出意见。法庭对于上述申请，应当作出是否同意的决定。"在刑事自诉案件、民事诉讼程序及行政诉讼程序中，则由人民法院启动司法鉴定程序，当事人仅享有司法鉴定申请权，最终是否启动司法鉴定则由法院决定。对于控方和法庭独占司法鉴定启动权所产生的控辩权能失衡问题，部分学者认为"我国应逐步限制、取消侦查、检察机关享有的司法鉴定启动权，建立侦查、检察机关向法院申请司法鉴定启动权的制度"[①]，此种制度将司法鉴定的启动主体仅限于法院，既有利于实现控辩双方在诉讼程序中的平等，同时符合我国目前以审判为中心的改革方向。仅由法院决定是否启动司法鉴定是对侦查机关与检察机关权力的限制与审查，有利于推动我国司法审查制度的建立。但与此同时，该制度也存在一定弊端，侦查阶段承担着查明案件事实、查获和确定犯罪嫌疑人的重要任务，其不同于一般调查活动，侦查是诉讼程序得以继续且顺利进行的必要条件。犯罪嫌疑人作案以后，为掩盖罪行、逃避罪行，通常会对证据进行隐匿、毁灭、伪造并对犯罪现场等进行破坏，因而在侦查过程中必须遵守迅速及时原则。若使侦查机关不享有司法鉴定启动权，建立侦查机关向法院申请司法鉴定启动权制度必然会降低侦查效率，一定程度上将会阻碍侦查活动的顺利进行。因此，建立侦查、检察机关向法院申请司法鉴定启动权的制度还需要进

---

① 方道茂：《我国司法鉴定管理体制研究》，博士学位论文，华中科技大学，2006 年。

行商榷。确定庭审中的司法鉴定启动权主体具有极为重要的意义，要确定权力/权利主体，就必须先对权力/权利的性质进行认定。如果将我国诉讼程序和当前的司法鉴定体制进行对照，就会发现这种启动权性质认定显然属于法法衔接不畅问题。

上文所说的司法鉴定启动权并不包括当事人所享有的司法鉴定申请权，司法鉴定申请权实质上并不能真正启动司法鉴定程序，还需法院通过审查最终决定是否启动，司法鉴定启动权应当可以产生使司法鉴定意见在法庭中展示并作为证据之一由双方进行质证的法律效果。通过对域外司法鉴定相关立法进行审视，观察不同国家法治实践所确立的司法鉴定启动权主体，将其与我国司法鉴定实践相对比，探索我国未来司法鉴定启动程序的发展方向。不同国家的具体司法制度必然与该国司法体制密切相关，各国司法体制的形成离不开诉讼文化传统，对不同国家的司法鉴定制度进行分析，大体可以将其按照大陆法系与英美法系的划分进行讨论。大陆法系国家与英美法系国家在司法鉴定启动主体方面的不同主要是受到不同诉讼模式即职权主义模式与当事人主义模式的影响。

具体而言，英美法系国家采取对抗式诉讼模式，控辩双方平等享有司法鉴定启动权。审判程序中，当事人一方既享有自行决定启动司法鉴定的权利，也可以向法庭申请；与此同时，法庭也享有启动司法鉴定的权力，体现出法庭在诉讼程序中一定程度的主动性。在英美法系国家，鉴定程序的启动和当事人主义诉讼模式密切相关，体现了当事人的意志和诉求。大陆法系国家虽因同样采取职权主义模式而在司法鉴定启动权属有较大相似性，但因不同国家机构设置不同而存在一定差异。法国至今仍保留预审法官制度，因此其侦查阶段司法鉴定的启动主体与德国有所不同。法国侦查阶段，预审法官、警察与检察官都可以启动司法鉴定程序；起诉阶段，司法鉴定启动权由预审法官独立享有，检察官虽不享有司法鉴定启动权，但可以对预审法官行使司法鉴定启动权进行监督；审判阶段，为实现控辩双方平等对抗，立法赋予检察官与当事人平等司法鉴定申请权，最后由法院决定是否同意启动司法鉴定；另外，法院也可以依职权启动司法鉴定。"德国实行职权主义诉讼模式，从侦查、起诉到审判阶段，鉴定人都被认为是辅助法官认定案件专门性问题服务的"①，原则上德国司法鉴定启动权为法院专有，特殊情况下检察机关可以启动司法鉴定。大陆法系国家司法鉴定启动权均由司法机关行使，庭审中由法官依职权启动，这种方式可能更多的是排除或验证法官的一些问题判断，但是也存在造成法官偏听和误判的可能性。大陆法系国家将鉴定人当成是法官的科学助手，鉴定人被视为法院组成人员，其身份具有一定的特殊性，诉讼地位也明显高于一般证人；而英美法系则将鉴定人视为委托一方的专家证人，其诉讼地位与身份本质上与一般证人无异。大陆法系将鉴定人视为法官科学助手的做法与我国的司法鉴定实践也有所区别，我国自2005年司法鉴定管理制度改革确立了"审鉴分离"制度后，在很大程度上消除了法院"自鉴自审"可能影响司法公正的弊端，法院虽享有司法鉴定启动权，但鉴定意见只能作为意见性证据在法庭上出示。我国司法鉴定活动并不等同于法官从事的职务性活动，鉴定人诉讼地位与一般证人相同。作为混合式诉讼模式的典型代表，日本的司法鉴定启动程序有一定特殊性，"日本在侦查阶段检察官可以委托鉴定，警察可以进行鉴定，但如果没有法官的批准，这些鉴定只能指引侦查方向，不能在刑事诉讼中作证据"②。该规定与我国有所不同，我国虽将鉴定结论改为鉴定意见，弱化了鉴定结果在诉讼证明中的作用，但在侦查与起诉阶段所获鉴定意见仍然可以作为控方证据在法庭上进行展示，这体现出日本司法审查在诉讼中的渗透比我国更加深入。同时，日本审判阶段只有法院可以行使司法鉴定启动权，体现出日本司法鉴定程序中职权主义色彩。"当事人主义色彩主要体现在日本犯罪嫌疑人在侦查阶段具有鉴定启动权。"③

  我国的司法鉴定启动制度应当与我国的诉讼制度、证据规则相适应，已有的比较法研究成果，只能说明该制度在制度生成地运行管用，但不一定适用我国。我国司法鉴定立法必须立足国内实际情况，对标司法体制领域内所进行的各种形式的改革，满足人民群众对于司法公正的追求。司法鉴定启动制度也应当在考虑我国实际情况的前提下，找到最适合我

---

① 陈邦达：《刑事司法鉴定程序的正当性》，北京大学出版社2015年版，第50页。
② 刘革新：《构建中国的司法鉴定体制》，博士学位论文，中国政法大学，2006年。
③ 刘革新：《构建中国的司法鉴定体制》，博士学位论文，中国政法大学，2006年。

国的制度类型。我国现行的司法鉴定启动制度本质上体现了我国以权力为本位的司法鉴定观,在刑事诉讼程序中重视公安机关、检察院和法院对司法鉴定的决定权,而忽视了诉讼当事人在诉讼程序中的诉讼权利。有学者提出"司法鉴定启动权应当是诉讼当事人的一项证明权力,而且是与举证责任不可分割的"[①],本书赞同该学者观点。在社会公众权利意识不断觉醒的今天,司法鉴定启动权早已不应当由国家公权力机关独享,既然司法鉴定意见作为法定证据类型,那么当事人启动司法鉴定的权利应当是其举证权的固有内涵。即使当事人享有申请重复鉴定和补充鉴定的权利,若不将司法鉴定启动权的性质认定为诉讼权利,则当事人在申请重复鉴定和补充鉴定而遭到决绝后,实际上欠缺对当事人权利的救济路径。英美法系国家将司法鉴定启动权作为当事人的一项诉讼权利进行保护,即当事人双方(控辩双方)都可以委托鉴定机构或鉴定人进行司法鉴定,其所获得鉴定意见将作为本方证据在法庭上呈现,实际上英美法系国家将当事人委托鉴定的行为当作当事人获取证据的手段之一。我国不允许当事人启动司法鉴定,表明我国并没有将司法鉴定活动作为获取证据的行为,或者说我国仅把司法鉴定作为侦查手段,而不允许当事人就鉴定事项委托鉴定机构或鉴定人,该行为既侵犯了当事人收集证据的权利,同时也在很大程度上造成对诉讼当事人辩护权的侵犯。诉讼法规定的司法辅助人制定在一定程度上保障了诉讼当事人的辩护权,但是仍然无法对抗强大侦查机关的侦查权。

　　我国侦查机构享有设立鉴定机构的权力,同时侦查机关可以为了侦查需要启动司法鉴定,虽说该规定导致了我国控辩双方的权能不平衡,但是直接取消侦查机关设立鉴定机构的权力并将司法鉴定启动权收归法院独有的制度安排可能过于激进,不符合我国目前的侦查现状,会导致侦查效率的极大降低。为防止侦查工作过于延缓,出现证据流失等现象,司法鉴定统一立法无须直接取消侦查机关的司法鉴定机构,但应当进行适当限制,例如对鉴定事项或委托对象范围进行适当限制。对紧急程度

---

① 何家弘:《司法鉴定法之立法思考司法鉴定立法需要观念的转变》,《法学》2009年第8期。

相对较弱的事项，不应当由侦查机关交由内部司法鉴定机关予以鉴定，而应当将其委托给中立的第三方司法鉴定机构进行鉴定，这种做法可以减少鉴定机构与侦查机关之间的联系，使鉴定意见更具有真实性与客观性。同时，可以采取司法审查的方式对侦查机关进行司法鉴定予以制约，由法院最终决定是否允许侦查机关进行司法鉴定，一定程度上可以解决侦查中司法鉴定工作的程序不正义问题。另外，为了平衡控辩双方的权能，统一司法鉴定法可以吸收地方对司法鉴定启动权形式的有益探索，赋予当事人一定程度上启动司法鉴定的权利。

第五节 司法鉴定立法统一化之必然

全国人大常委会所颁布的《决定》已经实施17年，其中很多规定早已与司法鉴定实践不相符合。2005年之后，我国司法鉴定体制已经发生了很大改变，社会化服务的民营司法鉴定机构已经全面建立，需要司法鉴定解决的专门性问题种类日益增多，司法鉴定已经成为公民依法取证的重要途径，司法鉴定法的立法应该对近年来司法改革和诉讼法修改内容充分审视。如今司法鉴定统一立法既有客观条件作为立法可行性要件，又有社会需要作为立法必要性要件，出台司法鉴定法正处于适时阶段。我国除了2005年出台的《决定》外，法律层面则没有司法鉴定活动可供参考的规定，但是在行政法规规章、地方性法规及司法解释等层面，具有非常多可供参考的规定，仅司法部一个部门就出台了100多部司法鉴定的相关规定。但是因不同部门存在利益、立法技术等差异，司法鉴定的许多规定存在矛盾和差异，影响到实践中司法鉴定活动的运行。特别是在司法鉴定统一管理制度与司法鉴定启动权制度方面，依然存在诸多亟须解决的问题。以司法鉴定统一管理制度为例，虽然《决定》规定司法鉴定机构统一由司法行政机关管理，但是司法实践中仍存在许多问题。一方面，侦查机关的鉴定机构并未受到司法行政机关实质化管理，仅仅是要求侦查机关的鉴定机构需向司法行政机关进行备案登记，实践中许多侦查机关甚至故意拒绝向司法行政机关备案其鉴定机构。另一方面，法院通常采用"册中册"与"册外册"两种形式实现对司法鉴定机构的实质化管理，对司法行政机关管理的鉴定机构会以某种标准进行一定的筛选，该做法具有一定的合理性，但缺乏合法性。该行为实际上架空了《决定》，法院作为司法机关分割了司法行政机关对鉴定机构及鉴定人的管理权，最终造成司法鉴定管理的无序，无法实现真正的"审鉴分离"。这就要求司法鉴定法立法的体系、规范构成均应有新的选择。

在中央要求制定司法鉴定法的背景下，对于司法鉴定法的立法形式采取分散立法抑或是统一立法，是必须事先做出的重大选择。分散立法的立法形式不利于司法鉴定活动管理的体系化，也不利于司法鉴定立法和诉讼法内容的互融性和一致性。分散式立法无法兼顾司法鉴定在不同程序中的共性与个性，浪费立法资源，不具有合理性。若采取分散式立法形式，既不能对现有其他法律、法规、规章、司法解释、规范性文件进行梳理和取舍，又浪费立法资源，后续还需要对三大诉讼法司法鉴定相关内容进行修改，可能还会出现司法鉴定内容的不一致问题。相反，司法鉴定采取统一立法形式与我国司法改革方向一致，借助体系化的发展模式可以加快司法鉴定制度的发展，使其走上法治化、科学化的发展道路。因此，我国司法鉴定法的立法形式应该走统一化的道路，这也是近年来关于司法鉴定法立法探索和经验总结后的最佳选择。

近年来，学界在研究司法鉴定立法这一领域取得不少有价值的成果，但司法鉴定统一立法应该如何设定发展方向，应当如何与诉讼法修改整合，如何充分调动和运用司法改革成果，却鲜有论及。本书的研究正是在这样的理论和实践背景下展开。首先，司法鉴定统一立法重要的是和诉讼法形成良性互动，但根本上还是要和诉讼制度相适应，这就需要首先对近年来我国司法鉴定体制研究进行反思和总结，正确认识当前运行中的司法鉴定制度表现形式，归纳出我国司法鉴定制度的特殊性。其次，检视司法鉴定现有立法和诉讼法的对接疏漏，用诉讼法解读司法鉴定制度运行中的问题，从而为将来的司法鉴定法立法提供思路。最后，在司法鉴定统一立法制度创新过程中，还应该注意司法鉴定管理体制中的行政管理和行业自治的整合问题，以及司法鉴定立法中制度刚性和柔性相济的裁量余地设计。

第二章

司法鉴定立法现状

在诉讼过程中,证据裁判主义已经得到现当代各国法学学理界及司法实践活动的广泛认可。同时,法律的严谨性要求诉讼中的证据必须得到证实,因此大量的证据需要通过专业鉴定得到确证,司法鉴定作为诉讼过程中重要的法定证据来源之一,在诉讼活动中承担着保证案件实体正义和实现案件程序价值的双重作用,在查明案件事实真相、提供裁判依据及保证司法公信力等方面具有重要意义。司法鉴定是指"指派或聘请具有专门知识的人就案件当中的某些专门性问题,运用观察、测量、实验、比较等方法对其进行鉴别和判断并作出鉴定结论的科学活动"①。党的十一届三中全会以后,司法鉴定制度在法治建设中的重要地位逐渐恢复,并由司法部发布与之相关的规范性法律文件。但上述规定囿于缺乏统一的鉴定标准等问题,在具体的司法实践活动中面临较多困扰。

党的十八大以来,中央加快推进全面依法治国进程,全国人大与国务院均发布相应的司法改革文件,此类文件明确了中央推进我国司法鉴定制度改革的方向与决心,即在推动诉讼活动向审判中心主义发展的背景下,通过制定司法鉴定法等立法措施统一司法鉴定管理制度,强化行业监管,严格主体责任,与诉讼制度改革相适应的同时,维护司法活动的权威性和公信力,推动我国诉讼制度向更文明的方向前进。

针对司法鉴定制度在实践中存在的问题以及运行的困境,在中央的

---

① 仵建民、贾京柱:《论司法鉴定工作的现状及改进设想》,《法学杂志》1998 年第 6 期。

正确指导下，学界近年出现了颇具理论价值的研究。针对理论研究的重点问题，有如下代表性研究值得关注与讨论。

首先是司法鉴定法的立法形式问题。在这一问题上学界认为主要有两种立法形式：第一种是分散立法，即我国目前司法鉴定法律体系的基本特征是散布于各大诉讼法及其他法律法规之中，以分散服务于各自本法的方式汇总成为完整的司法鉴定制度；第二种则是统一立法，即以司法鉴定法法典的形式，将有关司法鉴定的全部制度规定在一部法律之中。对于我国目前要求统一司法鉴定体制的政策号召而言，以法典形式集中立法是我国司法鉴定法更应被考虑的形式，究其原因，第一种学术观点事实上已经在目前的司法鉴定的法律实践中践行，然而目前的立法情况导致重复鉴定等问题频发，且三大诉讼法之间很难形成有效联动，在鉴定标准等方面均存在差异，而第二种观点则有助于解决司法鉴定在实践中的弊端，从而形成司法鉴定制度与诉讼制度的有效联动。第二个理论界的代表性研究为司法鉴定启动制度，在我国目前的诉讼法体系下，民事诉讼与刑事诉讼在司法鉴定的启动程序在规定层面并不一致。在民事诉讼中是由双方当事人协商确定司法鉴定机构，如若协商不成，则再由法院另行委托司法鉴定机构，而在刑事诉讼中则仅司法机关有权要求启动司法鉴定程序，面对鉴定结果，当事人如有异议，则仅能选择申请补充或重新鉴定。由此，理论界提出了针对司法鉴定制度在刑事诉讼中应引入当事人主持启动的制度。这一观点的提出有利于保障刑事诉讼中控辩双方的力量进一步平衡，但不足之处在于上述观点未考虑此种改革措施可能会加重目前"多头鉴定"的困境，使得法庭更加难以得到一个权威且可信的鉴定意见。由此可知，"统一鉴定立法，是适应客观形势，完善鉴定制度的需要"[①]。

以上述理论研究为基础，对我国司法鉴定制度进行考察的过程中，会发现仍存在部分应得到学术界拓展与延伸的问题。在目前的理论与实践背景之下，大部分相关研究集中于对司法鉴定制度本身的修订，然而更应被重视的则是司法鉴定制度与诉讼法的融合与适应。司法鉴定的立

---

① 肖承海：《对我国司法鉴定统一立法的思考》，《法学杂志》1998年第1期。

法工作应该建立在对诉讼法进行深入研究的基础之上。因此，在当前以庭审实质化为核心的诉讼法改革中，本书欲要厘清我国独特的司法鉴定制度立法现状及其运行情况，就必须先对目前已有的相关法律制度及其运行现状进行研究与梳理，并在此基础上总结现行法律体系的运行机制及存在的漏洞与缺陷。此外，应在检视域外两大法系对于相关问题的规范制度的基础上分析我国司法鉴定制度的独特性。最终，结合司法鉴定市场化运营及鉴定机构行政管理等热点问题进行创新性研究。

第一节 司法鉴定已有立法梳理

一 全国人民代表大会常务委员会通过的《关于司法鉴定管理问题的决定》

在近现代中国的法律发展史上，德国、日本等均曾成为我国法律立法的参考对象，而自新中国成立以来，为区别于主要参考资本主义国家法律制度而制定的《六法全书》，作为社会主义阵营的代表性国家，苏联成为新中国建国初期乃至之后相当长一段时间内我国创设法律的参考对象。但与诸多其他法律制度不同，我国司法鉴定制度是在参照中华民国时期的法律理论基础之上，基于我国国情的司法实践运行中逐渐形成。作为在诉讼过程中发挥关键作用的一项制度，在改革开放以后，我国重拾对司法鉴定制度的重视，并由司法部发布与之相关的规范性文件。然而，这些文件囿于其本身未能就鉴定标准等一系列重要事项作出明确规定，使得司法实践的运行中出现了诸多困扰。

因此，基于这一困境与改革开放之后剧烈的社会经济变化，1993年，最先由财政部向中央提交了一份名为《关于公检法机关共建一套司法机构的建议函》的文件，该建议函中称"司法鉴定工作是公检法机关职能工作的一个组成部分，是司法机关应用现代科学技术正确处理各类案件的重要手段"。[①] 同时，该函中还明确表示了彼时公安机关、检察院

---

① 郭华：《司法鉴定制度改革的十五年历程回顾与省察》，《中国司法鉴定》2020年第5期。

与法院已经各自形成了一套内部的司法鉴定机构及配套系统,实践中确实发挥了较大作用。但在此基础之上,该函仍要求应当构建统一的司法鉴定机构,以此避免因机构部门间的技术及信息隔阂造成的重复鉴定及多头鉴定现象。不可否认的是,财政部向中央提交的这份建议函具有其特殊的时代背景:其一是由财政部拨款为各地公检法三机关购置的司法鉴定设备存在严重的浪费现象;其二则是国内部分省份尝试建立统一的省一级司法鉴定组织。在此之后,中央曾对云南省的试点工作进行考察,在考察结论中表明,在全国范围内建立统一的公检法司法鉴定机构是可行且必要的,并表示如单建隶属于国务院的部门有困难则亦可考虑在司法部下设立司法技术鉴定局的形式。这一结论在彼时具有一定前瞻性与科学性。然而,彼时司法鉴定多部门、多规范的问题尚未严重影响司法公正,故而,即使在调研、试点等工作均已开展的情况下,司法鉴定制度仍未迎来较大的改革。

因此,基于上述背景,全国人大常委会颁布《关于司法鉴定管理问题的决定》(以下简称《决定》),《决定》颁布后,司法鉴定制度在立法方面具有重大进步。《决定》全篇共分为18条,其主要规定了如下内容:其一,明确了司法鉴定的概念;其二,对司法鉴定的机构及鉴定人所从事的司法鉴定服务范围及应该进行登记管理的业务范围作出规定;其三,明确央地司法行政机关在管理范围划分方面的问题,中央一级由司法部管理全国范围的司法鉴定机构,而地方则由各省的司法厅管理本省辖区内有关司法鉴定的各项事宜;其四,《决定》明确可以申请成为司法鉴定服务人员的资格条件及不得从事该项工作的情形;其五,明确法人及其他组织能够开展司法鉴定工作所需的设备及场所条件;其六,明确公检机关的司法鉴定机构原封不动,但仅可以为本单位提供司法鉴定服务,同时人民法院不得开展司法鉴定业务,以避免人民法院在司法鉴定中既做"运动员"又做"裁判员";其七,明确各鉴定机构之间独立运作互不相属;其八,明确具体案件中负责鉴定的司法鉴定人应当承担的法律责任,在诉讼中,如若案件的当事人对鉴定意见提出质疑,则应由人民法院向鉴定人发出通知,要求其参与庭审并出示证据,即建立鉴定人出庭制度;其九,明确鉴定人及鉴定机构对因其不当行为或失误造成的损失应该承担的法律责任，要求鉴定人必须依法开展司法鉴定活动，同时应当在具体执业时严格遵守行业道德，强调保持鉴定业务的科学性与严谨性；其十，明确司法鉴定的收费问题应该由哪些上级主管部门协商决定。《决定》的出台，对司法鉴定制度的法治进程具有里程碑意义，明确司法鉴定所应遵守的原则与基本流程，对从事司法鉴定的工作人员提出具体的工作要求，在相当程度上为诉讼过程中启动司法鉴定提供路径方法与法律保障。但是，由于《决定》的总体篇幅较短，相关规定大多停留在指导方面，对于具体的司法鉴定标准、鉴定机构与鉴定人能力核验等方面并无明确规定，故而其在司法实践中的可操作性仍然不强。

二　分散分布于相关法律制度中有关司法鉴定的法律规范

早在《决定》出台之前，我国已经在司法实践中对司法鉴定工作出台相应规范并逐渐试行，通常散布于三大诉讼法及其他相关法律法规中。具体而言，三大诉讼法均对司法鉴定服务的启动程序作出规定。如前文所述，民事诉讼中充分尊重双方当事人的自由意志与选择，对司法鉴定机构采取双方协商的方式加以确定。而刑事诉讼法中则更多体现职权主义诉讼模式的特征，即只能由司法机关决定是否要进行司法鉴定，而当事人无论是被害人抑或被追诉人均只能在鉴定意见出具后，对其申请补充或重新鉴定，本人不得私自进行司法鉴定。行政诉讼法则在其第 31 条及第 35 条作出相关规定，除三大诉讼法之外，在诸如《消费者权益保护法》《行政处罚法》等其他法律规范中亦有对司法鉴定制度作出规定，如《行政处罚法》中第 19 条对于受委托的司法鉴定组织的条件进行了规定。在上述的各项法律规定中均对司法鉴定工作作出了一定的规制，然而范围及内容均较少，且过于分散，在实践中难以得到有效统一形成合力。同时，在公安部门亦有如下规范，如"1978 年公安部修订《刑事技术工作细则》，1979 年国家颁布刑事诉讼法，1980 年公安部颁布《刑事技术鉴定规则》"[①]。

---

① 陈如超：《司法鉴定管理体制改革的方向与逻辑》，《法学研究》2016 年第 1 期。

三 最高人民检察院及最高人民法院关于司法鉴定工作的司法解释

除上述全国性法律外，最高人民法院与最高人民检察院均在司法鉴定工作方面出台内部的规章制度。如最高人民法院发布的《人民法院司法鉴定工作暂行规定》、最高人民检察院发布的《人民检察院鉴定机构登记管理办法》《最高人民检察院关于指派、聘请有专门知识的人参与办案若干问题的规定（试行）》等。同时，除专门针对司法鉴定发布的文件之外，在近年的司法改革中，部分涉及诉讼证据规则的部门规章也对司法鉴定工作提出修改，如最高人民法院曾于2019年由其审判委员会通过一份文件，该项文件中，针对司法鉴定工作改革的条款足有四分之一之多，对人民法院委托司法鉴定机构的鉴定工作进行了大幅度的修改。同时，针对鉴定人出庭制度作出修改，根据该项文件的表述，负责具体案件鉴定的司法鉴定人如果在没有正当理由的情况下拒绝出席庭审，那么作出的鉴定意见不得作为定案的依据。同时，对于此类鉴定人，人民法院有权向负责对其管理的上级部门要求对其进行处罚。至于因为鉴定人拒绝出庭而使得证据不能成立给当事人造成的损失，如若当事人要求其归还鉴定费，法院则必须在三个工作日内作出裁定，要求鉴定人归还鉴定费，如若鉴定人拒绝归还则可以进入强制执行程序。至于案件所涉的司法鉴定事项，当事人若认为有必要重新鉴定进而向法院提起申请的，法院应该予以支持。

四 国务院及其部委颁布的行政规章及法规

国务院各部委对司法鉴定工作亦作出了部分规定，如《公安机关鉴定规则》《司法鉴定人管理办法》。在近年来，司法部还针对司法鉴定工作密集出台多项规定，如司法部发布《关于严格准入严格监管提高司法鉴定质量和公信力的意见》（2017），同年，公安部为了响应司法改革，并针对目前的实际工作情况进行回应，修改了前文所述之业已运行达十年之久的《公安机关鉴定规则》；2019年司法部修订并发布《司法鉴定执业活动投诉处理办法》；2020年司法部发布了《关于进一步规范和完善司法鉴定人出庭作证活动的指导意见》，同年，司法部还拟定并发布

《关于进一步深化改革强化监管提高司法鉴定质量和公信力的意见》,除此以外,部分司法机关如最高人民法院还凭借现代信息技术的支持,开通云端司法鉴定数据库等可以在线支持司法鉴定工作开展的网络平台渠道。就这一方面而言,虽然各部门均根据自身的工作需要制定了相关的部门规章,然而,其因鉴定标准不一、鉴定程序不一等问题而引起的"多头鉴定""重复鉴定"问题仍然未能得到改善,并且,由于涉及的司法执法机关较多,内部司法鉴定服务机构的人员亦社会关系复杂,催生出的新问题诸如"金钱鉴定"及"人情鉴定"亦成为了司法鉴定工作在实践中的困境。同时,部分法规、部门规章由于发布时间较早,且多年未经修改,面对新兴的案件案情时常力不从心,已经不再适应当前的诉讼需要。

五 地方机关发布的有关司法鉴定的规范

作为诉讼程序中重要证据制度的司法鉴定制度,建立在大量基层司法实践基础之上,因此,针对这一情况,早在20世纪末,中央尚未发布相关的专门法律规范时,地方多地便出台相关规定、条例以应对在实践中出现的各种情形。如在1998年末,黑龙江省便出台了《黑龙江省司法鉴定管理条例》,"开创了司法鉴定地方立法之先河,也是我国首部司法鉴定专门性法规"。① 在此之后,随着时代的不断发展,又有包括黑龙江省、吉林省、重庆市在内的十个省、直辖市或民族自治区由当地人大常委会颁布地方性的司法鉴定条例。自《决定》发布后,各地地方亦紧随号召,通过修订地方司法鉴定条例以积极适应《决定》的内容。如贵州省、福建省、山东省、陕西省、浙江省分别根据《决定》的相关内容,建立本省内部的司法鉴定系统,其中,山东省、陕西省等则直接在文件中表明法规内容是根据全国人大常委会颁布的《决定》内容并结合本省实际情况予以制定。其余在《决定》出台前便已经存在的地方性法规亦受到较大影响,其中,黑龙江省于2005年,吉林省于2007年分别废止

---

① 王瑞恒:《我国统一司法鉴定立法的有益探索——以司法鉴定地方立法为视角》,《中国司法鉴定》2015年第5期。

本省的司法鉴定地方性制度，重庆市、湖北省等地则根据《决定》内容修改本省的相关地方性法规。各地方针对司法鉴定制度的地方性立法举措在一定程度上促进司法鉴定制度在基层的落地生根与实际运行，对于积累相关立法经验具有重要意义，然而，囿于各省之间存在情况的差异，致使多省之间难以协调一致的情况亦成为司法鉴定难以具有统一性的原因之一。自党的十五大以来，党中央和国务院曾多次强调建立统一的司法鉴定制度，言辞方面亦经历从"建立统一司法鉴定管理体制到完善统一司法鉴定管理体制再到健全统一司法鉴定管理体制的词语变迁"。① 而无论是何种术语，始终坚持建立统一的司法鉴定体制，因此，在当前诉讼法坚持庭审实质化及审判中心改革的背景之下，构建统一的司法鉴定法以统一全国的司法鉴定标准具有现实意义。

第二节 现有司法鉴定立法缺陷分析

一 法律层面立法存在缺陷

前文对我国的司法鉴定立法现状进行梳理，我国的司法鉴定制度自1978年改革开放至今，已经运行数十年之久，党中央与国务院亦给予了足够的重视。然而，在针对司法鉴定制度的立法方面，一直未曾存在一部法律位阶高，规范性强，内容可操作性高的专门性法律，因此，司法制度在法律立法层面的困境具体有如下的两点。

（一）《决定》法律位阶低，不符合当代实际司法实践情况

《决定》的发布无疑是我国司法鉴定制度立法进程中的一座丰碑，标志着我国司法鉴定制度在中央一级具有法律依据与支持。然而，一方面，《决定》本身并不属于一项类似于《刑事诉讼法》或《律师法》等切实的单行法律，仅是全国人大常委会针对当时的社会实际情况及司法实践需要创立的一部具有约束力的规范性文件。在法律位阶方面，处于

---

① 郭华：《司法鉴定制度改革与司法鉴定立法之推进关系》，《中国司法鉴定》2018年第5期。

较低的层次，并不能在法律的高度对全国范围内的司法鉴定工作进行规范，条款中的规定亦使得在具体的司法鉴定机构的管理方面事实上被各有权机关多头管理。此外，在实践中，对《决定》的突破无论是在地方性法规还是在具体的庭审中均屡见不鲜。另一方面，《决定》的出台距今已经超过了17年，期间并未进行过修改，面对十数年间巨变的社会情形，《决定》已经很难适应当前的司法实践情况，就其具体原因，由于本身的篇幅较短、规定较为原则、实践可操作性不强的特征，在实际运行中很难对各种不同的案件情形进行合理的规制，例如在鉴定机构及鉴定人的准入方面，《决定》中仅作一般性规定，仅在鉴定人的学历、工作经验及鉴定机构的设备条件等方面进行了规制，但这样的规定在实践中仍难以判断具体案件的鉴定人或鉴定机构是否具有相应的资质以在科学的指导下提供切实可靠的鉴定，而是否能提供可靠的鉴定往往关乎案件事实真相的查明以及最终判决的确定，而仅根据《决定》的条款，确实难以对鉴定人及鉴定机构的实际资质及能力进行判断。

因此，《决定》的许多条款在实践层面缺乏相应的配套制度，导致了运行困境的产生。为缓解这一司法实践的困境，执法司法机关往往通过发布内部文件的形式加以规定，如2020年由公安部修订后发布的《公安机关办理刑事案件程序规则》第253条至第257条均是对于司法鉴定问题的说明，其中有关于严格准入标准的表述，亦有关于应向提供虚假鉴定的责任人追究法律责任的表述。再如由最高人民法院发布的《关于人民法院民事诉讼中委托鉴定审查作若干问题的规定》中针对"不予委托"这一特殊情形的规定。上述两项文件均在一定程度上规制了司法鉴定行业准入门槛，但由于上位立法的缺失，使得难以就标准进行严格的统一，最终依然无法避免低标准鉴定的出现。例如2014年发生于我国安徽省的一起案件中，26岁的大学生村官马某于6月27日被发现死于其所供职的六安市隐贤镇政府二楼宿舍内，并没有发现明显外伤的情形下，其死因成为了本案的焦点问题。因其于26日晚曾参与一场镇政府举办的酒席，其家人坚称其是陪酒致死，镇政府则矢口否认家属的观点。尸体交当地司法鉴定机构一周后，安徽正源司法鉴定所出具了一份司法鉴定报告，在其中酒精测试一栏中写到血液酒精浓度已然超过醉酒驾驶标准，而在死亡原因中则写到其死亡原因是脂肪心在某种诱因下，导致心功能急骤下降而发生心源性猝死。家属得到司法鉴定报告后，更加坚信马某应是陪酒致死。然而，隐贤镇党委副书记则表示是司法鉴定机构出现了失误，应是每百毫升 0.8788 毫克，而此后，司法鉴定机构在面对媒体的采访时曾表示确实出现失误，但此后的媒体跟踪报道中，又出现镇政府涉嫌向司法鉴定机构施压的情况，之后便再无后续的报道。最终，马某的死因究竟为何并没有能够通过司法鉴定得以查明，镇政府及酒席相关人员是否需要承担相应的法律责任等问题也无疾而终，案件以马某系意外死亡结案。"由于《决定》规定的实验室认可采用的是从事检测或校准工作机构的标准，与司法鉴定实验室的标准还不能完全等效"。① 故而本案中鉴定机构的真实水平并不能通过现有法律予以确定。由此可见，此种立法层面上的缺失，尤其有关行业准入标准及管理等问题的不明确，造成诸如"安徽正源司法鉴定所"此种不符合相关行业要求的机构容易浑水摸鱼的困境。因此，如何纠正这一问题，如何严格行业准入标准，如何对司法鉴定机构进行管理，使其能够独立进行司法鉴定工作而不受行政权力的干涉应是重要问题。事实上，《决定》出台的时间相较于今日已较为久远，其中规定的许多条款已经与当代的实际司法需求不符。例如在《决定》中，对于法人申请成立司法鉴定机构仅需其拥有相应的办公场所以及必要的设备即可，同时其规定各鉴定机构均应独立鉴定，互相不隶属。然而，在现在的实际司法中，囿于《决定》的相关条款在实践中的能动性较差，条款规定履行困难，因此地方性的法规往往需要对此加以规定。然而，在部分地区，由省或市一级人民政府设立的司法鉴定机构依据其地区关于司法鉴定的规定，对本级政府辖区内的司法鉴定具有复核权乃至终局鉴定权，这在突破了《决定》的同时，构成了事实上的司法鉴定机构间的上下级关系，不仅容易造成司法鉴定机构之间行政化关系的泛滥，亦可能造成对司法鉴定机构独立鉴定原则的破坏。"鉴定机构只有独立于或中立于任何办案部门，才能对办案部门依法办

---

① 郭华：《司法鉴定制度改革的基本思路》，《法学研究》2011 年第 1 期。

事、正确适用法律形成一种制约"。①

同时,在《决定》中,对于我国的司法鉴定制度缺乏统一有效的行业标准及送检程序,同时也对司法鉴定机构的管理机制与标准未作出统一规定。这致使司法鉴定服务机构及鉴定人的业务水平参差不齐,其真实的司法鉴定能力往往处于不透明的状态,而这种行业管理层面的不透明对于不同的诉讼程序又有不同的影响。对于民事诉讼而言,这种"店铺林立"式的司法鉴定行业现状十分容易使得当事人乃至司法机关(主要为人民法院)盲目选择司法鉴定机构,也为部分司法鉴定机构进行不正当竞争或虚假宣传提供一定的空间。而在刑事诉讼方面,由于公安机关及人民检察院本身拥有附属设立的司法鉴定组织,而《决定》也并未对此类机构的技术能力、设备设施、水平参数及业务监督做出过详细规定,致使不同的司法机关在进行司法鉴定时,不仅处于单向不透明的状态,更使得其可能出现由于缺乏竞争及监管而造成的司法鉴定能力滞后不前的状态。而《决定》在司法鉴定的程序方面,对于送检流程、鉴定时限、鉴定收费等方面亦无明确规定,而在各地仅有地方机关加以规制,此般模糊的规定致使具体案件中的司法鉴定可能因为其鉴定时间过长而在增加当事人诉讼成本的同时,不仅无助于缓解本就紧张的司法资源更降低了针对专业知识较多较复杂的案件的司法效率。同时,由于司法鉴定收费标准未能得到明确与统一,司法鉴定胡乱收费问题频发,更有甚者,在民事诉讼程序中,当事人未能就司法鉴定机构达成统一,而由人民法院委托时,由于人民法院委托的司法鉴定机构自身的原因,导致未能形成有效的鉴定意见或是鉴定意见不可用,面对这一情形,《决定》并未给予当事人或人民法院要求鉴定机构承担责任的法律依据,而对于缴纳鉴定费用的申请人,则会认为费用已缴至法院,是法院选择鉴定机构不当而导致了鉴定结论无效,因而要求法院承担相应的责任或向其返还所缴纳的费用,引发当事人对审判人员的误解与矛盾。

(二)司法鉴定立法过于分散,与诉讼法缺失协调与衔接

司法鉴定制度在法律层面具有缺陷的另一方面体现在司法鉴定法与

---

① 孙业群:《司法鉴定管理体制的探究》,《当代法学》2003年第2期。

诉讼法及诉讼制度的衔接不够紧密，虽然有两院联合制定的《法医工作细则》，司法部与原卫生部联合发布的《人体轻伤鉴定标准》，以及由国务院公安部发布的《刑事技术鉴定规则》等，但上述法规的制定使得司法鉴定制度在法律立法方面过于分散，此般立法现状亦使得不同位阶、不同内容甚至是不同立法指导思想的关于司法鉴定制度的法律法规难以与诉讼法中有关司法鉴定的规定产生融会贯通，达成协调的合力。同时，与《决定》中存在的问题一致，诉讼法中对于司法鉴定制度的表述与规定亦较为原则，尤其在具体的执行方面并不明确，最终使得实际的操作性较低。

在司法实践中，以生态环境领域中刑民交叉案件为例，由于《刑事诉讼法》与《民事诉讼法》在司法鉴定制度的规定并不一致，且不能将任一诉讼程序中已经根据《决定》及本诉讼法的相关规定进行了司法鉴定的鉴定意见直接作为证据应用于另一诉讼程序中，因此，尤其在环境损害诉讼案件中，分别提起的刑事及民事诉讼对于案件所涉的公益损害进行二次鉴定便成为了常态。而同时囿于鉴定机构的不同，导致案件就同一损害经司法鉴定后呈现不同损害评估的情况十分常见，如在一起环境公益诉讼案件中，第一次的鉴定意见为矿坑损失在人民币 10 万元左右，在另一诉讼程序中则降至 3 万元。此类情形的发生不仅无助于加速案件的审结以及纠纷的解决，亦浪费了大量的人力、物力资源，造成宝贵的司法资源的浪费。同时，如前文所述之在刑事与民事领域中司法鉴定的启动问题呈现的不同诉讼模式，显示出了在诉讼法的改革过程中对于诉讼价值的认识的不统一：在民事诉讼领域，司法鉴定的启动遵循意思自治原则，保障了双方当事人对于司法鉴定的选择权，体现了"当事人主义诉讼模式"的倾向；而在刑事领域，则要求司法鉴定只能通过司法机关启动，体现了"职权主义诉讼模式"的倾向，此类倾向虽然在一定程度上避免了多方鉴定可能造成的混乱，但其无助于本身便在诉讼地位及实际能力方面有较大差别的控辩双方享有平等的收集证据的权利，刑事案件事关公民的人身、财产自由问题，理应更加严谨，若仅由司法机关单方进行司法鉴定，单向透明的司法鉴定机制仍然存在司法者介入其中干扰鉴定结果的可能。"办案的法官理应无权要求其按照法官的意志必须做出或不做出什么内容的鉴定结论"。①

同时,在当前刑事诉讼要求庭审实质化的背景下,作为证据的鉴定意见在刑事诉讼程序中,仅允许控方单方收集似乎并不符合改革的要求。除此以外,在针对司法鉴定标准与诉讼法的对接方面,同样存在较大问题。许多由国务院部委制定的关于司法鉴定中技术标准的规范性文件出台时间较早,部分可追溯至20世纪末,其于当今的社会情况差异巨大,无论在技术集成性抑或是制造工艺方面,诸多在当前的诉讼程序中需要进行司法鉴定方可判明的证据材料,在技术水平方面已经与数十年前差别巨大。同时,目前得以统一规定的司法鉴定技术标准主要集中于法医类证据、物证材料类证据、声像资料证据及环境公益损害证据方面,面对如今的诉讼种类及纠纷种类愈发丰富的现状,上述较为简单的技术标准完全无法适应今日诉讼的需求。

二 重复鉴定显著影响司法效率

(一)案例引入

如前文所述,我国现行的司法鉴定制度存在的一大难点即是普遍存在的重复鉴定现象。这一问题的存在不仅浪费了大量的司法资源,还对案件在查明事实真相以及准确进行裁判方面形成了巨大的阻碍。同时由于长时间的久判不决亦容易造成民众对司法公信力的质疑,下文将以发生于湖南湘潭的黄静案为例。"本案亦因多份结论矛盾的死亡鉴定和受到以网民为主的公众高度关注而成为'中国网络第一大案'"。② 本案发生于2003年2月24日,生前供职于湖南省湘潭市临丰小学的21岁女性音乐教员黄某被发现裸死于学校宿舍内,在对现场进行初步勘查后,警方还在其身体各处检测到多个伤痕。由于在现场发现了其生前男友姜某的精液,且案发现场门窗完好,经现场侦查人员初步判断,黄某应属于非正常死亡,因案件存在他杀的可能,其生前男友姜某作为本案的重要嫌疑人被执行了刑事拘留。然而,现场的侦查中并未发现足以造成黄某

---

① 王树祥:《司法鉴定形式改革之我见》,《当代法学》2001年第8期。
② 高一飞:《评黄静案中的媒体与司法》,《法学》2006年第8期。

死亡的致命伤，遂湘潭市公安局进行了第一次司法鉴定，鉴定报告出具后，在死亡原因处写道：死者黄某系因心脏病急性发作导致急性心肺功能衰竭而猝死。面对此份报告，本案的死者家属表示并不接受，坚持认为黄某是因姜某欲强奸死者，未遂后使用棉被等物品杀害了死者，于是，死者家属向湖南省公安厅申请了重新鉴定。

第二次司法鉴定的结论依然排除了他杀的可能性，然而死亡原因则被列为肺梗塞致使心肺功能衰竭引起的死亡。随后，负责案件侦办的人员及当地殡仪馆要求对死者尸体进行火化处理，在死者家属及其代理律师的强烈反对下未果。随后，死者家属向南京医科大学法医司法鉴定所申请进行司法鉴定，而根据南京医科大学法医司法鉴定所的鉴定报告显示，前两份司法鉴定中的内容有误，并不能证明死者系因心肺功能衰竭致使其死亡。此后，死者家属还向中山大学法医鉴定中心申请了司法鉴定，该中心出具的报告则表示依照现有材料观察，未见风湿性心脏病、冠状动脉粥样硬化性心脏病、肺梗死的病理改变，即也否认了前两份司法鉴定对于死者死因的认定。而对于负责本案的司法机关而言，司法鉴定结论的不同并未停止其对于本案的继续处理。2003年12月，在姜某被拘押半年之后，其被湘潭市雨湖区人民检察院以"强奸中止"提起公诉，湘潭市雨湖区基层人民法院负责审理此案。在本案的被告陈述中，姜某否认欲强奸黄某的控告，并称当晚二人虽发生了亲昵行为，但并未发生性交，第二日清晨，其离开了死者居所。同时，本案的数份司法鉴定报告亦表明死者仍为处女，但是，对于死亡原因是否与姜某有关，并无一份司法鉴定意见明确这一点，即死者的死因仍然不明。至此，案件一时间陷入了困局，因为死者的死因究竟为何直接关系到本案属于意外事件还是一起性质恶劣的刑事案件。故而，本案并未在2003年内完成审理。2004年3月初，负责本案一审的湘潭市雨湖区人民法院向最高人民法院提出了司法帮助请求，请求其下属的法医鉴定中心对本案提供技术支持，双方草签了委托鉴定合同。但遗憾的是同年4月，司法部法医鉴定中心终止了合同的履行，在本案的终止鉴定合同情况说明中写道："当日（2004年3月22日）下午查阅了本案侦查卷宗有关内容。次日在工作中发现原尸体解剖后提取、保存的器官标本已不复存在。死者黄某尸体已经保存一年余，现尸体浸泡在福尔马林液体中。据最近一次尸体检验（2003年8月2日由中山大学法医鉴定中心尸检）记载：尸体呈高度腐败状，全身皮肤可见腐败性表皮剥脱及腐败气泡，霉菌斑形成；胸、腹腔存留的部分器官已高度腐败。由于缺乏死因鉴定的主要材料（心脏等器官），且保存的尸体已经腐败。在此种情况下，与委托机关协商决定终止鉴定合同。"至此，案发已一年有余，死者的死因仍然无法得到确定。最终，第六次也是本案的最后一次尸检，于前述法医鉴定中心主持完成，在死亡原因方面，最高人民法院司法鉴定中心认为，黄某系因姜某采用较特殊方式进行的性活动促发死亡。2005年12月，湘潭市雨湖区基层人民法院对本案开启一审程序，经历时近8个月的审理后，2006年7月，本案在采纳了第六次尸检结果为鉴定意见的基础上迎来一审宣判，判决书宣判被告姜某无罪，但姜某应对黄某的死亡承担50%的民事责任。本案死者家属对判决的结果并不满意，要求上诉。最终在2007年12月，湘潭市中级人民法院驳回死者家属及一审被告就其民事赔偿责任的诉请，宣布维持原判。

  至此，历时五年，历经六次司法鉴定的黄某案宣布落下帷幕，但本案对我国司法鉴定实践的影响之大，揭示之深可谓经典。同时，在新时代信息技术的支持下，本案得以在普通群众间广泛讨论，最终使得司法鉴定制度在实践中存在的向多个机构要求多次鉴定的问题暴露出来，得到了群众及媒体的普遍批评。当然，对这一现象亦有学者表示"司法对媒体没有多于普通公民的特别限制，但这并不意味着司法当然要接受媒体的影响"。[①] 最终本案也使得学理界及司法界对司法鉴定机制的建设问题再次给予了高度重视。在本案进行期间，亦因案件的舆论影响，直接关系了《决定》的出台，从而使得这一案件成为了研究司法鉴定制度在"重复鉴定"问题方面不可绕行的经典案例。本案获得社会如此关注的关键焦点在于其历时过长，且案件经多方鉴定才得以确定死者死因非系他杀（即使部分群众并不接受这一结论），其展现的问题值得持续关注与研究。事实上，重复鉴定的问题与多头鉴定的现状之间存在内部的逻

---

① 高一飞：《评黄静案中的媒体与司法》，《法学》2006年第8期。

辑联系，如本案中六次尸检涉及的司法鉴定机构类型包含了侦查机关内设的司法鉴定机构、大学高校设立的司法鉴定机构以及最高人民法院设立的司法鉴定机构，如此众多的司法鉴定机构在成立方式、管理制度乃至技术标准及设备能力方面均存在较大差异，因此，无论是本案的侦办人员抑或司法人员抑或死者家属均在这一方面具有较多的选择余地，而同时又因为数次的司法鉴定结果大相径庭，无论是对于负责本案审理的湘潭市雨湖区人民法院的法官而言，还是对于死者家属而言，此般的鉴定差异无疑会使他们对本案的事实真相产生疑惑。因此，重复鉴定与多头鉴定出现的原因值得深思与研究讨论。

（二）"多头鉴定""重复鉴定"现象原因分析

我国目前运行的司法鉴定制度，如前文所示之黄静案，重复鉴定、多头鉴定现象的存在使得司法资源得不到合理配置与有效利用，过长的案件处理时间不能充分保障人民群众合法利益的同时，亦容易造成司法公信力的缺失。而究其原因而言，重复鉴定与多头鉴定两个现象事实上是表现与本质的关系，正是因为司法鉴定目前多头管理的现象才造就了重复鉴定的屡见不鲜，"实践中，重复鉴定与重新鉴定在一定程度上均会表现为多次鉴定"[①]。细究《决定》中对于司法鉴定机构的设立及司法鉴定人的从业方面的规定，其允许了社会组织成立司法鉴定机构，允许个人成为司法鉴定人，这毫无疑问地推动了司法鉴定党的社会化、市场化，使得司法鉴定制度可以充分利用社会资源进行发展，并为司法审判提供相应的支持。但同时也造就了一个事实问题，即具有司法鉴定行为资格的机构数量快速膨胀，原因在于《决定》仅对司法鉴定机构的设立体提出了鉴定设备及工作场所方面的要讲，对于司法鉴定人仅要求其学历或是从业经验，除此以外，在市场准入方面并无更为严格和详细的规定。截至 2020 年，根据司法部公共法律服务管理局授权发布的数据显示，全国存在的司法鉴定机构多达三千余家，而这其中并不包括各地方人民检察院及公安机关内部的司法鉴定机构，这一情况展现在实践中便

---

① 郭华：《对我国国家级鉴定机构功能及意义的追问与反省——评我国国家级司法鉴定机构的遴选》，《法学》2011 年第 4 期。

是司法鉴定的多头管理与多头鉴定。事实上，自党的十五大以来，国家便高度重视这一问题，并要求通过建立、完善统一的司法管理体制进行解决。然而，《决定》只在统一管理登记方面作出了一定的规定，而对于如此众多的司法鉴定机构的水准考核与测评及相应的退出机制均未曾做过规定，这就使得司法鉴定机构的数量难以得到控制，其中真正的具有高质量、高水平的司法鉴定机构难以得以显现。基于此，论及多头鉴定与重复建店之间的关系而言，如此众多的司法鉴定机构其本质是社会化运行的组织，面临的便是市场化的现状，其需要生存与竞争，就必须承接司法鉴定业务，因此，重复鉴定问题便由此诞生。可见，多头鉴定的现象事实上是法院或当事人寻求复数次数鉴定这一问题存在的基础，然而，仅解决多头鉴定问题却难以真正解决重复鉴定问题。其原因在于，对于多头鉴定的问题，其解决方案在于建立统一的司法鉴定管理制度，通过统一司法鉴定的管理主体、统一司法鉴定的鉴定标准、统一司法鉴定的鉴定程序、统一司法鉴定的市场准入、统一司法鉴定的运行程序、统一司法鉴定的审查标准等各方面，无疑可以使得鉴定意见逐渐趋于统一，拥有一个基本的标准，使得鉴定的"多头"可以由较为统一的行业准则与行业规范所规制的同时，使其鉴定结论的差异化并不会过于夸张。然而，仅仅通过削减社会中存在的众多鉴定机构的数量并不能解决重复鉴定的问题。

  重复鉴定现象存在的基础在于众多的司法鉴定机构均可以提供相似的服务，然而，这一问题的根源却在于司法鉴定制度本身不同于其他证据制度的特殊性。一般的证据制度，如证人证言或是书证、物证，其本身的存在具有唯一性，即持某一确定证言的证人有且仅有一位，能够证明某个具体的案件之真相的具体书证与物证也有且仅有一份。然而，鉴定意见却会出现因不同的鉴定人之间就鉴定的认识结果不能达成一致而出现复数的鉴定结果，这是因为不同的鉴定人或不同的鉴定机构对同一事实或是同一现象可能因其认识角度或认识水平及技术水平的不同而存在差异。其差异的本质是对于鉴定事物的认识结果不统一，而这种不统一符合科学原理，是可能且合理的存在。事实上，实际的司法实践内经常会出现一些案情较为重大，所涉及的专业知识较为复杂的案件，这些案件所涉及的需要进行司法鉴定的问题通常较为困难，而为了获得更加准确且真实的数据或鉴定结论，往往需要许多相关领域的专家参与司法鉴定的过程即类似于"专家会诊"般的制度，而在这一制度中，鉴定意见的差异化是十分常见的现象。因此，基于上述的原理，重复鉴定问题在其本质上便具有出现的可能。同时，在目前的诉讼过程中，当一个鉴定意见出具时，如若一方当事人对这一结果提出质疑，则还可以申请补充鉴定，同时补充鉴定亦可以由负责第一次鉴定的鉴定机构再次进行，这就可能会使得当事人对于由同一家鉴定机构出具的补充鉴定意见仍然不满意，而诉求重新鉴定。除此之外，"还有些当事人，出于趋利避害的动机，往往就同一事项多次申请鉴定"[1]。而对于重新鉴定而言，重新鉴定的承担机构一般不得在鉴定水平上低于上一次鉴定，而正如前文所述，由于当事人或是司法机关难以真正掌握司法鉴定服务机构的真实鉴定技术水平，故而，亦有可能引发因重新鉴定的结果并不能准确适用于案件审理中而诉诸更多的司法鉴定，同时，还需要考虑到当事人对于司法鉴定的结果可能与其欲证事实相悖造成的不满而诉诸更多的鉴定以期其他司法鉴定可以支持其诉讼请求，达成其诉讼目标的情形。综上而言，目前的制度中蕴含了重复鉴定生存的土壤与空间，对于重复鉴定现象给予了一定的容许。而这一容许使得重复鉴定在法律方面并无违法，其存在具有合法性，但切实增加的诉累又成为了这一容许不应存在的原因。同时，法官在审判过程中，囿于对于相关专业知识理解的缺乏，面对重复鉴定后出现分歧乃至截然相反的司法鉴定意见，如何对案件进行裁判便也成为了一个实际困难。通常而言，"由法院行使司法鉴定支配权是各国司法实践的通例。"[2]然而在我国目前的司法鉴定制度中，尤其在刑事诉讼中，法院及代表法院的法官本身并无直接启动司法鉴定的权力。

因此，如何通过对法律的修订使得重复鉴定得以缓解或消除，存在多种学术观点：一是通过构建统一的司法鉴定法对相关问题进行规制，事实上，在目前的司法鉴定立法现状中，关于允许重复鉴定的条款是在

---

[1] 霍宪丹：《中国司法鉴定体制改革的实践探索与系统思考》，《法学》2010年第3期。
[2] 王福华：《司法鉴定的规制之道》，《法学》2009年第8期。

诉讼法中进行规定的，即前文所述之司法鉴定的启动程序。因此，若需解决司法鉴定重复鉴定带来的困境，尚需在诉讼法中予以配合或是直接以司法鉴定法的形式加以规定，同时废止诉讼法中的相关法律规定。二是修改诉讼法中有关司法鉴定次数的限制，就目前的关于司法鉴定的法律规定而言，无论是《决定》抑或是三大诉讼法，均未曾对同一事项可以进行的司法鉴定次数做出限制，这就使得在实践中可能出现复数次数的鉴定，针对这一现象，部分学者认为如目前研究制定统一的司法鉴定法仍有相当困难，则可考虑在诉讼法的改革中，设立相应的次数限制，如设立司法鉴定的"三鉴终鉴制"等，在这一问题的设置上目前国内可以参考的有深圳市出台的有关司法鉴定的地方性法规，其中部分条款表明其所设立的市级司法鉴定中心在其所在区域即深圳市区内的对已有司法鉴定意见的复核意见可以作为终局鉴定。然而，这样的方案设置虽然可以在一定程度上解决重复鉴定问题，为案件中针对同一事项的鉴定次数设置了限制，然而，其亦有相应的局限性。具体而言，依据《决定》中的规定，各鉴定机构之间独立运行互不干涉互不隶属，换言之，即社会中存在的各个司法鉴定机构本身在法律上应处于平等的地位，既然如此，平行机构之间的司法鉴定的优先级划分并无法律依据，如若社会中任一机构所出具的鉴定意见因行政法规的设定或是当地政府的指示使得其在诉讼过程中更容易被法庭采信，则相当于将这一机构的地位凌驾于其他机构之上，这突破了《决定》中的相关规定，也在实际中并不符合司法鉴定机构市场化运行的客观规律，具有计划主义的色彩。同时，如何评判某一机构可以具有相应出具所谓"终局鉴定"的资质仍缺乏相应的行业标准与法律依据，其不存在配套的相关制度，加之目前各地司法鉴定机构参差不齐的技术水平，则更难以判断某鉴定机构是否可以具有相应的资格。事实上，深圳市的地方性法规中的相关表述是将依据当地政府的行政行为设立的司法鉴定机构上升为本地区最具权威性的机构，这一设定是否具有其合法性与合理性仍值得商榷。

三 地方立法内容统一性差

我国目前的司法鉴定制度虽经多次修改与完善，但至今仍然缺乏有关司法鉴定的专门性法律以规定其在实践中的送检流程、审查标准等涉及实际操作方面的事项。《决定》的出台无疑为司法鉴定制度在原则与方向上作出规制，然而，如前文所述，过于笼统的表述使得地方基层在司法实践中并无上位法可供依据与参考。同时，事实上在《决定》出台之前，部分省份的人民代表大会及其常务委员会已经设立了本地区的司法鉴定制度，因此，地区之间司法鉴定制度的差异化是有其历史原因的。因此，目前的司法鉴定在实践中的现状便是各地均有自己的一套运行标准与审查标准。例如在收费问题方面，据司法部2017年发布的数据，针对DNA染色体的司法鉴定，各地的收费标准差异较大，如北京市的收费标准为每个常染色体的收费为800元，而上海市则为1050元，而在经济较不发达的宁夏回族自治区，其鉴定费用并没有因为当地的经济发展水平及人均收入水平较低而降低标准，为910元。由此可见，目前的地方司法鉴定制度的差异化以及其并不能准确反应地区真实经济发展水平的现象十分突出，对于人民群众而言十分不便。同时，部分地区还规定针对案情较为复杂的疑难案件可以提高收费标准，然而，其缺乏对于所谓疑难案件的评判标准，亦缺乏针对所谓疑难案件进行认定的机制，因此在实践中往往是鉴定机构自行设定标准，而因此出现的收费虚高等司法鉴定收费乱象屡见不鲜。除了司法鉴定的收费标准因缺乏统一上位法而出现地区的差异化造成的困境之外，还有如下的数个方面造成了地方立法不统一导致的问题。

（一）司法鉴定管理机关设置不一

在众多的学术研究中，对司法鉴定制度的构成要素有着众多观点，然而司法鉴定管理则几乎是公认的研究司法鉴定必须进行讨论的一项要素。事实上，"我国现行的司法鉴定制度是以权力为本位的司法鉴定观"。[①] 在具体的法律条文中，《决定》中已经作出表述，即中央一级的司法鉴定管理机关为国务院，而地方一级的则为当地的省级司法行政部门。然而，这一规定在地方实践中却有差异化规定。如前文所述，我国

---

① 何家弘：《"司法鉴定法"之立法思考司法鉴定立法需要观念的转变》，《法学》2009年第8期。

部分地区的地方司法鉴定制度在《决定》出台前便已经在运行，而就司法鉴定机构的管理方面，部分在《决定》出台后着手制定地方司法鉴定条例的省份其中的规定与《决定》中的要求一致，如四川省规定本省的所有司法鉴定机构的行政管理及登记部门为本省的司法行政部门。然而，在一些于《决定》出台之前便已经存在相关司法鉴定管理条例的省份，则与《决定》并不一致。如宁夏回族自治区及山东省等出台司法鉴定管理条例较早的省份，便实行的是嵌套式双重管理模式。具体而言，在上述地区，市场化的司法鉴定机构的登记及管理工作属于本地区司法行政部门管理，然而，本地区公安机关及检察机关内部设立的司法鉴定机构的管理权则由本单位进行，本地区司法行政部门仅对其做备案登记。在部分此类地区，社会上的司法鉴定机构及鉴定人需要定时接受本地区司法行政部门的审核与考察，必须符合其规定的执业资质方可向社会提供司法鉴定服务，然而，对于当地侦查机关及检察机关内设的司法鉴定机构及鉴定人则一无审核与年检，二无对其执业资质的相关规定。

这样的管理体制造成了两个重点问题，一方面本地区执法司法机关对其内设的司法鉴定机构享有管理权突破了《决定》中的相关条款，造成了下位法与上位法之间的冲突与竞合；另一方面，在上述地区，本地的司法行政部门享有的对于执法司法机关内设司法鉴定机构的名义管理权，本单位享有对其的实际管理权，这样的嵌套模式致使监管不力现象频发，而对于案件的当事人而言，则可能因为其委托的司法鉴定机构与执法司法鉴定机构的鉴定意见不一致而导致当事人与侦办人员或司法人员的冲突与误会，且缺乏一个可以协调处理二者冲突的机制。"为此也有人提出参照我国反垄断权的设置模式，设立全国人大直属的司法鉴定委员会，统一行使司法鉴定管理权的建议"。[①] 然而，这一模式的实行缺乏实际执行的现实基础，且其如若设立，如何平衡该委员会与司法部等国务院部委之间的关系与权力缺乏相应的论证与配套机制。

（二）登记鉴定事项标准不一

由于《决定》的出台是在距今已有 17 年之久的 2005 年，其众多规

---

① 王瑞恒：《论我国司法鉴定管理权部门间配置新模式》，《中国司法鉴定》2014 年第 3 期。

定如前文所述已不再能够适应当今的司法实践需要，其中十分突出的一项便是在《决定》中有关司法鉴定机构可从事鉴定业务的范围方面。《决定》出台的年代由于网络电子产业尚不发达，许多今日频发的知识产权纠纷、产品质量纠纷、建设承包施工质量纠纷等问题在彼时尚且较少，故而，《决定》中对司法鉴定机构可以从事并需要登记的业务范围方面仅有法医医学类、物证资料类等少数几种证据的鉴定作出了规定。事实上，《决定》在这一方面的问题上的设定标准是根据当时的侦查机关对于实际案件侦办及检察机关审查起诉的需求制定的，其集中于传统刑事案件的侦办方向，对于民事诉讼中需要鉴定的证据种类则涉及较少。这在彼时民事案件纠纷种类尚不丰富的21世纪初有其合理性，然而，社会经济的不断发展使得民事诉讼中涉及的不同种类的纠纷愈来愈多，且国家在深化法治改革的进程中，不断加强对于知识产权产品的保护力度，近年来关于网络知识产权侵权的案件纠纷高频发生，而显然《决定》在应对类似事件的方面力不从心。

针对这一情况，彼时的立法者并非没有预见到社会经济发展带来的变化，《决定》相应的表述为"中央司法行政机关及最高人民法院和最高人民检察院可以根据实际诉讼的需要，对于其他种类的应当由司法行政部门统一作登记管理的事项作出规定"。然而，即使《决定》在其表述中存在对司法鉴定登记事项的"兜底"条款，但是上述三家机关均有权对此作出例外规定，然则实际的登记必须由中央及地方司法行政机关负责，因此，其本质上是一项需要三个机关商议确定额外的司法鉴定登记事项的制度。这就造成机关之间因对司法鉴定机构及相关制度的管理权的争夺以及因各自的部门利益而对于众多已经广泛存在于实践中的司法鉴定事项难以达成一致。最终导致，除两院及司法部联合发布的文件将环境公益损害的鉴定依照《决定》的条款表述将之纳入了司法鉴定事项的范围，在较高位阶的立法层面上，司法鉴定事项的范围依然未能突破《决定》中对于前述三种须登记事项的规定，未能将更多更新且急需规制的司法鉴定事项纳入法律规定。然而，基层的司法实践要求司法鉴定机构必须具备为新出现的事项提供鉴定服务的能力，否则众多纠纷案件难以得到解决。因此，在上位立法缺失的情况下，各地方纷纷自发

"立法",将如电子数据、代码数据等新型证据材料纳入鉴定范围。然而,此类情形使得各地之间的就司法鉴定的登记管理事项混乱不一,在司法实践中,可能出现异地委托的司法鉴定得到的鉴定意见在本地区并不能作为证据的情况,同时,这对于中央号召完善统一司法鉴定制度亦并无裨益。

(三) 司法鉴定人资格规定不一

在司法鉴定制度的实施方面,无论程序的规定为何,终归需要具体的司法鉴定人参与实际的司法鉴定程序。在《决定》中,有关司法鉴定人资格的规定方面,一般要求有三项条件之一的人员即可申请获得司法鉴定人资格。其一为申请人具有相关的高级职称者;其二为申请人具有欲从事的司法鉴定事项的职业资格或是具有本科以上学历并在该领域工作过五年以上者;其三为在所申请的业务方向工作超过十年并具有较高专业技能者。由此可见,《决定》中对于可以申请执业的司法鉴定人员的基本资格作出了规定,然而,其仍然只是在学历、职称或从业经历方面进行了规定,对于具体符合相应资格的人员如何进行考评以确定其具有参与司法鉴定工作的资格的流程与审核标准却并未提及,且其语句中如"具有较高专业技能"等,亦存在语义不明,在实践中难以遵照执行的困难:以什么标准评定专业技能?以何种流程对专业技能进行考察?是否需要对从业人员执行水平定期考察?"此外还应当明确司法鉴定机构和鉴定人的基本权利、义务及其保障措施"。[①] 此般种种细节性且实践性较强的规定在《决定》中并无体现,也因此,对于从事司法鉴定人的资格考评一项成为了司法鉴定制度实操中最基本的难题,在上位法缺失的情况下,地方只得以各自制定相关条例的方式进行规制。

全国各地目前在运行的有关司法鉴定制度的地方性法规中多数均有对司法鉴定人资格获取及审查的相关条例。然而,其在鉴定人资格的审核标准、申请程序、年检程序、工作考评等方面均有较大差异。以鉴定人资格获取的标准为例,深圳市在其发布的《深圳市司法鉴定条例》第13条中表示,深圳市将建设深圳市司法鉴定中心,并以此承担全部的公

---

① 郭华:《论司法鉴定法的体系结构与框架安排》,《法学》2009年第8期。

安司法机关的司法鉴定工作，同时其亦可以向社会公开提供司法鉴定服务。但是，在该中心的具体司法鉴定人方面，其突破了《决定》中有关司法鉴定人资格的一般规定，其要求该中心从社会中公开征集建立司法鉴定专家库，同时该中心的一切司法鉴定工作由专家库中的专家担任。至于专家的聘任条件，则表示专家可以是从业经历超过十年的司法鉴定人，限定条件则为此类鉴定人必须具有业界统一认可的较高专业水平；专家还可以是从未执业，但在该专业领域具有较高知识水平的人员乃至是已经退休但其工作时的技术能力获得高度认可和信任的人员。由此可见，在后一项的规定中，该条例事实上已经突破了《决定》中有关司法鉴定人资格的一般规定，而正如部分学者所言："在法证科学这些领域，检验人员实质上就是主要分析工具。因此，鉴定人员的水平应是十分重要的考察因素"。[①] 而上述条例在造成下位法与上位法出现冲突情形的同时，对司法鉴定人的鉴定资格认定更加从宽，从而可能会引发司法鉴定人专业水平评价随意化等问题。同时，其采用的吸纳社会专家作为兼职司法鉴定人的规定还有可能出现因鉴定人社会关系影响导致的虚假鉴定、人情鉴定等问题。同时，不同地区关于司法鉴定人的差异化管理，还有可能招致一方面司法鉴定人在经济较为发达的地区集中申请并互相争夺案源，乃至恶性竞争，扰乱正常的司法鉴定市场秩序；另一方面在经济欠发达的地区又得不到足够数量与质量的司法鉴定人的执业申请，造成需求与供应的不匹配。

第三节　域外司法鉴定立法

一　大陆法系司法鉴定立法

（一）大陆法系司法鉴定制度综述

大陆法系国家在诉讼制度方面奉行职权主义诉讼模式，在诉讼过程

[①] 王进喜：《法证科学中的认知偏差——司法鉴定出错的心理之源》，《清华法学》2021年第5期。

中，法官居于核心地位，对案件的程序运行与实质真相的查明均具有主导权力，因此，大陆法系国家的司法鉴定制度受其诉讼模式与诉讼文化的影响，必然具有相当的职权主义色彩。事实上，在大陆法系国家，当案件处于侦办阶段时，将由检察官控制司法鉴定的启动与否，而当案件处于审判阶段时，则由法官全权决定司法鉴定的启动程序、司法鉴定人的聘用与否及聘用人数多寡等问题。职权主义诉讼模式下的大陆法系国家中，法官在整个诉讼过程中处于主导地位，其根本职责是查明案件真相，控辩双方则是在完整、严谨的程序指导下对于案件事实做陈述与辩论，而由法官判断居中裁判，对于涉及不同领域的专业问题的诉讼，法官即使拥有对法庭及审判的绝对控制权，却也不可单凭个人主观认知擅自决断，因此则必须存在辅助法官对案件中的专业问题进行审查与鉴定，以及出具可靠的鉴定意见供法官判明案件真相的人员。

因而基于法官显著的核心地位以及现代诉讼案件的复杂，在司法鉴定人资质认证方面，大陆法系国家往往对司法鉴定人资格的认定十分严格，通常的做法是由国家通过严格的司法鉴定人考核及职业水平认定，在判断其具有符合标准的职业素质及经验积累后准予其从事司法鉴定工作，同时，国家会编撰一份具有鉴定人资格的人员名单或花名册，以供法官在需要时依照其职权规定从鉴定名册中指定鉴定人参与案件诉讼。典型地体现为法国与德国在这一问题方面的规定。根据法国刑事诉讼法典的规定，"法国由最高法院与上诉法院对全国司法鉴定人进行统一审核登记。"[①] 国家司法鉴定人名册由其最高法院制作发布。德国则规定只有取得相应的从业资质证明且经过主管机关认证宣誓之后，方可纳入鉴定人名册。由于大陆法系国家的司法鉴定人由法官直接任命方才参与诉讼过程，基于这一特征，大陆法系的司法鉴定人往往对且仅对负责审理案件的法官及法庭负责，而不需要对案件的双方当事人负责。同时，亦是受到职权主义诉讼模式的影响，大陆法系国家的司法鉴定人在具体参与案件诉讼时，事实上具有一定的职权权利，其多可以参与案件的现场勘查以及询问案件当事人以期尽可能还原案件真实情况。这其中的代表

---

① 陈如超：《司法鉴定管理体制改革的方向与逻辑》，《法学研究》2016 年第 1 期。

是日本，根据日本刑事诉讼法的相关规定，司法鉴定人在参与案件的诉讼时，可以在经过法院的授权之后对案件进行勘验与调查，并可以向双方当事人进行询问。

在司法鉴定的审查及质证方面，大陆法系国家普遍采取鉴定人出庭制度。为保证司法鉴定的真实性及法庭审判的中心性，大陆法系国家往往在司法鉴定制度的立法中规定负责具体案件的司法鉴定人必须在法院及法官认为必要时出庭作证，如若无正当理由而拒不出庭则一般会受到相应的惩罚。在这一领域的立法代表是日本，日本在其民事诉讼法中规定，鉴定人如若经法庭要求后在没有正当理由的情况下拒绝出庭作证或是拒绝对自己负责的鉴定事项进行宣誓，则法庭会要求其对本案中因司法鉴定而产生的费用进行承担，同时还要承担10万日元（约合人民币6000元）以下的罚金，如若其情节严重则有可能对其采取拘留及罚金并处的措施。而在设立并保证了鉴定人出庭作证的制度之后，大陆法系国家在具体的法庭质证中则主要对其质证的内容及程序作出了规定。仍然以日本为例，日本刑事诉讼法中规定鉴定意见可以作为正规证据出现在庭审中，但其必须是在法庭中针对鉴定人的提问与质证围绕鉴定结论展开质询与辩论之后才可以作为正式的证据。而在具体的质证程序方面，日本规定针对鉴定人的询问应在鉴定人依据法定流程对其鉴定意见进行口头陈述完成后开展。询问的顺序则是最先由裁判长发问，其后由当事人询问。而在其民事诉讼法中，则是规定，询问顺序为裁判长最先，申请启动司法鉴定的一方当事人次之，其他当事人最后的顺序，同时，法律赋予了裁判长在必要时更改发问顺序的职权。值得注意的是，日本针对其国土狭长，内部地形崎岖交通不便的国情，建立了司法鉴定人以视频方式远程参与庭审的制度，这一制度充分利用了现代信息技术的发展，对节约司法资源，缩短因通勤等原因延长的审判期限具有重要作用。

最后，就立法形式而言，大陆法系国家司法鉴定制度立法形式部分采用统一性立法，部分采用分散性立法。采取统一性立法的代表是俄罗斯，俄罗斯于21世纪初通过了其司法鉴定专门法，该法的制定保障了俄罗斯公民在进行司法鉴定时享有完全的自由与权利，同时也保证了国家对司法鉴定机构管理的统一性与严谨性，使俄罗斯的司法鉴定制度在不同的诉讼程序中构建了统一的司法鉴定指导原则与运行程序,最后,其制定还保证了国家的不同部门内部的司法鉴定机构均可以在标准程序的指导下进行司法鉴定活动,以此保证诉讼获得高水平的司法鉴定意见。与之相对应的是法国,法国在司法鉴定的立法中采取的是分散型的立法形式,其对于司法鉴定的相关法律规定散见于其国内的三大诉讼法制度中。

(二) 大陆法系司法鉴定制度评析

大陆法系国家的司法鉴定制度围绕诉讼与法官两个核心点构建,其充分体现了职权主义诉讼模式的特征,并且在包括鉴定人资格认定、鉴定意见审查质证等方面均十分严谨,对比英美法系国家有着更强的组织性与纪律性,并且由于其法官任命鉴定人的制度特征使得鉴定人在一定程度上与案件的当事人之间相对隔离,对于减少人情鉴定,防治司法腐败现象的发生有着重要意义。然而,并不是说大陆法系国家的司法鉴定制度便是完美无缺的,其仍然存在两项弊端。

1. 鉴定结论的证据能力过强,缺乏相应的制约机制

如前文所述,大陆法系国家中,司法鉴定制度的启动及司法鉴定人的人选选择均由负责案件审理的法官决断,因此,法官对于其所任命的司法鉴定人存在天然信任。同时,部分大陆法系国家甚至由国家官方设立司法鉴定机构,例如,"在法国司法警察总局下设国家司法科学实验室,比较大的地方警察局通常也设有司法科学实验室"。[①] 作为同为国家机关的法院,则对其所出具的司法鉴定意见更有可能予以采信,而体现在具体的庭审中,则是在质证环节,法官对于司法鉴定人的信任可能致使针对司法鉴定意见的质证趋于形式化。同时,由于大部分大陆法系国家并未对鉴定意见的证明力作出明确规定,因此在自由心证制度下的法官对此具有极大的自由裁量权,加之前述法官对于鉴定人因其天然信任可能产生的偏听,一旦鉴定意见弄虚作假或者出现较大失误,则法官可能会因此对案件产生误判。

---

① 陈永生:《中国司法鉴定体制的进一步改革——以侦查机关鉴定机构的设置为中心》,《清华法学》2009 年第 4 期。

2. 当事人对鉴定人及其出具的鉴定意见的信任度较低

在大陆法系国家中，由于司法鉴定人资格的认定一般由国家统一进行，而在参与诉讼方面又仅由法官单独进行授权与任命，故而其与当事人之间相对隔离且陌生，而在其参与具体的诉讼庭审时，由于司法鉴定人并不需要向当事人负责，其鉴定流程与技术指标事实上基本不会向当事人公开，这进一步削弱了当事人对司法鉴定人的信任与认可。如若在庭审中，由司法鉴定人出具的鉴定意见成为左右案件最后判决的关键性证据，则可能会致使欲证事实被否认的一方由于缺乏信任很难真正接受判决结果，诉讼与司法的定纷止争的功能可能无法如预期般得以完全实现。事实上，针对这一问题，法国曾经在一定时间内参照英美法系有关司法鉴定的制度，允许诉讼中的双方当事人自行聘请司法鉴定人，同时，其为了避免当事人与司法鉴定人串通提供伪证，亦允许复数的鉴定人针对统一司法鉴定事项进行鉴定，其结果不言而喻，重复鉴定对司法效率的拖延以及案件旧审不决的现实情况使得这一制度在试行一段时间后不得不废止，最终回到原有的法官全权掌握司法鉴定的轨道中。同时，为了在刑事诉讼中进一步推进控辩双方力量及权利平衡，德国在刑事诉讼的改革中，虽然仍然强调检察官与法官在确定司法鉴定人方面的主导地位，然而在其对刑事诉讼法修改中，关于司法鉴定人的人选确定问题，增加了被告人及其辩护律师可以在检察官选择司法鉴定人时参与司法鉴定人的选择。而在此基础之上，为了应对法庭任命的司法鉴定人缺乏当事人信任这一问题，与法国不同的是，德国选择对司法鉴定人的人选问题改革中不直接移植英美法系的相关制度，而是要求法官在确定司法鉴定人时，除非需要进行鉴定的是极其简单的事务，否则必须同时任命两人以上的司法鉴定人对同一事项提供司法鉴定，而被告人及其辩护律师则可以在法庭的允许下，自行聘请司法鉴定人员参与司法鉴定工作，但这是有其限制与前提的，即被告方聘请的司法鉴定人在进行工作时不可以干扰到公权力机构任命的司法鉴定人员。

二　英美法系司法鉴定立法

（一）英美法系司法鉴定制度综述

英美法系国家在诉讼与司法中奉行当事人主义诉讼模式，同时，由于其为判例法国家，此类法系的国家并不存在统一的关于司法鉴定制度的法典，其在长期的诉讼过程中不断积累相应的经验并通过部分典型案例建立符合本国国情及法律文化的司法鉴定制度。"在英美法系国家一般认为专家证人的意见陈述形成意见证据排除规则的例外而被适当地称为专家证言"。① 在英美法系国家的诉讼中，其一般将具有某方面领域的专业知识，能够为法庭在查明事实真相方面依据其知识或工作经验为法庭提供证言的证人称为"专家证人"，而将普通证人称为"外行证人"。本质上，英美法系的司法鉴定人与普通证人并无区别，因此英美法系不同于大陆法系国家对于司法鉴定的运行需要有明确的启动标准及启动权限。奉行当事人主义诉讼模式的背景之下，法院及代表法院行使司法权的法官等公权力机构或其代表均被排除出司法鉴定的启动流程之外，转而将什么时候需要启动司法鉴定、应对哪些事项进行司法鉴定等事务的决定权完全交于诉讼中的当事人，诉讼的控辩双方均可以申请己方的专家证人出席审判并参与诉讼过程。基于这一背景，英美法系国家对于司法鉴定人的资质规定十分灵活，事实上，任何在某一专业领域有较为深入的理解或其拥有相关的技术水平的人都可以成为司法鉴定人，即英美法系诉讼中的专家证人。"在 19 世纪和 20 世纪初期，美国的法院在判断专家证言是否具有可采性时，只要求专家必须具备相应的资格条件"。② 换言之，任何有专业知识或技能的人都可以成为专家证人出席审判，这体现了英美法系国家在司法鉴定人制度方面的灵活性以及司法鉴定主体的广泛性。

而除了当事人可以聘请专家证人为己方诉讼做出贡献以外，为保障对案件事实真相的查明，法庭亦可以聘请所谓"专家证人"。具体而言主要有三种，其一是法庭指定专家，顾名思义，法庭指定专家即是由法庭特别聘请的对案件中的司法鉴定事项提供专业知识的鉴定人，其在实际的作用以及出庭的流程方面与双方当事人所聘请的专家证人几乎一致，同样需要接受来自双方当事人的询问，并且同样需要经过交叉询问环节；

---

① 沈健：《比较与借鉴：鉴定人制度研究》，《比较法研究》2004 年第 2 期。
② 陈邦达：《美国科学证据采信规则的嬗变及启示》，《比较法研究》2014 年第 3 期。

其二是法庭技术顾问,这是一种专门由法庭聘请为法官提供专业知识咨询的一种诉讼参与人,其本身只需要对法官及法庭负责,接受来自法官的质询,而不需要接受来自双方当事人的询问以及交叉询问,同时,基于其"顾问"的性质,其事实上仅是法官在对案件所涉专业知识存在疑问时的解惑者,其本身并不属于正式参与诉讼过程的证人,因此,其所出具的鉴定意见及做出的回答并不能作为法定证据以左右案件裁判;其三则是专家裁判员,专家裁判员同法庭技术顾问相似,亦不是正式参与诉讼的证人,而是位于审判席的"法官"。自20世纪中叶以来,信息技术、工程技术、材料技术以及化学化工技术等应用科学的蓬勃发展使得发生司法纠纷时往往涉及不同领域的专业知识,要求法官及陪审团成员对所有学科的知识均有涉猎且可以基于其学识做出正确的判决是不可能的,因此,法庭在面对涉及较为复杂的专业知识的案件时,双方当事人申请出庭作证的专家证人的证言往往并非本案的法官及陪审团可以凭借主观判断判明真伪的,此时,专家裁判员制度便应运而生。面对复杂的专业知识,英美法系国家的法庭可以设立一位相关领域的专家裁判员,其以独立的身份与角度听取双方当事人及专家证人的陈述与辩论,并在总结后向法庭提出一份报告,这与大陆法系国家的司法鉴定人所出具的鉴定意见颇为相似,而法庭最后则可能以此份报告为基础确定全部或部分的判决理由。在澳大利亚,这一规定尤其具有代表性,在澳大利亚的仲裁制度中,当事人双方可以在庭下对全部或部分纠纷达成和解或共识,而法庭则也将对这一结果表示采纳与接受,同时,司法实践表明"当案件涉及某些专门性问题时,往往由专家裁判员根据法庭规则中的特殊指示予以解决,这一做法已越来越普遍,尤其是在澳大利亚的新南威尔士州"。[①]

针对专家证人提供意见的审查与质证一般具有两项规则。其一是证据开示规则,这一规则要求控辩双方当事人向另一方当事人在法庭开庭前展示本方对本案事实的认识以及诉讼请求及抗辩理由,同时还包括部分其他材料。在涉及专家证人的证据开示方面,以美国为例,其于1938

---

① 季美君:《专家证据的价值与我国司法鉴定制度的修改》,《法学研究》2013年第2期。

年国会制定了全国性的法律《联邦民事诉讼程序规则》，在其中所确定的专家证人证据开示制度有两方面的要求。一方面，针对开庭时将出庭作证的专家证人，申请其出庭的一方当事人需至少在开庭日90天前向对方当事人提供一份出庭名单及已经聘请的并准备出庭的专家证人身份信息，同时，若需修改这一名单也需在开庭90日前提出变更请求。一方当事人在收到相关信息后，可以向法庭申请要求对方当事人的专家证人在开庭前90日提交一份包括其专家证言内容及形成依据、可能存在依据的物证、作为专家证人从事相关行业的资质证明、近年来有无作为专家证人的出庭记录等在内的由其本人撰写并署名的报告。另一方面，对于并不会在庭审时出庭作证的专家证人，美国法律则不要求其作证据开示。其二是交叉质询规则，这与英美法系中针对普通证人的交叉质询并无太大区别，均分为直接质询及交叉质询两个阶段，在交叉质询阶段，对方当事人可就专家证人的资质资格、专家证人的中立性程度、专家证人的证言真伪及专家证人提供专家证言所依据的科学方法及仪器设备等提出质询，其根本目的在于使法庭对对方证言的不予采信。

（二）英美法系司法鉴定制度评析

英美法系的专家证人制度具有相当的灵活性与主体的广泛性，这表示在任何一起案件中，双方当事人都有可能找到可以为查明本案事实及帮助己方达成诉讼请求的专家证人。这在体现了当事人主义诉讼模式激烈的庭间对抗的同时，很好地保障了控辩双方均获得同等展示事实真相的权利。但任何制度都有其长短优劣，英美法系的专家证人制度亦有如下的两项弊端。

1. 专家证人的中立性难以保证且容易得到滥用

尽管在英美法系国家近年的司法改革中针对专家证人的中立性作出了一定的修改，然而这一问题仍然饱受诟病。一方面，专家证人本身并不对法庭负责，其是诉讼中的一方当事人聘请以证实己方欲证事实达成诉讼请求或抗辩理由的证人，其本质是为了聘请其的当事人所服务，其与当事人之间是存在雇佣关系的。因此，其证言自然天然会存在一定的倾向性，甚至在美国"有些执法部门为了追求胜诉的结果，设置了非常不合理的激励机制，如每获得一份有罪判决，实验室就可以得到一笔费用"。① 就其实质而言，专家证人就是一位本方的具有专业知识的诉讼参与人，其出庭费用及鉴定费用由当事人支付，其自然需要为当事人的主张作证或辩护。因此，这一情况事实上可能会造成法庭在审理时由于控辩双方的专家证人均有其天然立场而无法对案件真相做出合理判断的情形。另一方面，英美法系对专家证人的资格审查方面几乎没有法律的强制性要求，故而双方当事人可能会在任何诉讼中均竞相聘请在某一专业领域具有较高学识及社会认可度的人士帮助己方作证，在资本主义国家，这很有可能会使得庭审成为一场金钱游戏，富裕的一方当事人拥有更好的专家证人资源，在专家证人的中立性难以得到保证的前提下，这对于相对贫穷的一方显然并不公平。

2. 庭审效率低下，诉讼成本较高

事实上，奉行当事人主义诉讼模式的英美法系国家在庭审的时长与案件审结的时长方面较之大部分大陆法系国家均要更长，因为法庭给予了控辩双方充分展示事实与证据的舞台的同时，也限制了法官的主观能动性，使得法官及陪审团需要完全且充分听取当事人各方的各项说明与证据，而在涉及较为复杂的专业知识时，专家证人的陈述及接受交叉质询的时长往往与专业知识的复杂性成正比，越是涉及专业性较强的案件，其在庭审中花费的时间便越长，加之双方专家证人均有天然立场，部分庭审有时成为了漫长而毫无意义的展示与演讲的秀场。而庭审时间越长，事实上对于专家证人及当事人聘请的律师而言在一定程度上反而更加有利，因为上述二者在英美法系国家大多以参与诉讼的时长为单位进行收费，越是漫长的庭审越可以使其获得高额的报酬，故此，专家证人在缩短证据展示时长，提高诉讼效率方面并无主动性，而法庭及陪审团在当事人主义诉讼模式的限制下缺乏足够的主观能动性，因此，庭审的效率相对较低，对于当事人而言诉讼的成本相对较高就几乎成为了一个必然的结果。

针对专家证人制度的弊端与困境，英美法系国家亦有相应的改革措施。以英国为例，自20世纪90年代至今，英国对于其国内的司法鉴定

---

① 陈永生：《论刑事司法对鉴定的迷信与制度防范》，《中国法学》2021年第6期。

制度作出多项修改，总结而言，主要有如下数点。其一，设立单一共同专家证人制度及增设前文所述之法庭技术顾问。所谓单一共同专家证人事实上是吸收了部分大陆法系国家的司法鉴定制度后的产物，其要求诉讼双方共同就所争议的需要进行司法鉴定的事项聘请专家证人，由于是双方共同聘请的，故而单一专家证人在中立性方面相较于由一方当事人单独聘请的专家证人的表现要更好，同时，由双方决定而非法庭任命的方式亦尊重当事人双方的自由意志。而法庭技术顾问，如前文所述，其与大陆法系国家由法官任命的司法鉴定人没有本质区别，均是仅对法庭负责，以帮助法国查明事实的法官助手。其二，将争议较多的司法鉴定事项由庭审中转移至庭审前处理。英美法系专家证人制度之所以导致庭审效率低下的原因就在于庭审中针对专业知识及鉴定报告的漫长的质证程序，将这一程序转移至庭审前无疑有助于缩短庭审时长，提高司法效率。其三，在法律人才的培养及社会舆论的宣传中，均增加对于司法鉴定人的社会责任教育，教导其要更多地承担社会责任，不以金钱及为当事人胜诉为职业追求，而要为司法公平、公正判决提供自己的专业知识。

第四节 我国司法鉴定制度的特殊性

在经过了对我国现行司法鉴定制度的立法情况进行梳理后，前文对于我国的法鉴定制度存在的缺陷以及域外的主流法系中关于司法鉴定制度作了简要分析，可以看出，无论是大陆法系抑或是英美法系，在司法鉴定的原则、目的方面均是一致的，即为诉讼厘清真相做出贡献，只是在具体的运行方法及因诉讼模式不同而固有的司法理念上存在较大差异。相较于域外国家，我国的在近现代的法律发展进程中存在几次较大的变化。1911 年，辛亥革命逼迫清帝逊位，建立了资本主义民主国家，中国的法治建设开始迈向近代化，1928 年，南京国民政府成立后，国民党控制下的中华民国政权开始着手以大陆法系国家法律制度为蓝本制定以法典为核心的法律体系。1928 年至抗战爆发前的 1937 年，国民政府一共制定了六部法典法律，在形式上完成了中国法治的近代化。1949 年新中国成立后，我国废除了国民党主持编撰的"六法全书"，由于彼时冷战已经开始，我国作为社会主义国家自然开始仿照苏联的法律制度建设社会主义的法律体制。然而，囿于种种因素的影响以及中苏关系恶化带来的外交政策方面的转变，我国的司法建设进程相对比较缓慢，无论是实体法抑或程序法均未得到完善。1978年改革开放以后，我国法治建设迈入新的时代，1979年，包括民事诉讼法、刑事诉讼法及行政诉讼法在内的三大诉讼法逐步颁布，我国的程序法制建设趋于完成。同时，作为与诉讼制度息息相关的制度之一，"我国的司法鉴定制度产生于20世纪50年代的刑事诉讼实践是基于便利职能部门办理刑事案件的需要渐自生长起来的"。① 此后我国的公安机关、人民法院、人民检察院等执法司法机关内部组织法相继颁布并对司法鉴定制度作出了初步规定。根据上述法律规定，我国的侦查机关、审判机关及检察机关均有权设立内部附属的司法鉴定机构，以支持执法司法工作的开展。各机关在得到法律授权后亦开始着手制定内部司法鉴定机构建设及规范其运营的工作实施细则。

以今日之法治思维审视20世纪我国司法鉴定制度的立法工作可以看出，授权侦查机关及司法机关分别设立内部的司法鉴定机构的立法本意是出于平衡部门利益的考量，彼时的司法鉴定制度赋予了三大机关分别对其内部司法鉴定机构的管理权，这是我国司法鉴定制度"多头管理"出现的起源。进入20世纪八九十年代，受我国改革开放进程的不断深化以及中国经济飞速发展的社会趋势影响下涌现出了大量的民事纠纷案件及新型的刑事犯罪案件，案件诉讼量迎来激增，而同时更为复杂的案件亦要求更为专业的司法鉴定，为应对这一状况，我国的司法鉴定机构开始向社会提供司法鉴定服务，至此，司法鉴定机构的多头管理衍生出大量的重复鉴定与多头鉴定。90年代，为应对愈发高涨的司法鉴定需求，我国成立了诸多社会司法鉴定机构，其本质类似于公司的运行不属于国家机关内设的机构。然而，为回应国民经济向市场化转型的社会型司法鉴定机构同样因其市场化的实质，出现了诸多的"金钱鉴定""人情鉴定"等司法腐败现象。

---

① 郭华：《我国司法鉴定制度改革的困境与出路》，《政法论坛》2009年第6期。

进入新世纪，为应对愈来愈多的社会化的司法鉴定机构，2000年由司法部颁布了关于社会司法鉴定机构的登记管理办法及司法鉴定人的管理办法。混乱不堪的管理加剧了多头鉴定与重复鉴定的乱象，如前文所述的湖南黄静案便是这一体制滋生的结果，以不同的国家机关的职权为保障的管理体制出现了诸多问题，亦因为黄静案的影响掀起了社会的普遍非议。基于这一案件的影响，2004年，中共中央发布了《关于司法体制和工作机制改革的初步意见》（以下简称《意见》），《意见》中，关于司法鉴定制度改革的部分作出了如下指示：其一，在全国范围内，需要消除目前存在的分散管理现象，要建立统一的司法鉴定管理制度；其二，在公检法三部门及国家机关中，公安及国安机关以及人民检察院由于需要对案件进行侦查，可以设立内部的司法鉴定组织，以期为其工作的顺利开展提供技术方面的保障，但需要强调的是，上述机构仅为机关的内部组织，仅可以为本机关提供司法鉴定；其三，人民法院等审判机关则需要裁撤其内部设立的司法鉴定组织，其可以在需要时进行委托鉴定；其四，以社会市场需求为导向的社会化司法鉴定服务机构在管理方面则实行由上级主观单位进行行政性质的管理与由相关的行业协会或其他组织进行行业管理二者相辅相成的制度；其五，应该研究制定针对司法鉴定制度的司法鉴定法，并以此对司法鉴定行为作出规制。由此可见，为解决司法鉴定存在的问题与困境，统一司法鉴定管理体制成为了我国司法改革中关于司法鉴定制度进行完善的抓手与途径。基于上述的时代背景，为落实中央关于司法鉴定制度的改革意见，全国人民代表大会常务委员会在征询了司法部、公安部、最高人民法院、最高人民检察院等国家机关建议的基础上结合了前几次会议由人大代表提出的相关方案，拟定颁布了前文所述的《全国人大常务委员会关于司法鉴定管理问题的决定》。作为专门规定司法鉴定制度的第一部在法律位阶上位于高层次的规范性文件，《决定》可谓之为司法鉴定制度的"根本大法"。"《决定》建构的制度在某些方面突破了有关法律'文本'对司法鉴定的规定，撞击了司法实践中职权机关传统的办案惯性，其意义是毋庸置疑的。"[①] 同时，其中有

---

① 霍宪丹、郭华：《司法鉴定制度改革的逻辑反思与路径探究》，《法律科学》2010年第1期。

关司法鉴定人资格认定及司法鉴定机构行业准入的规定，明显是在借鉴了大陆法系中对于具体负责案件司法鉴定工作的司法鉴定人的规则所建立的。

但事实上，通过对两大法系在司法鉴定制度方面的细节进行比较分析可以看出，我国的司法鉴定制度在立法初衷及实践运行上与其并无相同之处。就我国的立法现状而言，我国的司法鉴定管理制度事实上是在多年的司法实践中逐渐建立的，由于我国在历史中长期以国家部门职权管理社会事务，目前的司法鉴定的管理制度也是建立在部门的管理权限之上的。这种管理制度事实上是基于部门行政关系而划分的，如司法行政机关依据行政职权对社会司法鉴定机构进行管理，侦查机关及检察机关则通过内部行政关系对其内设的司法鉴定机构进行管理。这是一种基于诉讼需求及司法实践所建立的管理体制，而非经过专门设计的法律制度性安排。其所依据的《决定》本身也并非我国的法律，而是全国人大常委会发布的具有法律性质的规范文件。既然如此，这一管理体制是否是借鉴苏联立法经验而建立的呢？经过研究可以发现，我国的司法鉴定制度不同于其他的法律制度在最初就参照苏联的法律理论与立法实践而行，而是完全独立建设的法律制度，目前可以追溯到的制度是民国时期有关法院及其分院法医制度。可见，我国的司法鉴定管理制度是完全基于我国国情所建立的，既不同于两大法系，亦不同于苏联的法律理论。然而，这样的司法鉴定管理体制却也是多头鉴定与重复鉴定等问题的根源，因此，遵循司法改革以问题为导向的要求，我国未来针对司法鉴定法的立法中应该就司法鉴定的管理制度做出新的规范，或许可以考虑设立专门隶属于国务院的部委对全国包括社会及侦查、检察机关内部的司法鉴定机构实行统一的管理。关于司法鉴定在实践中如何进行以及技术标准的问题，各部委出台了多项有关司法鉴定的技术标准的规范性文件，如《人体轻伤鉴定标准》《刑事技术鉴定规则》等。

司法鉴定适用制度。这一制度事实上是司法鉴定制度与诉讼程序链接最为紧密的部分，其直接关系司法鉴定在诉讼中的实践形式与效果。我国在这一方面对比其他国家颇有独特性与创新，以人民法院对外委托司法鉴定为例，人民法院自《决定》出台后，为避免人民法院自己审查判断自己所做出的司法鉴定这一既做运动员又做裁判员的现象,人民法院已经不得再设立内部的司法鉴定机构。同时,网络信息技术的发展,使得现代科技手段融入司法实践成为可能。"因此如何将大数据完美契合进入司法鉴定领域,成为摆在广大司法鉴定专家学者们面前的首要问题"。① 因此,为了满足人民法院对外委托司法鉴定的需求以及便利法院工作,我国于 2018 年通过对现代信息技术及互联网技术的运用,加之我国完善的公民信息登记体制,建立了人民法院对外委托专业机构专业人员信息平台这一互联网机制。通过这一平台,可以有效解决前文所述的人民法院与民事诉讼的当事人在选择司法鉴定机构方面存在信息单向不透明、因司法鉴定机构水平参差不齐而造成的盲目选择问题。

综上所述,我国的司法鉴定制度自改革开放之后被纳入法治建设重点工作以来,已经经历多年的实践考验。进入社会主义建设新时期后,党的十八届四中全会《决定》提出构建"以审判为中心的诉讼制度变革,并提出完善鉴定人出庭作证制度"②。上述目标经由党中央强调后更是推动我国司法鉴定制度的改革进程。区别于大陆法系及英美法系国家,我国的司法鉴定制度具有相当的特殊性,但实践表明,我国的司法鉴定体制仍存在诸项困境,如立法法律层面缺失、重复鉴定问题频发、地方立法各行其是等。针对上述的弊端,我国的司法鉴定制度改革的总抓手与根本思路被确定为针对司法鉴定管理制度进行改革,建立统一的司法鉴定管理机制,从根本上解决"多头管理"的实际现状,并由此扩展至限制同一司法鉴定事项的鉴定次数以解决重复鉴定问题,由此标本兼治地解决当前司法鉴定制度的实践困境。而为了解决上述问题,完成统一司法鉴定机制的建立则需要改变当前分散立法的特征,以统一的司法鉴定法的立法形式规制上述问题,以此推动我国诉讼文明的进步并进一步保障公民的诉讼权利与自由,推动司法制度更加公平、公开与公正。

---

① 刘静:《风险与应对:论大数据司法鉴定的平台构建》,《法学杂志》2021 年第 9 期。
② 陈邦达:《鉴定人出庭作证制度实证研究》,《法律科学》2016 年第 6 期。

第三章

司法鉴定立法体系化的必要性

诉讼中的鉴定意见是指鉴定人就案件中的某些专门性问题，运用其专门知识或者技能，借助专业的机器设备，进行科学缜密的研究鉴别后作出的判断性意见。鉴定意见具有较强的科学性和专业性，只是对案件中的某些专门问题作出事实性的判断，而不对案件中的法律性问题提出意见。作为诉讼活动中的法定证据种类，鉴定意见已经成为证明案件事实不可或缺的有效证据，随着社会经济发展和科技水平的进步，各类新生专门性问题层出不穷，这也使鉴定意见在诉讼中的作用日益彰显和重要。完善司法鉴定立法在保障和促进诉讼主体取证的同时，又能促进我国司法制度体系的整体效能提升，然而，不容忽视的是，改革开放以来，尽管全国人大常委会、司法部、公安部、最高人民法院、最高人民检察院均在各自立法取证范围内对司法鉴定制定了相关法律规范，但是从已有法律规范内容来看，司法鉴定立法不仅在形式上未能实现一统，而且内容方面也基本各自为政，缺乏协调性，这种立法散乱的现状和制定司法鉴定法立法的中央文件要求极不相称，立法散乱的问题造成司法鉴定准入标准不一、司法鉴定管理制度缺位、司法鉴定运行程序缺乏等隐患，导致"虚假鉴定""重复鉴定""久鉴不决"现象频频发生，为司法实践中事实认定问题增加了额外纠纷和诉讼负担，妨碍诉讼活动的顺利推进，严重影响司法公正和诉讼效率。[1] 为解决目前这种格局，本次制定司法

---

[1] 郭华：《司法鉴定制度改革的十五年历程回顾与省察》，《中国司法鉴定》2020年第5期。

鉴定法立法就是很好的契机，有效途径是在立法中实现司法鉴定法体系化，以确保司法鉴定法规范合理、有序配置各类主体权利、义务、权力、法律责任。

第一节 统一立法具备形式一致性

立法形式的一致性体现了司法鉴定法立法中相关原则、规则、制度的系统性和逻辑性，本质为司法鉴定法立法过程中确立的基本概念的属性和外延、基本原则、制度所形成贯通一致的统一整体，各组成部分和整体之间在立法形式方面不存在冲突和矛盾。司法鉴定统一立法可以合理安排通过立法所要规范的内容，使司法鉴定活动需要制定的各种制度和规范准确适用，既不冲突，也不重叠。相比而言，如果司法鉴定法采取分散立法的立法形式，那就无法避免司法鉴定法和其他分散立法"各行其是"的协调问题，因为分散立法针对不同领域的具体问题制定，受制于制定主体利益和问题导向，分散立法不可能通盘考虑司法鉴定活动中的所有可能，因而具有明显的局限性，分散立法之间可能存在无法协调的冲突，甚至是矛盾。为保持我国司法鉴定立法形式的一致性，应当坚持以下四项原则。

一 科学性原则

科学性是鉴定意见的本质属性，司法鉴定制度必须能够保证司法鉴定对案件事实认定提出科学正当的鉴定意见，因此司法鉴定统一立法形式必须坚持科学性原则。科学性原则是指司法鉴定统一立法形式的过程中，要发挥立法对司法鉴定有关制度的引领和推动作用，促进高质量的司法鉴定立法，确保司法鉴定统一立法能够切实解决因分散立法而造成与司法鉴定活动有关的各项制度与规范之间存在的不协调、相冲突问题，促进司法鉴定制度与证据制度、诉讼制度等其他制度之间相衔接，最终实现每一个案件在事实认定方面的公平正义。结合司法鉴定的特性，检验司法鉴定统一立法是否科学主要体现在以下几个方面：

（一）司法鉴定立法必须是规定明确的法

只有立法对司法鉴定的各项制度和规范作出清晰明确的规定，才能保证司法鉴定相关法律得到普遍认同和遵守。一是应当对司法鉴定的管理制度作出明确规定，从"人""机""法"三个角度出发，对司法鉴定人员的准入条件、资质认定和惩戒办法、司法鉴定设备的配置标准和管理模式以及鉴定方法的选用机制等一系列问题作出统一规定，力求解决司法实践中存在鉴定人员资质和水平参差不齐，鉴定机构设置和管理随意性大的顽疾，切实提高司法鉴定意见的科学性和客观性。二是应当对司法鉴定的实施制度作出明确规定，建立科学合理的司法鉴定人回避制度，保证鉴定结果的公正性；明确司法鉴定的期间，避免因"久鉴不决"现象导致鉴定对象的变性或者毁损，影响鉴定结果的科学性，最终影响审判结果的公正性；对需要补充鉴定或者重新鉴定的情形进行明确列举，切实保障委托人或者其他诉讼当事人的合法权益，避免因"重复鉴定"而给当事人造成损失，导致庭审活动过分迟延。三是应当对司法鉴定的适用制度作出明确规定，由于鉴定意见作为法定证据，直接影响到法官的自由心证和案件事实的认定，因此司法鉴定的适用主体是人民法院。法院作为具有审判职能的诉讼主体，应当在诉讼活动中保持被动性和中立性，不得与司法鉴定机构产生利益关系，也不得盲目地、不加鉴别地采纳司法鉴定机构出具的鉴定意见。建立统一的司法鉴定适用制度有助于为改变"自鉴自审"问题提供立法依据，增加当事人对法院事实认定结果的可接受度，最终提高司法裁判的公正性和权威性。

（二）司法鉴定立法必须是具有实效的法

为了使已确立的法律获得普遍服从，除了要求法律条文本身必须明确易懂之外，还要求法律具有实效性，缺乏实效性仅具有象征意义的法律，往往很难遵守。象征性立法实际上背离了与该法律密切相关利益的保护，而注重对行为规范或者伦理秩序的认同。① 比如《全国人民代表大会常务委员会关于司法鉴定管理问题的决定》第12条关于司法鉴定实施制度，仅规定"鉴定人和鉴定机构从事司法鉴定业务，应当遵守法

---

① 刘艳红：《以科学立法促进刑法话语体系发展》，《学术月刊》2019年第4期。

律、法规，遵守职业道德和职业纪律，尊重科学，遵守技术操作规范"，逻辑结构不完整，法的完备性程度有所欠缺，法律规范仅停留在纸面，很难取得实效性。此外，法的实效性与法律规范的现实基础密切相关。如果法律规范没有立足于本国国情，与已经形成的习惯和传统相悖，则法取得实效性的可能程度较低。因此，我国司法鉴定统一立法在借鉴国外现实经验时，必须坚持从我国实际出发，充分考虑我国司法鉴定以往的经验和做法，避免盲目移植国外制度。

(三) 司法鉴定立法必须坚持立改废释并举

1. 司法鉴定的"立"是指整合现有司法鉴定相关法律规范，实现司法鉴定法体系化

《全国人民代表大会常务委员会关于司法鉴定管理问题的决定》作为我国目前公布的法律地位最高的专门的司法鉴定规范性文件，对我国司法鉴定立法工作的推进产生划时代的意义。其他散见于三大诉讼法及相关法律，司法机关、国务院相关部门等颁布的行政法规、部门规章，以及部分省（市）就司法鉴定问题颁布的一批地方法规中有关司法鉴定的法律规范，在对司法鉴定活动进行规范管理中发挥了应有作用。司法鉴定立法应当对现有法律规范进行科学梳理和细致整合，尤其对存在矛盾和争议的法律规范予以重视，同时要积极回应社会发展过程中司法鉴定面临的新问题和新挑战，重点关注司法鉴定立法与三大诉讼法之间的衔接问题，实现司法鉴定立法形式的一致性。

2. 司法鉴定的"改"是指对不合理的司法鉴定法律规范要进行解释修改

司法鉴定统一立法工作推进的同时，不应当忽视对一些不合理法律规范的修改。我国司法鉴定法的立法与现实需求相比，有相当的理论发展和提升空间，必须在立法中充分整合诉讼法发展，才能及时适应广大公众对于司法鉴定活动的取证需要。比如《决定》中有关鉴定人出庭作证制度，规定在诉讼中当事人对鉴定意见有异议的，经人民法院依法通知，鉴定人应当出庭作证，但没有规定不出庭作证的法律后果。对此，新修订的《刑事诉讼法》第192条予以回应，公诉人、当事人或者辩护人、诉讼代理人对鉴定意见有异议，人民法院认为鉴定人有必要出庭的，

鉴定人应当出庭作证。经人民法院通知，鉴定人拒不出庭作证的，鉴定意见不得作为定案的根据。后续司法鉴定立法应当与《刑事诉讼法》保持一致。

3. 司法鉴定的"废"是指对不使用的司法鉴定法律规范要及时进行废除，避免出现僵尸条款，影响立法质量的提升[①]

《决定》规定鉴定人与鉴定机构的登记管理机关为司法行政部门，同时又在第2条第4款规定了由国务院行政部门商情最高人民法院、最高人民检察院确定的其他实行登记管理的鉴定事项，导致司法鉴定管理存在冲突。司法鉴定立法应当对需要商情的事项进行明确规定，如果确无商情必要，由司法行政部门对鉴定人与鉴定机构实行统一登记管理，应当对该款规定予以废除。

4. 司法鉴定的"释"是指对不明确的司法鉴定法律规范要及时进行解释

正确运用立法解释和司法解释，有助于解决司法实践过程中对法律条文理解与适用的分歧，避免动辄通过颁布新的法律或者修改现有法律规范解决现实中存在的争议，推动司法鉴定高质量立法。

二 独立性原则

独立性是鉴定意见的重要属性，只有鉴定人在司法鉴定过程中保持独立性和中立性，才能增强鉴定意见的科学性和可采纳程度。因此，司法鉴定统一立法形式必须坚持和保证鉴定意见的独立性。独立性原则是指司法鉴定统一立法形式要体现和反映鉴定人与鉴定机构的中立性，要从立法层面促进和推动鉴定意见的独立性。司法鉴定统一立法的独立性主要体现在以下几方面：

（一）保持鉴定人的独立性

司法鉴定统一立法要促进鉴定人与鉴定机构的独立地位，保证鉴定人在从事司法鉴定活动的过程中不会受到外界因素的干扰，能够依据科学与经验对需要鉴定的事项作出相对准确和客观的判断。

[①] 刘艳红：《以科学立法促进刑法话语体系发展》，《学术月刊》2019年第4期。

1. 要排除鉴定机构内部的干扰

排除鉴定机构内部的干扰要求鉴定人不受来自鉴定机构上级、同事等人的影响,上述人员不得干涉鉴定人的司法鉴定活动。

2. 要排除鉴定机构外部的干扰,尤其是公检法等国家机关的干扰

法院作为中立的审判机关,应当在诉讼程序中保持中立性和被动性,一般不得主动调查或者收集证据,因此法院不得内设鉴定机构,进行"自审自鉴";检察机关与公安机关也不得设立司法鉴定机构,鉴定人的身份必须独立,不能在承担控诉职能的同时,又通过司法鉴定参与案件办理,影响鉴定意见的客观性。但是如果刑事诉讼中出现某种法定的紧急情况,不及时进行司法鉴定就会造成证据灭失或者日后难以取得,影响案件事实的认定,可以考虑由侦查机关保留一部分事项的鉴定工作,以方便侦查机关调查取证。但侦查机关内部机构所得出的鉴定意见,仍要在庭审中进行举证质证,不得直接作为定案的依据。

3. 要提升鉴定人本人的专业素养

只有鉴定人本人的专业知识储备达到一定的标准,才能具有独立解决诉讼中专门问题的相关专业知识以及出庭作证所应具备的法律素养,减少对鉴定机构以及其他外界因素的依赖。但是基于我国现状来看,对鉴定人的准入资格标准设定过低,尚无法达到诉讼中科学证据的要求。在今后司法鉴定法的立法中,对于鉴定人准入资格的设置,应当以诉讼活动顺利进行以及证据收集需要为基本方向,以保护当事人的合法利益、维护司法公正为价值指向,减少因"重复鉴定""久鉴不决"带来的司法问题。① 为实现鉴定人的独立性,首先,需要确定审查鉴定人资格的法定形式。对于拟申请鉴定人的应试人员,需要对其申请鉴定资格类别和范围进行初步审查,以确定应试人员是否符合基本法定条件。然后安排统一编制考试,根据司法鉴定事项的要求,对应试人员应当具有的专业知识和相关法律法规等进行考查。其次,在对申请人进行统一考试的

---

① 霍宪丹、郭华:《司法鉴定制度改革的逻辑反思与路径探究》,《法律科学》(西北政法大学学报) 2010 年第 1 期。

基础上，应当为申请不同种类司法鉴定的人员设定必要条件。申请条件需要在法律中明确规定申请人在该领域司法鉴定应当具有的教育要求、专业要求以及相关的培训经验要求。最后，在条件设定中应该将禁止性事项明确列入，比如受过刑事处罚等。现在已经核发资格证书的司法鉴定人员大多数应该都是兼职，纯专业性质的司法鉴定人占比并不高，长远看，通过高等院校专业设置培养专职司法鉴定人应该成为一种重要选项。司法鉴定法立法也应该有前瞻性，通过立法确认并鼓励高等院校培养专业司法鉴定人，创新司法鉴定人来源模式，以满足我国特殊司法鉴定体制对这种专门人才的实际需求，通过职业教育实现鉴定人的专业性和独立性。

（二）保持鉴定意见的独立性

随着科技的进步，鉴定意见对尽可能还原案件真实情况具有十分重要的作用，甚至成为认定案件事实的关键证据。因此，鉴定意见的独立性是客观性的前提和基础，鉴定意见的客观性是独立性所承担的最终目的，只有保持鉴定意见的独立性，才有可能实现鉴定意见的客观性。鉴定意见的独立性要求对鉴定人与鉴定机构采取严格统一的准入机制和监管机制，对司法鉴定实施的各个环节进行细致精准把控，在鉴定意见的适用过程中严格依照证据的客观性、关联性和合法性进行审查，保证鉴定意见的独立性和客观性贯穿于诉讼程序的各个阶段。

三 公开性原则

司法鉴定统一立法形式应当坚持公开与透明，这不仅是司法鉴定立法得到正当性与普遍遵守的重要保障，也是全面推进依法治国的必然要求。司法鉴定立法体系化中的公开性原则主要是指，司法鉴定立法的每个阶段、所取得的成果以及立法所依据的调查数据等，除了涉及国家秘密、商业秘密或者个人隐私等不宜公开的情形外，均应当保证社会公众知悉了解的相关权利，保证司法鉴定立法在阳光下进行，防止为立法腐败以及权力寻租留下滋生的空间。具体而言，司法鉴定统一立法形式的公开性原则主要有以下四点意义。

(一) 司法鉴定立法公开是社会公众参与司法鉴定立法的基本前提

社会公众参与到司法鉴定立法活动中的前提是具有了解司法鉴定立法的立法目的、调整对象、调整范围等内容的有效途径。充分的公众参与能防止立法主体在制定司法鉴定相关法律规范时出现暗箱操作的行为。这就要求立法机关充分保障社会公众的知情权。社会公众享有知情权是在后续立法各阶段行使参与权的重要前提，社会公众依法行使与立法活动密切相关的参与权是享有知情权的自然延伸，两者相辅相成、相互依赖、相互促进。为保障社会公众的知情权，促进司法鉴定统一立法的公开性，立法主体应当对司法鉴定立法的主要内容、调查数据以及其他涉及利害关系人切身利益的背景资料以及司法鉴定立法的各个阶段均向社会公众予以公开，保证社会公众对司法鉴定立法提出的意见与建议建立在对司法鉴定立法具有充分了解和知悉的基础之上，增强公众参与立法的实际效果，为实现民主立法奠定坚实的基础。比如针对司法鉴定管理制度的改革和完善，社会公众有权就鉴定人准入资格的标准以及对该行业鉴定人身份进行查询和验证的具体途径得到知悉和了解，社会公众亦有权对司法行政机关登记管理司法鉴定机构的具体标准以及现存具有司法鉴定资质的鉴定机构名录进行查询与知晓。[1] 由于鉴定意见对案件事实的认定、被告人的定罪量刑发挥非常重要的作用，同时也会对被害人以及利害关系人的权益产生巨大影响。在诉讼程序中，当事人能否参与到办案机关对鉴定机构、鉴定人的选择中，拥有一定的程序选择权，这是司法鉴定中社会公众普遍关注的重要问题。[2] 司法鉴定立法工作正式启动之前，应当将司法鉴定立法有关立法目的、调整对象、调整范围等内容向社会公众提前予以公开，保证公众对切实关心的问题拥有充足的时间和精力进行了解，在此基础上对司法鉴定立法提出一系列具有针对性和可行性的意见与建议，真正促进公众参与的有效实现。

---

[1] 霍宪丹、郭华：《司法鉴定制度改革的逻辑反思与路径探究》，《法律科学》（西北政法大学学报）2010年第1期。

[2] 温云云：《浅论我国刑事诉讼司法鉴定独立化》，《中国司法鉴定》2021年第3期。

(二)司法鉴定立法公开是社会公众遵守司法鉴定法律规范的重要保证

全民守法的重要前提是社会公众对法律具有足够的了解和认知。通过司法鉴定立法公开,社会公众才能获得全面了解司法鉴定立法体系化背景资料的取得,才能真正理解司法鉴定相关法律规范中具体法律规则的正确含义,才能在接触司法鉴定活动时有效遵守司法鉴定的法律规定。社会公众对司法鉴定立法体系充分了解和知悉,司法鉴定立法才能真正发挥指导作用和教育作用。通过司法鉴定立法公开,为社会公众广泛参与司法鉴定立法提供方便,使司法鉴定立法程序更真实地反映社会公众的真实意愿和迫切需要,同时社会公众参与司法鉴定立法程序也是一个生动的普法和教育的过程,在这个过程中,社会公众凭借立法的参与性和亲历性,从而减少对司法鉴定立法的抵触情绪和怀疑程度,能够更加自觉地和积极地遵守司法鉴定相关法律规范。富勒在《法律的道德性》一书中提到,一套法律规则体系必须遵循的八项基本原则,即法律的一般性、颁布、非溯及既往、清晰性、不矛盾、法律不强人所难、稳定性、官方行动与法律的一致性。[1] 法律在公布之后,实际上无法达到人人都了解的程度,但是可以通过少数拥有法律知识和实施相应行为的个体的方式影响社会中其他人的行为。此外,法律公布之后社会公众才能对其加以批评,并提出相应的意见与建议,包括对那些不应该纳入立法规划的法律进行批评和抗议,同时也可以对适用法律的人产生的违法行为进行约束。[2] 比如在司法鉴定实施制度中,社会公众普遍关心的鉴定人独立性问题以及鉴定意见的客观性与科学性问题。为保持鉴定意见的中立性,鉴定人应当在个人意志的支配下,独立完成鉴定活动。但目前鉴定实务活动中存在鉴定人与侦查人员身份混同的问题,导致当事人对鉴定意见的真实程度往往持怀疑态度,严重影响鉴定意见的客观性,加之目前鉴定人回避制度在实施过程中仍存在诸多疏漏以及监管不到位的问题,造成当事人与司法鉴定机构之间的矛盾日益激化,甚至影响到诉讼活动

---

[1] 富勒:《法律的道德性》,商务印书馆2005年版,第52页。
[2] 沈宗灵:《现代西方法理学》,北京大学出版社1992年版,第57—63页。

的公正性和权威性。因此司法鉴定立法程序正式启动之前，有必要公开就上述社会公众普遍关心和反映强烈的问题予以收集，保证司法鉴定立法的公开性，增强社会公众对司法鉴定相关法律规范的认同感，最终实现司法鉴定法律规范得到真正遵守。①

（三）司法鉴定立法公开是加强立法监督的主要路径

阳光是最好的防腐剂，只有保持权力在阳光下运行，才能达到限制权力的最终目的。因此，民主程度越高的国家，立法公开的程度也越高。没有社会公众对立法主体立法活动的监督，立法权会因为利益驱使而滋生腐败，严重影响社会公平正义。因此，为了防止司法鉴定立法主体的权力异化，使司法鉴定立法不脱离尽可能还原案件事实真相、维护司法权威的目标，实现公共利益，必须对司法鉴定立法权进行监督。作为立法监督的重要前提，只有司法鉴定立法主体将司法鉴定立法的动机、立法目的、立法规划以及立法过程进行全方位、多角度的公开，社会公众才能对司法鉴定立法进行有效和明确的监督。"法律是使人类行为服从于规则之治的事业，这项事业是否能够取得成功很大程度上依赖于些从事这项事业的人们的能量、见识、智力和良知。"

1. 要对司法鉴定管理制度立法予以公开

比如对鉴定人的资格审查标准不仅要包括鉴定人的专业技术水平，而且要对鉴定人的身体健康状况具有一定程度的要求，保证鉴定人能够满足某些野外采样、鉴定的条件以及出庭作证等工作义务。此外，鉴定机构的登记管理标准应当具有专业检测机构认证的检测或者鉴定标准作为必备条件等。②

2. 要对司法鉴定实施制度立法予以公开

例如鉴定人回避制度建立和完善的听证记录，社会公众对鉴定人回避制度普遍存在的疑问等。

3. 要对司法鉴定适用制度立法予以公开

尤其是对鉴定意见的举证、质证过程的完善进行积极回应。此外，

---

① 霍宪丹：《司法鉴定通论》，法律出版社2009年版，第120页。
② 郭华：《司法鉴定制度改革与司法鉴定立法之推进关系》，《中国司法鉴定》2018年第5期。

为保证当事人对鉴定意见进行质证的有效性和实质性，应当对当事人聘请有专门知识的人出庭相应制度进行同步调整和完善，确保司法鉴定制度与证据制度、诉讼制度有效衔接，促进司法鉴定立法体系的统一。

因此，只有实行司法鉴定立法公开，机关、组织和个人才能对司法鉴定立法有更加全面和细致的了解，才能提出尽可能充分的立法建议，才能防止司法鉴定立法机关擅自扩权、肆意用权，在司法鉴定立法中追逐部门利益，导致"部门利益法制化"问题的蔓延。

（四）司法鉴定立法公开有利于促进司法鉴定法治化进程

司法鉴定虽然从本质上来看是鉴定人运用自己的专业知识技能和经验，借助科学仪器设备，对案件中的专门问题作出事实性判断的技术性活动，而不对案件中的法律问题作出判断，但是司法鉴定制度与证据制度以及诉讼制度密切相关，可以说鉴定意见会对案件事实认定和最终审判结果产生至关重要的影响，因此，应当扎实推进司法鉴定各项制度在法治轨道上运行。实现司法鉴定法治化的基础前提和重要条件就是要促进司法鉴定立法公开，只有司法鉴定立法公开，才能保证司法鉴定所依据的制度基础具有正当性和合理性。为实现司法鉴定立法公开，推进司法鉴定法治化进程，主要有以下几个途径。

1. 要对司法鉴定立法的信息资料予以公开

除了法律明确规定的可能涉及国家秘密、商业秘密和个人隐私等不宜公开的与司法鉴定立法有关的信息资料以外，立法主体应当对其他司法鉴定立法信息资料予以公开，具体包括立法背景资料、立法动议、立法目的、会议纪要等材料，其目的是让社会公众全面了解司法鉴定立法的具体内容和详细过程，为社会公众参与和监督司法鉴定立法活动提供便利条件。上述立法信息资料的具体公开途径可不以在政府公报上进行刊登的方式进行，但如果社会公众提出阅读和知悉的要求时，相关机构应当向其提供或者允许社会公众进行摘录、复制，也不得向社会公众收取任何费用。

2. 要对司法鉴定立法过程予以公开

司法鉴定立法过程除法律规定不宜公开的以外，一律应当向社会公众公开，比如立法动议、立项、起草、听证、审议等各个立法环节的公开。司法鉴定立法过程具体包括司法鉴定立法机关立法活动的过程以及社会公众参与的过程。司法鉴定立法主体对立法予以公告是司法鉴定立法过程公开的一个重要环节，也是社会公众参与司法鉴定立法的重要前提。听证会、研讨会、座谈会等多种形式的公开是司法鉴定立法公开的核心。社会公众意见处理结果的公示程度和回应积极性是衡量司法鉴定立法公开程度的显著标志。为保证立法听证会、研讨会举办的实质作用，立法机关应当在举办司法鉴定听证会的一定时间段之前向全社会发出通告，详细说明会议的时间、地点、研讨主体以及参会方式，会议应当制作摘要或者会议记录，对其中应当公开的部分向其他社会公众及时予以公开。

3. 要对司法鉴定立法结果予以公开

司法鉴定立法结果的公开主要是指对司法鉴定相关法律规范的正式文本予以公开。依照法治原则，未经公布的任何规范性文件无法产生相应的法律效力，任何主体不得强迫社会公众遵守未经公布的法律、法规、行政规章等。因此，立法主体应当对司法鉴定正式法律文本按照法定程序予以公布。此外，司法鉴定立法机关应当对司法鉴定立法的说明等有关信息资料进行公开，以便社会公众全面理解和遵守司法鉴定相关法律规范。

四 参与性原则

司法鉴定统一立法形式在坚持科学性原则、独立性原则和公开性原则的同时，也要坚持参与性原则，保证司法鉴定立法活动的民主性，发挥凝聚社会广泛共识的积极作用。司法鉴定立法体系化中的参与性原则主要是指立法主体在制定司法鉴定法律法规、行政规章等规范时，要保障社会各主体通过提供信息、发表意见、阐述利益诉求等方式参与司法鉴定立法过程，提高司法鉴定立法的正当性和合理性。[①] 司法鉴定统一立法的参与性关键在于社会各主体参与立法活动的有效性，主要体现在以下几方面。

---

① 崔浩：《行政立法公众参与有效性研究》，《法学论坛》2015年第4期。

（一）司法鉴定立法规划阶段坚持参与性原则

司法鉴定立法规划体现司法鉴定立法主体在未来某个时间段内拟完成的对立法项目所作的宏观意义上的安排和部署。科学合理的司法鉴定立法规划对保证司法鉴定立法工作有序进行，避免司法鉴定立法的盲目性和任意性发挥着至关重要的作用。司法鉴定立法规划从表面上看属于立法主体内部行为，实则与社会各主体具有十分密切的关系。在立法规划阶段，社会公众参与司法鉴定立法活动主要是行使立法建议权，从社会不同群体的利益角度出发，对事关自身的司法鉴定问题提出各项建议作为立法规划的重要参考因素，以引起立法主体足够重视，最终能够被立法主体采纳。比如针对司法鉴定管理制度中，鉴定人的准入制度与鉴定机构的资质认定问题、鉴定设备的标准问题等均需听取司法鉴定专业技术人员与司法鉴定机构管理机关的建议，从而增强立法的必要性与正当性。立法主体广泛听取社会各界的声音与意愿，才能对某些基础问题或者重大问题作出准确的决策，因为社会利益往往是多元化与复杂化的，司法鉴定立法应当对合理的诉求与利益通过立法的具体表现形式予以积极和正面的回应，从立法活动的初期广泛吸收民意，才能保证后续环节社会公众的广泛参与。

（二）司法鉴定立法起草阶段要坚持参与性原则

司法鉴定立法的核心环节是司法鉴定立法的起草阶段，起草阶段成果直接关系到司法鉴定立法的最终质量。社会公众在司法鉴定立法起草阶段主要是通过法定的方式和途径行使立法意见表述权利，社会公众对司法鉴定立法的意见与建议能否得到充分的表述以及科学合理的意见与建议能否被立法机关积极有效地采纳，对保障司法鉴定立法的公开性与民主性具有十分重要的制度价值。法治国家往往通过举办立法听证会、网上公开征求意见等形式来保障社会公众立法意见表述权利的有效行使。[1] 为更好推进司法鉴定立法体系化进程，应当从以下几个角度保障社会公众行使立法意见表述的权利。

应当对社会公众尤其是利害关系人参与并提出意见与建议的具体程

---

[1] 崔浩：《行政立法公众参与有效性研究》，《法学论坛》2015年第4期。

序进行细化，对社会公众提出的意见是否采纳给予积极的回应，对社会公众普遍关注、反映强烈的重大意见如果不予采纳，应当说明不予采纳的理由，进行合理的答复。

应当重视邀请有关专家与组织参与司法鉴定立法的起草工作。由于司法鉴定活动具有极强的科学性与专业性，不同鉴定事项的实施活动大相径庭，是涉及法学与其学科交叉应用的综合类活动，为保证司法鉴定立法能够有效促进鉴定意见的客观性与公正性，保障司法鉴定与证据制度以及诉讼制度的顺利衔接，司法鉴定立法起草工作应当建立在广泛详尽的调查研究基础之上，并且吸收相关领域的专业技术人员参与到立法起草的工作中来，以立法形式实现司法鉴定的科学性与独立性。

应当完善社会公众参与司法鉴定立法起草阶段的具体形式。根据《立法法》等相关法律规范的规定，立法起草主体可以选择多种形式中的一种或者全部，例如研讨会、听证会、座谈会等形式。这种参与形式给立法起草主体留下选择空间的同时，造成形式选择与参与人员选拔存在任意性，甚至流于形式，难以保证公众参与并发表意见的科学性与有效性。

（三）司法鉴定立法完成阶段要坚持参与性原则

保障公民对司法鉴定立法发表意见并不等于立法要一味迎合或者顺从民意，但司法鉴定法律法规中涉及重大问题的送审稿可以向社会公众公开，征求公众意见。法制机构应当对提交送审稿所涉及的主要问题进行实际调查，并积极听取基层组织和基层群众的意见。如果提交的送审稿直接关系到公民、法人或者其他组织的重大利益，法制机构可以通过举办听证会的方式征询相关机构、组织和公民的意见。如果送审稿存在重大分歧时，法制机构应当通过召开座谈会、论证会的方式，听取司法鉴定机构以及相关专业技术人的意见。按照我国的立法惯例，在立法完成阶段，社会公众提出的有关意见与建议只能成为立法主体立法时的参考，很难对提交的送审稿产生实际影响，更无法对立法主体产生强制拘束力或者排他效力，立法主体也一般不会在立法过程中根据社会公众所表达的意见制定相关法律法规。因此，保障社会公众在司法鉴定立法活动中参与性原则的有关制度还存在诸多改进和完善的空间，促进社会公众对司法鉴定立法能够产生实质性影响,将民主立法贯穿到司法鉴定立法活动的各个阶段,从立法层面更好地维护社会公平正义。

第二节　统一立法具有立法目的的一致性

一　立法目的的含义

随着物质生活水平的不断提升,社会交往也日趋复杂,但法律仍旧保持着顽强的生命力,甚至成为规制社会关系的主要方式,究其根本是因为法律本身就是一种社会价值与社会观念的沉淀。① 它以社会中的每个人都能按照一定的规则而非通过暴力野蛮的方式来获得利益为基本假设,从而构筑起一套以人的社会性为基本预设的规则体系。法律作为一种社会关系的调节器,其根本目的是对社会关系进行调整。社会关系是由人结成的关系,人们之所以结成或者维系一定的社会关系是为了满足一定的利益或者达到特定的目的。② 比如在家庭生活中,人们作为亲属关系的一环,以获得亲人的关爱和慰藉;在社会生活中,人们扮演不同的社会角色,与形形色色的"陌生人"进行交往,以获得自身所追求的社会资源。其中,立法目的代表了参与立法活动的不同主体之间共同的利益诉求,由立法机关在立法过程中确立并贯穿于原则、规则、制度设计中。立法目的处于整个立法过程中的核心地位,法律原则的设置、制定以及法律责任的认定都需要以立法目的为基本的出发点和落脚点。立法目的作为内因,实际上引导、规范和调整主体的一切活动,为法律的实施提供内在动力。我国法律规范中的立法目的一般出现在法律文本的第 1 条。

以《刑事诉讼法》为例,第 1 条即阐明了《刑事诉讼法》的立法目的是"保证刑法的正确实施,惩罚犯罪,保护人民,保障国家安全和社会公共安全,维护社会主义社会秩序,根据宪法,制定本法。"该立法

---

① 胡玉鸿:《个人社会性的法理分析》,《法制与社会发展》2008 年第 1 期。
② 黄建武:《法律关系:法律调整的一个分析框架》,《哈尔滨工业大学学报》(社会科学版) 2019 年第 1 期。

目的不仅贯穿于刑事诉讼的全过程，而且体现了刑事诉讼的秩序价值，是刑事诉讼的源头。然而，根据《刑事诉讼法》有关立法目的的法律条文可以看出，该立法目的条款并未完全阐述刑事诉讼所有的立法目的和立法价值，而是选择了其中最为重要或者最想说明立法主体对《刑事诉讼法》期望实现的最终效果和价值取向，因此立法目的并不等同于立法目的条款，立法目的条款是形式，立法目的是内容。

以往的学术研究中，立法目的一直是学者关注的重点，许多学者均针对立法目的提出自己的观点和看法，将立法目的的意义概括为定纷止争、维护社会公平正义、保障人权等各个方面。[①] 以上是对立法目的进行概括性的归纳与总结。在立法过程中，由于不同的法律规范具有不同的立法背景、调整对象、调整范围，因此其各自的立法目的也呈现出诸多差异性和独立性，这些不同的价值取向均在立法目的条款中予以体现。例如，《决定》中阐明该规范性文件的目的为"加强对鉴定人和鉴定机构的管理，适应司法机关和公民、组织进行诉讼的需要，保障诉讼活动的顺利进行。"显然，司法鉴定法律规范的目的远不止该条规定列举的上述内容，还包括维护社会公平正义、保持社会有序发展等方面。立法目的与立法目的条款之所以存在一定的差异，主要有以下几个原因：

一是文字本身具有一定的局限性。司法鉴定立法机关在制定司法鉴定相关法律规范的过程中，应当考虑到法律规范文本的逻辑结构和字数限制，既要阐明司法鉴定立法所要调整的法律关系、调整的具体范围以及相应的法律责任，明确司法鉴定相关法律的制度价值和立法意义，又要避免法律文本过于冗长，不利于社会公众理解和遵守，因此司法鉴定立法目的条款无法涵盖立法主体所要表达的全部目的，但立法目的条款并未列举的内容并不等于立法主体不具有该立法目的。二是立法目的之间的位阶存在差异。立法主体之所以在立法目的条款中对立法目的进行选择性列举，是因为诸多立法目的之间存在位阶的区分，比如直接目的、间接目的、表面目的以及实质目的等。比如司法鉴定立法中的直接目的是加强对鉴定人和鉴定机构的管理，以适应司法机关和公民、组织进行

---

① 刘风景：《立法目的条款之法理基础及表述技术》，《法商研究》2013 年第 3 期。

诉讼的需要，根本立法目的是为诉讼服务，为正确的裁量和解决纠纷提供科学依据。

目前我国主要司法鉴定相关法律及规范性文化中有关立法目的的规定汇总如下：《全国人民代表大会常务委员会关于司法鉴定管理问题的决定》中的重点内容为对鉴定人以及鉴定机构加强管理，以适应司法机关、公民和其他组织进行诉讼活动的需要；《人民法院司法鉴定工作暂行规定》这一规范性文件中规定，为了规范人民法院司法鉴定工作而制定本规定；《人民检察院鉴定规则（试行）》中明确，为了规范人民检察院鉴定工作而制定本规则；司法部颁布的《司法鉴定程序通则》中规定，为了规范司法鉴定机构以及鉴定人的鉴定活动，保证鉴定的质量，保障诉讼活动的顺利进行，根据《决定》制定本通则；公安部颁布的《公安机关鉴定规则》规定，为了规范公安机关的鉴定工作，保障鉴定活动的质量，进而维护司法公正，根据《民事诉讼法》《刑事诉讼法》《行政诉讼法》以及《决定》制定本规则。

通过上述司法鉴定主要规范中立法目的规定的梳理，可以看出，《决定》的发布对司法鉴定相关法律规范的统一具有十分重要的指导作用，司法鉴定法律规范的立法目的呈现出统一的趋势。然而，司法鉴定立法目的参差不齐，部门利益因素掺杂其中的问题仍然存在，尤其是最高人民法院、最高人民检察院颁布的司法鉴定方面的规定，明显存在为了实现部门利益之嫌。根据《决定》的相关规定，法院不得内设司法鉴定机构，因此《人民法院司法鉴定工作暂行规定》实际上与《决定》相矛盾。此外，随着检察院侦查权限的缩减，是否有必要设立司法鉴定机构仍有待商榷。造成司法鉴定有关法律规范立法目的不统一，具体规则相矛盾的重要原因在于，《决定》只是全国人大常委会的一个规范性文件，并非全国人大制定的法律，立法规格和层次低，不能有效管理涉及诉讼的所有鉴定机构。而国务院、最高人民法院、最高人民检察院及国务院各部委制定的有关司法鉴定方面的法规、司法解释、规章，在对指导本部门的司法鉴定活动起到了一定作用的同时，也容易引起重新鉴定、多重鉴定等问题，影响鉴定意见的客观性和独立性，导致诉讼效率低下，最终影响司法活动的公正性与权威性。在现代诉讼活动中，应用现代化科学技术知识解决案件中的专门性问题,已成为司法工作人员提升工作公正性和效率性的重要存在,甚至不可或缺。"自人类将纠纷纳入制度解决之时,裁判者就不断尝试各种方法来发现案件真实和判断是非曲直。当裁判者的知识不足或者专业短缺转求其他专业协助时,催生了鉴定制度。"① 以审判为中心的司法改革理念的提出,使庭审双方在法庭上对抗性愈加明显,这就对居中裁判的法官在证据取舍判断方面提出了司法能动性要求。但是,现实存在的差异性规定使鉴定意见的审核判断产生观点分歧,影响庭审效率和裁判结果稳定性。上位法体系化的缺位进一步导致司法鉴定的地方立法内容缺乏统一性。鉴定意见的重要性凸显,使庭审双方可以充分利用正当程序赋予的诉讼权利维护自身诉求。司法鉴定活动对案件真实的发现,就是获得法庭支持的有效途径。以审判为中心对司法鉴定立法和管理体制提出了更高要求,重点在于案件中事实的发现和当事人正当权益的维护,这也要求司法鉴定立法应当与国家司法体制改革和诉讼程序变化相适应。从法律适用视角来看,整体上司法鉴定地方立法的适用率不高。综上所述,司法鉴定统一立法目的的前提是司法鉴定统一立法形式,只有司法鉴定统一立法,才能从制度层面保障立法目的的协调一致。

二 立法目的的作用

在对立法目的的概念和含义进行梳理的基础上,有必要对立法目的在法律规范中的重要意义进行分析。立法目的的作用主要体现在以下几个方面:

(一) 立法目的对法律的解释、执行和适用具有重要影响

由于法律本身存在一定的模糊性和不确定性,在对其执行和适用的过程中,需要采用目的解释的方式对法律规则进行更加明确的分析和理解,以弥补法律的漏洞和空白。目的解释主要是指,法院在适用法律规范的过程中要尽可能寻找立法主体在制定该法律规范过程中所有实现的

---

① 季美君:《专家证据的价值与我国司法鉴定制度的修改》,《法学研究》2013年第2期。

目的或者期望达成的社会效果,并且以最能实现该目的的方向进行解释。① 由于我国司法鉴定制度具有诸多规范性文件以及相关政策,司法鉴定立法的实际效果不能仅仅依靠制定法的规定加以实现,必须要考虑立法背后强大的政策导向,因此司法鉴定立法目的将会对司法鉴定相关法律规范的执行和适用产生更为重要的影响。② 立法主体既要通过司法鉴定立法目的对司法鉴定政策以及背后的利益诉求在合理限度内进行反映,又要防止对司法鉴定法律规范进行目的解释时产生任意性和盲目性,保证司法鉴定法律规范执行和适用的稳定性。

(二) 立法目的有利于解决法律规则适用中的冲突

对于存在一定模糊性的案件事实,可能有诸多可以适用的法律规则,而选择不同的法律规则会得出不同的结果,这就是法律规则适用时产生的冲突。然而,由于法官不得拒绝裁判,也不能滥用自由裁量权,选择何种法律规则应当说明理由。在此种情况下,立法目的能够有效解决法律规则选择过程中存在的冲突。法官应当考虑,选择何种法律规则适用案件事实所得出的结论与立法目的最为接近或者最能保证立法目的的实现,从而作出相应的选择。

(三) 立法目的有利于增强司法公正性与权威性

我国非法证据排除规则的确立以维护司法裁判公正性为出发点,坚持司法运行规律和法律基本原则,充分体现司法改革所要求的正当性和合法性。应该说,非法证据排除规则的确立对于我国刑事司法程序影响广泛而深远。为彰显程序公正自身的独立价值,以非法证据排除规则为中心确立的证据合法性争议解决就成为庭审重点问题。为符合非法证据排除规则的要求,我国对鉴定人出庭作证制度进行完善。除法定理由,鉴定人必须出庭接受质证,如果鉴定人不履行出庭作证的义务,则鉴定意见不得作为定案的依据。这其实是和非法证据排除规则配套。鉴定人出庭时,还应该携带其鉴定人资格证原件以证明身份合法性和执业类别在法定核准范围内。司法鉴定法应考虑在立法中针对上述内容予以明确

---

① [美] 威廉·L.雷诺德:《司法程序》,法律出版社2004年版,第196页。
② 范立波:《宪政转型中的警察权》,《财经》2006年第6期。

规定或提出要求，使之成为鉴定人执业的常识，实现司法鉴定的公平与正义。然而，针对鉴定人应当出庭作证的情形，法律规定存在一定的模糊性和不确定性，法官在判断鉴定人是否应当出庭作证时，可以从立法目的出发，判断鉴定出庭作证与否是否影响诉讼活动的顺利进行，是否符合诉讼活动的需要，从而作出相应的判断。

三 司法鉴定立法目的一致性

统一立法有助于司法鉴定法在立法中形成立法目的的统一性，有助于司法鉴定法对于司法鉴定活动作出有序的统一调整，力争对于相同诉讼法律关系作出一致法律调整。和司法鉴定统一立法相较，分散立法的立法模式显然由于不同的立法精神和价值取向，使分散立法各自立法目的有所不同。不同分散立法之间受制于各自立法目的和规范机制，导致法律术语在不同法律规范有不同理解，而法律适用机关往往作出有利于维护部门利益的解释。当法律规范所确认和保护的利益与行为人的利益一致时，对象受利益的驱动，更愿意遵守法律规范，法律产生实效的可能性相对较高。"在大多数情况下，遵守法律和执行法律只是在特定约束下追求利己心的一种选择。"[1] 法律规范所确认和保护的利益越接近行为人的利益，或者可能带来更多相关利益时，法律的实效性越高。如果法律规范所确认的利益与行为人利益不一致，甚至具有减损行为人既得利益的可能性，行为主体回避或放弃遵守法律规范的可能性越大。这些情况表明，在依法治国的实践中，必须密切关注和尊重各种利益相关者的利益，并尽可能协调和满足各种利益相关者的利益。司法鉴定统一立法的目的在于，通过整合、协调、厘清司法鉴定中不同主体的利益，发挥立法正向引导作用，统一不同主体对司法鉴定法律规范的理解与适用，保证司法鉴定工作合法有序进行，促进鉴定意见尽可能还原案件事实，保证诉讼活动与审判结果的公平正义。为实现司法鉴定法在立法中形成立法目的的统一性，需要从以下几个层面进行思考。

（一）从法益层面统一司法鉴定立法目的

之所以要对司法鉴定的立法目的作出一致性规定，是为了回应理论

---

[1] 孔祥俊：《论法律事实与客观事实》，《政法论坛》2002年第5期。

研究与实践操作的现实需求。

1. 司法鉴定立法目的的一致性有利于指导司法机关的实务工作

虽然司法鉴定相关法律规范的核心内容是具体操作性条款，包括司法鉴定管理制度、司法鉴定实施制度以及司法鉴定适用制度等一系列具有实践意义的法律规则，但是设置具体法律规则时，必须明确其立法目的，"每条法律规则的产生都源于一种目的，即一种实际的动机。"[①] 如果司法鉴定的立法目的出现波动化与模糊化，难以达成一致，势必会造成不同主体在理解和适用司法鉴定制度时产生选择性与任意性，更会造成司法实务部门在处理具体案件时产生混乱与偏差。比如《决定》中有关鉴定人出庭作证制度，规定在诉讼中当事人对鉴定意见有异议的，经人民法院依法通知，鉴定人应当出庭作证。由于司法鉴定立法目的非一致性与该条文设置的模糊性，导致诉讼程序中，不同主体对其理解与适用的态度产生巨大分歧。因鉴定意见可能产生不利后果的当事人更倾向于鉴定人能够出庭作证，而法院可能基于诉讼效率的考量、鉴定人基于诉讼经济成本与时间成本的考虑而倾向于鉴定人不出庭作证，导致该条文实践中难以操作，影响鉴定人出庭作证制度在诉讼中发挥应有的作用。因此，统一司法鉴定立法目的在一定程度上能够弥补某些法律规则设置的模糊性，从而指导司法鉴定的司法实践。

2. 司法鉴定立法目的的一致性有利于增强学术研究的针对性

近年来，学界在研究司法鉴定立法上取得不少有价值的成果，但司法鉴定立法体系化应该如何设定发展方向，应当如何与诉讼法修改整合，如何充分调动和运用司法改革成果，却缺乏实质性进展。由于立法、行政法规以及其他规范性文件中对司法鉴定立法目的缺乏统一的阐述，导致司法鉴定立法体系化自身问题难以达成一致性，更遑论与诉讼法形成良性互动、与诉讼制度相适应。因此需要首先对近年来我国司法鉴定体制研究进行反思和总结，正确认识当前运行中的司法鉴定制度表现形式，归纳出我国司法鉴定制度的特殊性，最终实现司法鉴定立法目的的一致

---

① ［美］埃德加·博登海默：《法理学——法律哲学与法律方法》，邓正来译，中国政法大学出版社2004年版，第109页。

性。其次，检视司法鉴定现有立法和诉讼法的对接疏漏，用诉讼法解读司法鉴定制度运行中的问题，为将来的司法鉴定法立法提供思路。最后，在司法鉴定体系化立法制度创新过程中，还应该注意司法鉴定管理体制中的行政管理和行业自治的整合问题，以及司法鉴定立法中制度刚性和柔性相济的裁量余地设计。

3. 司法鉴定立法目的的一致性有利于实现与诉讼法的顺利衔接

司法鉴定立法不仅仅是为了规范一系列司法鉴定活动，更重要的是实现司法鉴定制度与证据制度、诉讼制度的有效衔接，发挥鉴定意见在还原案件真实情况、认定案件事实时不可替代的重要作用，最终实现案件审判结果的公平正义。推进司法鉴定立法的统一性，弥补分散式立法的空白，避免立法出现矛盾，增强司法鉴定立法的可操作性，这是实现法法衔接的基本制度要求。然而，由于法律规范本身的局限性，无法做到不同法律规范在具体适用过程中完全顺畅地解决所有冲突和矛盾，司法鉴定活动也不能在面临任何规范问题时均诉诸法律规范的修订，因此亟须从立法目的的价值导向层面寻求解决路径。在充分发挥民主立法功能的基础上，综合立法、实务、理论各方意见，对照三大诉讼法、人民法院和人民检察院组织法、司法解释、司法改革理念和要求、任务，系统、明确地统一司法鉴定立法目的。法法衔接可以使司法鉴定法在立法过程中充分体现中国特殊司法鉴定体制的特点，完善立法思路的现实性和科学性，保证司法鉴定立法的高标准。

（二）从规范层面保障司法鉴定立法目的

任何立法目的均不是单一的，往往"存在着或远或近，或高或低的目的"①。立法目的直接影响着一项制度的实际运行效果和理论研究程度。因此，需要从规范层面按照司法鉴定制度立法目的的轻重缓急程度，对司法鉴定制度的立法目的进行划分，并且在制度设置上保障司法鉴定制度立法目的的最终实现。

司法鉴定制度的第一层立法目的是加强对鉴定人和鉴定机构的管理，以适应司法机关和公民、组织进行诉讼的需要。随着科技水平的不断提

---

① ［德］卡尔·恩吉施：《法律思维导论》，郑永流译，法律出版社2004年版，第92页。

升，鉴定意见的重要性日益凸显，使庭审双方可以充分利用正当程序赋予的诉讼权利维护自身诉求。司法鉴定活动对案件真实的发现，就是获得法庭支持的有效途径。以审判为中心对鉴定人和鉴定机构管理制度化提出了更高要求，重点在于案件中事实的发现和当事人正当权益的维护，这也要求司法鉴定立法应当与国家司法体制改革和诉讼程序变化相适应。为保障司法鉴定制度第一层次立法目的的真正实现，应当从具体法律规则的设计入手，增强司法鉴定管理制度的统一性和可操作性。比如对司法鉴定人员的准入条件、资质认定和惩戒办法、司法鉴定设备的配置标准和管理模式以及鉴定方法的选用机制等一系列问题作出统一规定，力求解决司法实践中存在的鉴定人员资质和水平参差不齐、鉴定机构设置和管理随意性大的顽疾，切实提高司法鉴定意见的科学性和客观性。

司法鉴定制度的第二层立法目的，即司法鉴定制度的根本立法目的是为诉讼服务，为正确的裁量和解决纠纷提供科学依据。[①] 在现代诉讼活动中，应用现代化科学技术知识解决案件中的专门性问题，已成为实现诉讼活动公正价值与效率价值不可或缺的存在。"自人类将纠纷纳入制度解决之时，裁判者就不断尝试各种方法来发现案件真实和判断是非曲直。当裁判者的知识不足或者专业短缺转求其他专业协助时，催生了鉴定制度。"[②] 落实司法鉴定第二层次立法目的，关键在于法律规则细化和完善司法鉴定的适用制度。鉴定意见作为法定证据，直接影响到法官的自由心证及其对案件事实的认定，司法鉴定的适用主体是人民法院。法院作为具有审判职能的诉讼主体，在诉讼活动中应当保持被动性和中立性，与司法鉴定机构不存在利害关系，不得盲目地、无批判性地采纳司法鉴定机构出具的鉴定意见。建立统一的司法鉴定适用制度，为解决"自鉴自审"问题提供法律依据，有利于提高当事人对法院事实认定结果的可接受度，最终提高司法裁判的公正性和权威性。

（三）从立法层面支撑司法鉴定立法目的

司法鉴定立法实现立法目的统一并不是最终目的，更重要的是要将

---

① 潘溪：《我国司法鉴定的法治化研究》，《中国司法鉴定》2014年第1期。
② 季美君：《专家证据的价值与我国司法鉴定制度的修改》，《法学研究》2013年第2期。

司法鉴定的立法目的切实贯彻到法律原则、法律规则的制度设计当中，保证司法鉴定制度在实践中得以实施，发挥实效性，最终使司法鉴定的立法目的能够真正得以落实。现行司法鉴定各项法律规范的立法目的未能在实践中有效实现，关键在于相应的法律原则与法律规则对司法鉴定立法目的照应不足，具体制度设计过程中并未对立法目的进行积极有效的回应和支撑，导致司法鉴定立法目的条款成为一种象征意义的立法，造成司法鉴定立法目的与法律原则、法律规则之间的割裂。以《刑事诉讼法》作为对比，《刑事诉讼法》的立法目的表述为："为了保证刑法的正确实施，惩罚犯罪，保护人民，保障国家安全和社会公共安全，维护社会主义社会秩序，根据宪法，制定本法。"由此可以得出，立法者将社会各阶层对刑事诉讼的利益诉求以及意见态度进行选择和汇总，最终形成了统一的《刑事诉讼法》立法目的，并且通过成文法的方式予以昭示，这一立法目的就是立法者希望通过制定和实施《刑事诉讼法》所要达到的目标。通过这一立法目的条款，人们可以概括性地知悉和了解到这部法律大致的功能和价值，进而从《刑事诉讼法》立法目的的角度从总体上知道什么是该做的、什么是不该做的，进而重新检视和规范自己的行为。因此，立法目的对于法律规范而言意义重大。

然而，正如富勒所说："在选择实现我们目的的工具和手段时我们能够而且的确是时常在对我们所试图实现的目的在只有不完备认识的情况下尽力而为……每一种工具都是设计来较为合理地完成一系列范围不甚确定的任务的。"① 所以，立法目的的作用不容被忽视，更不能被无限放大，不能将法律规范的功能全部寄希望于立法目的，必须有具体的法律原则和法律规则对立法目的加以反映和支撑，三者是相辅相成、相互依赖、相互促进的辩证关系。《刑事诉讼法》中的以事实为依据、以法律为准绳原则、公民适用法律一律平等原则、认罪认罚从宽制度无一不体现其惩罚犯罪和保障安全的立法目的，从侦查程序、起诉程序到审判程序基本将立法目的贯彻其中，让社会公众自然而然地将立法目的放到具体制度的框架下进行理解和知悉，使立法目的不会过于空洞而悬浮在空

---

① 李林：《立法理论与制度》，中国法制出版社2005年版，第381页。

中。反观现行的司法鉴定法律规范，不仅缺乏统一的司法鉴定法律原则，无法与立法目的形成呼应和支撑，而且全国人大常委会《决定》已经实施15年，仍然与现行司法制度体系、诉讼程序、证据规则之间存在许多不协调，许多内容多为概括性和宣示性规定，无具体操作规定，也没有相应配套内容衔接，无法协调诉讼法对司法鉴定机构与鉴定人的管理，为诉讼活动的顺利进行提供帮助的立法目的相照应。综上，应当从司法鉴定的立法层面出发，为司法鉴定立法目的提供支撑和照应。

第三节 统一立法具有内部集成并富有逻辑的体系

之所以强调法律规则之间的逻辑性，是因为从内容层面来看不存在完美无缺的法律规则，只能从法律规则的逻辑结构出发，力求实现法律规范之间的协调统一。一方面这样完美的法律规则是不可能被制定出来的，因为规则的产生依赖于人的知识和经验，而创制规则的人不可能完全具备相应知识要求，导致现实生活中并不存在一部无所不包的法典，又或者整个法律体系总是存在着不可调和的矛盾，而且这些规则的清晰性也往往不尽如人意。另一方面，合法性的八项原则不是一个僵化的标准，必须根据具体情况作出相应的调整，它更像是一种类似于经济计算的活动。例如过度强调法律的稳定性，但社会的不断变化可能使得这一规定变成不可能之事。又如清晰性要求正义的法律不应当模糊不清，否则公众将无法根据法律对自己的行为作出正确的预知，但过于详细准确的规定会使得法典更加冗长，反而会损害公众学习和理解的积极性，使得法律的普及效果大打折扣。统一司法鉴定法立法形式最根本的体现就是立法的体系化，这使司法鉴定法的各概念、原则、规则、制度根据立法价值和目的进行议定并加以系统组织和体例编排。体系化最为重要的要求就是立法体例的逻辑性，这也是司法鉴定统一立法体系化的本质特征。分散立法的立法形式主要体现在对某一特定领域法律问题的调整，在分散立法制定过程中，可能也会考虑到法法衔接或者融通的部分内容之间的逻辑关系，但也只对个别法律规范内容的调整，更为重要的是，由于分散立法制定主体的差异性，各个分散立法的制定过程中对其他分散立法作出预测基本无法实现，分散立法可以自成相对有逻辑性体系，但是仅靠分散立法之间自行协调形成富有逻辑性的整体是不现实的，因为分散立法中会不可避免地出现部门主义。为切实提高立法的科学性和逻辑性，关键要从树立"法法衔接"的理念出发，保证每一项立法均有专门调整对象和价值取向的同时，与其他法律法规所规定的相关法律制度相互衔接、协调一致，形成富有逻辑的法律法规体系。

一 法法衔接的内涵

法法衔接主要是指通过加强法律规范各要素之间的对应，从而实现法律体系的协调性、整体性和一致性。即加强不同法律规范在制度运行过程中的客观联系以及和谐统一。从司法鉴定制度运行机制的角度出发，司法鉴定法律规范的协调统一，需要鉴定人以及司法鉴定机构、审判机关、检察机关、侦查机关以及司法行政机关之间密切配合。如何保证司法鉴定管理制度、司法鉴定实施制度、司法鉴定适用制度之间相互联结和相互促进，如何实现司法鉴定制度与证据制度的有效衔接，体现鉴定意见的客观性和科学性，如何促进司法鉴定制度与不同诉讼制度的融通，发挥鉴定意见对司法公正的积极作用，是法法衔接必须关注的重点问题。因此，法法衔接不仅弥补理论研究领域的空白，而且对法律体系的完善具有重要的指导意义。在法法衔接理论的指导下，只有分散的司法鉴定法律规范可以相互衔接起来，司法鉴定制度才能真正发挥应有的作用，司法鉴定立法体系的统一才能得以实现。[1]

二 法法衔接的特征

（一）法法衔接的整体性

法律体系作为一个有机的系统，其中各要素之间相互联系、相互制约、密不可分。法律体系中包含的各要素不能孤立存在，只有融入法律

---

[1] 乔聪：《监察委员会运行中的纪法衔接机制研究》，博士学位论文，中南财经政法大学，2021年。

体系这个整体当中，才能发挥应有的价值和作用。因此，一个法律体系最本质的特征就是整体性。法律体系的整体性并不是简单地指各要素之和，而是强调其各要素在法律体系的框架内有组织地运行，最终达到整体大于部分之和的实际效果。法法衔接视野下司法鉴定制度的衔接和融通，不仅强调司法鉴定制度内部的凝聚力和一致性，而且强调司法鉴定制度与外部体系的协调统一。司法鉴定法律规范的内部衔接以及与其他法律规范的衔接不是静态的或者是局部的，而是动态的以及整体性的，强调司法鉴定法律体系的完整性和协调性，达到通过部分法律规范的调整促进整个法律体系良性循环的积极效果。比如全面协调、统一司法鉴定立法可以规定诉讼活动鉴定意见取证基本行为准则，为各种取证主体行为提供完整、有效、明确的法律规则，完备的司法鉴定立法能够最大限度地实现制度的统一性和适用的一致性，限制取证主体的恣意行为，保证法律制定带来的确定性和可预测性。这种有效、明确的法律规则所产生的实际效果往往可以延伸到证据制度和诉讼制度中，促进鉴定意见的专业性和科学性，帮助法官尽可能还原案件中的关键事实，最终维护审判结果的公平正义。

（二）法法衔接的互动性和开放性

法律体系中的各要素实现有机衔接后并不是一个线性的关系，而是各要素之间、部分与部分之间以及部分与整体之间形成一种良性互动的关系。如果法律体系的任何一部分无法实现与其他部分或者整体的协调一致，将会阻碍整个法律体系的共同发展和进步。由于司法鉴定立法技术尚处于探索阶段，立法技术与其他相关法律规范相比还不成熟。在立法技术与立法理念存在巨大差异的情况下，司法鉴定法律规范与诉讼法相比存在概括性和框架化的问题，在立法精细化方面显得尤为不足，造成司法鉴定相关法律规范在与其他法律衔接过程中产生错位与冲突的问题。比如司法鉴定的费用问题。根据《决定》的相关规定，司法鉴定收费标准由省级人民政府价格主管部门会同同级的司法行政机关制定。在推进司法鉴定机构以及相关制度改革之前，我国司法鉴定机构基本均由国家机关或者公立医疗卫生机构设立，基本不存在鉴定费用问题。随着司法鉴定管理改革的深入推进，为防止出现"自侦自鉴""自审自鉴"

等严重影响鉴定意见独立性和客观性的问题，《决定》明文指出，法院与司法行政机关不得内设司法鉴定机构，但侦查机关为了避免侦查阶段的某些材料不及时鉴定会造成相应证据的灭失或者日后难以取得，可以保留内设鉴定机构。至此，我国司法鉴定机构的设立与登记逐步由国家垄断向市场化开始推进。市场化在为鉴定机构数量以及鉴定技术发展提供必要竞争环境的同时，也造成了鉴定费用过高，诉讼当事人无法承担的问题。由于全国各地经济发展水平不一，对司法鉴定的需求量也呈现出巨大差异。我国东部地区经济发展水平较高，司法鉴定活动解决较为复杂、种类繁多专门性问题的能力较为突出，对社会服务能力较强，委托人对其信任程度较高；而我国西部地区经济发展缓慢，对于上述标准要件执行刚性不足，导致解决问题能力有限，公信力不足，争议较大，重复鉴定层出不穷，问题解决不了经常提交国家级鉴定机构处理，造成资源浪费，司法效率低下。由于《决定》对司法鉴定收费问题的规定过于简单，没有充分考虑到东西部地区司法鉴定发展的不平衡和不充分的现实问题，导致实践中司法鉴定费用过高的问题并没有得到实质性解决。因此，实现司法鉴定相关法律规范与其他法律良性互动的前提，关键在于提升司法鉴定立法技术，完善司法鉴定立法理念，明确司法鉴定法律规范需要与其他法律规范相衔接的具体部分，才能为最终衔接效果的达成提供基础条件。法法衔接的开放性则强调，法律体系本身并不是一个封闭的整体，如果要实现法律体系内部各要素以及法律体系这一整体的健康有序发展，必须要考虑外部环境因素，以开放的态度和敏锐的感知正确对待外部环境的变化。

我国司法鉴定制度面临的市场化问题。为解决司法鉴定过程中存在的"自审自鉴"问题，2005年发布的《决定》明确规定审判机关以及司法行政机关不得内设鉴定机构，这标志着我国司法鉴定模式发生重大改变。随着科技的进步，诉讼活动对鉴定意见的依赖程度显著提升，对于某些案件而言，鉴定意见甚至成为影响审判结果的关键性证据。司法鉴定运行模式的改变以及巨大的社会需求，迅速催生了司法鉴定机构的市场化进程。司法鉴定市场化的运营模式在一定程度上对原有的司法鉴定管理制度造成冲击，使得立法不得不对其进行调整，以应对相继产生的合同纠纷、侵权责任纠纷等。然而，司法鉴定机构运营模式的转变并没有改变鉴定人、鉴定机构以及鉴定意见在司法鉴定改革过程中面临的本质性问题，即鉴定意见本身所要求的科学性、鉴定机构和鉴定人的中立性远未解决。如果说2005年开始市场化管理模式，需要对鉴定机构业务的市场进行培育，那么十多年过去了，这种市场化模式是否为司法鉴定的提供了良好的市场竞争环境？是否解决了鉴定机构之间的恶性竞争问题？是否解决了司法鉴定中的寻租和腐败问题？这些问题都是司法鉴定法立法中需要认真思考和以数据、事实进行评估的前提。"市场与司法鉴定服务的领域及其要求之间必然存在积极的作用与消极的影响，而对市场消极因素的影响必须通过立法、司法和行政的手段予以消除，从而保障司法公正的实现。"[①] 不可否认的是，2005年全国人大《决定》开启的新司法鉴定运行模式对于我国司法鉴定制度的高效运行、司法鉴定机构的健康持续发展，具备创新和战略意义，也是一种从未有的尝试。当然，也无其他经验可以借鉴，只能自我完善。当前，司法鉴定机构市场化运行产生的问题不可忽视，恶性竞争争抢案源不择手段已严重影响司法鉴定机构公信力，压缩成本追求利益最大化不能保证鉴定意见质量。尤为重要的是，鉴定机构依法成立规定的条件仍然不同程度地被规避造成鉴定机构成立要件不达标，急功近利只开展成本小业务造成业务重叠同质化产生。

综上，司法鉴定推进统一立法体系的进程中，既要以开放的姿态应对司法鉴定市场化过程中供求关系以及市场竞争环境对司法鉴定活动带来的冲击与变革，法律规范的制定要顺应市场经济的发展规律，不能逆势而为，反而对司法鉴定的实施和发展造成不利影响。但是，在关注外部环境变化的同时，必须要把握司法鉴定的主要矛盾，即鉴定人与鉴定机构的独立性问题，鉴定意见的科学性和专业性问题，以及司法鉴定制度与证据制度、诉讼制度衔接过程中必须保障社会公平正义的问题，在诸多矛盾中抓住事物发展的主要矛盾，才能真正实现司法鉴定立法体系

[①] 贾治辉：《论司法鉴定"市场化"的负面效应及治理对策》，《中国司法鉴定》2014年第4期。

与外部环境因素的良性循环以及和谐发展。

（三）法法衔接的联结性和复杂性

法律体系本身是一个十分开放且复杂的研究对象，集中表现为部分与部分以及各部分与整体之间的复杂关系。各要素之间相互联结所产生的反馈效果并不是各要素效应的简单叠加，而是相互产生、相互支配的复杂关系。比如司法鉴定管理体制涉及一个复杂的体系，具有复杂性和多层次性。司法鉴定管理体制主要是指司法鉴定管理系统的特定结构和组织方式，即采用何种组成形式以及怎样将这些组织形式整合成一个交互性的有机体系，并且采用何种方式最终实现对司法鉴定有序管理的任务。司法鉴定管理体制通过制度层面对司法鉴定管理的对象、权限和职能进行合理配置，为司法鉴定法律规范的制定提供制度支撑。综上，司法鉴定管理体制对促进司法鉴定的有序开展，实现鉴定意见的科学性和专业性具有十分重要的制度价值。随着司法鉴定管理体制的逐渐完善，司法鉴定管理体制在制度建设层面的疏漏得到了一定程度的弥补，然而由于司法鉴定立法体系尚处于探索和设置过程中，因此针对司法鉴定管理体制的法律规范仍十分匮乏，导致司法鉴定管理存在权责不清晰的问题，在某些领域因管理主体过多造成司法鉴定活动的开展受到不应有的限制和约束，甚至影响鉴定人以及鉴定机构的独立性，而在某些领域则表现出管理缺位的状态，导致司法鉴定活动无人监管，严重损害鉴定意见的客观性和专业性。此外，司法鉴定管理体制的制度性缺陷使得司法鉴定相关法律规范与证据制度、诉讼制度进行衔接过程中存在诸多障碍，无法发挥整个法律体系应有的反馈效应。总结和梳理司法鉴定管理体制的现状后，主要存在以下几个方面的问题。

1. 司法鉴定管理体制应有的不同位阶法律规范匮乏

当前我国统一的司法鉴定法律体系尚未设立，司法鉴定具体操作层面的规范仍散见于行政法规、规章以及其他规范性文件之中。虽然这种分散式立法模式之下，结合证据法、诉讼法等有关法律的具体规定，对司法鉴定所涉及的法律关系进行调整，不仅能发挥不同部门法规定的优势，而且可以对司法鉴定活动进行综合性管理和多元化监督，但是通过对相关法律规范进行认真细致地梳理后，可以看出其中直接涉及司法鉴定管理体制的规定仍然十分有限,而且其中不乏概括性和总结性的法律条文,大多停留在一般性规定层面,无法满足四大类鉴定事项的具体需求,严重缺乏操作性和实践性,无法应对司法实务中出现的各类司法鉴定管理问题和冲突。"我国以构建统一的司法鉴定管理体制为改革方向,同时《全国人民代表大会常务委员会关于司法鉴定管理问题的决定》也明确了司法行政部门之于四大类司法鉴定的监管主体资格……"[1] 但目前具体针对司法鉴定管理体制的法律规范仍比较匮乏,随着司法鉴定市场化进程的不断快速推进,层出不穷的法律问题已经对原有的司法鉴定管理体制造成巨大冲击,证据法、诉讼中有关司法鉴定管理的法律规范远远无法解决司法鉴定活动中的专门性问题,造成各法律规范在司法鉴定管理体制领域无法达成一致,更不必说法法衔接。长此以往,司法鉴定管理体制相关法律规范的缺位必然造成鉴定人以及鉴定机构司法鉴定行为失范。由此产生的不利后果,往往不能以职业素养、道德规范以及诉讼法的规制加以弥补,为鉴定人以及鉴定机构留下违背独立性和专业性的职业风险,使得司法鉴定相关法律规范与证据法、诉讼法的衔接更加困难。

2. 司法鉴定行业协会发展机制落后

行业协会管理体制是司法鉴定管理体制的重要构成,行业协会能够为国家有关机关管理司法鉴定机构以及鉴定人提供良好的辅助和协调作用,二者共同促进司法鉴定的有序发展,为实现司法公正性和权威性提供技术支持。之所以加入行业协会管理体制,是因为司法鉴定本身的专业性和针对性。由于司法鉴定是鉴定人借助专业的仪器设备,凭借个人的知识水平和经验,对案件中的专门事项所作出的事实性判断,不仅涉及科学领域,而且要求鉴定人具有一定的法律素养,司法鉴定行业协会能够针对不同的司法鉴定事项,立足本行业司法鉴定活动的具体特征,提出更具有操作性和管理性的举措和规范,促进司法鉴定的健康发展。此外,为保证鉴定意见的客观和准确,需要鉴定人以及鉴定机构保持一

---

[1] 马陈骏:《论司法鉴定程序立法中的"学科分制"条款》,《暨南学报》(哲学社会科学版) 2020 年第 4 期。

定程度的独立性，避免鉴定意见受到其他个人、行政机关或者司法机关的干预，影响案件事实的认定。因此，行业协会介入司法鉴定管理体制，有利于鉴定人与鉴定机构在一定程度上脱离行政机关不合理的控制，保证鉴定意见的中立性。根据《司法鉴定机构登记管理办法》相关规定，司法鉴定行业协会依法进行自律管理，而《决定》规定鉴定人与鉴定机构的登记管理机关为司法行政部门，即我国目前仍在实行司法行政机关为主，行业协会为辅的混合管理体制。

然而，实践中我国司法鉴定行业协会的发展机制仍无法满足对司法鉴定进行有效管理的需求。司法鉴定行业协会真正发挥管理职责的重要前提和基础是成熟和完善的行业自律规范以及行业奖惩机制，如果缺乏相应规则的制度支撑，司法鉴定行业规范则无法对鉴定人以及鉴定机构进行有效管理。我国司法鉴定行业协会并未建立起一套完整的行业内部自律规则，对鉴定人与鉴定机构无法发挥应有的规范和约束作用，对鉴定人的违法行为无法从司法鉴定行业内部进行有效的震慑和制约，导致司法鉴定的专业性和规范性无法得到保障，进而影响鉴定意见的专业程度和可信程度，损害了委托人的合法权益，最终造成对诉讼活动不合理的拖延，甚至影响审判结果的公信力。此外，司法鉴定行业协会的组织规范、管理规则也是司法鉴定立法的重要信心资料，由于上述规范来源于对司法鉴定发展状况和行业现状更为了解的司法鉴定行业内部，往往具有其他信息资料无法比拟的真实性和可靠性，因此对推进司法鉴定统一立法以及与其他法律规范的衔接具有不可替代的重要意义。我国司法鉴定行业协会规范自身的不完整性必然无法对司法鉴定立法体系的完善以及其与证据制度、诉讼制度的衔接大有助益。因此，我国司法鉴定管理体制的改革和完善，不能忽视行业协会在其中发挥的重要作用，应当积极鼓励和支持司法鉴定行业协会管理体制的建立健全，真正发挥其在司法鉴定管理体制中的辅助作用，促进司法鉴定有序进行。

3. 司法鉴定准入资格标准不一

鉴定意见与其他法定证据相比更加具有科学性和专业性，这种专业性是确保鉴定意见客观性和准确性的基本前提和重要条件。要想实现鉴定意见的专业性，就必须要求鉴定人以及鉴定机构具备相应的资格。在满足相应资格的情况下,才能确保鉴定人以及鉴定机构拥有开展鉴定活动的基本素质,从而保证鉴定意见的质量。因此,设立统一的鉴定人以及鉴定机构准入资格,是完善司法鉴定管理体制的基础条件,也是鉴定人和鉴定机构进行鉴定服务的有力保障。

然而,目前我国尚未设置统一的准入资格管理制度,主要包括以下两个方面的问题。一方面,司法鉴定机构尚未形成统一的准入资格。2005年发布的《决定》中明确规定,我国鉴定机构的管理制度中包含鉴定机构准入的登记管理制度,由司法行政机关对申请登记的鉴定机构的资质、能力等因素进行全面审查后决定是否予以登记。但《决定》中仅列举了四类鉴定事项,并不能完全涵盖实践中存在的所有鉴定种类,也并非所有的鉴定事项均适用同一准入标准,不合理不规范的准入标准会对司法鉴定行业的发展产生不利影响,降低司法鉴定服务的质量,最终影响到鉴定意见在诉讼程序中的可信度。因此,有必要对司法鉴定机构准入制度的基本标准进行细化,明确规定登记时所要重点进行审查的事项,针对不宜适用基本标准的司法鉴定事项,不得对其进行生搬硬套,应当结果该类司法鉴定事项的具体特征,及时制定符合该类司法鉴定事项发展需要的准入标准,促进司法鉴定行业的高质量发展。另一方面,鉴定人资格管理制度不明确、不严格。司法鉴定工作的实施主体是鉴定人,鉴定人水平的高低直接影响到鉴定意见的最终质量。目前我国鉴定人准入制度不严格、不明确的问题十分严重。比如鉴定人的资格考察方式不严格。我国现有的鉴定人准入资格考察方式主要要求鉴定人具有一定的学历水平和专业技能等条件,这种考察方式简单明了的同时,无法确定鉴定人目前是否具备专业知识和相关经验的检验标准。为完善鉴定人的准入标准,需要确定审查鉴定人资格的法定形式。对于拟申请鉴定人的应试人员,需要对其申请鉴定资格类别和范围进行初步审查,以确定应试人员是否符合基本法定条件。然后安排统一编制考试,根据司法鉴定事项的要求,对应试人员应当具有的专业知识和相关法律法规知识等进行考核。在对申请人进行统一考试的基础上,应当为申请不同种类司法鉴定的人员设定必要条件。申请条件需要在法律中明确规定申请人在该领域司法鉴定应当具有的教育要求、专业要求以及相关的培训经验要求。此外，在条件设定中应该将禁止性事项明确列入，比如受过刑事处罚等。总而言之，法律制度的设计具有极高的严谨性和逻辑性，司法鉴定管理体制的不完善不仅会影响司法鉴定法律体系自身的建设，而且会对司法鉴定相关法律规范与其他法律制度的衔接造成阻碍。

三 法法衔接的实现路径

（一）法法衔接对人大立法工作提出了更高要求

为避免立法主体谋取部门利益，将立法异化为权力寻租的工具，关键要坚持人大及其常委会在立法工作中的主导作用。人大在立法活动中的主导作用，不仅仅指人大在立法活动的需要决策的环节发挥主导作用，而是强调人大的主导作用应当贯彻于立法从立项、起草、审议、修改、废止的全过程和全方位，由人大对参与立法的各个主体进行协调，对立法资源进行充分调配，对立法过程进行完整把控，对法律规范的合法性和可操作性进行把关，最终实现高质量立法。但是，人大主导立法，并不意味着人大对立法工作的大包大揽，不听取社会公众和其他国家机关的意见或建议，民主立法是立法工作始终要坚持的重要立法原则。人大在主导立法工作过程中，应当发挥工作优势，认真听取社会公众的意见，对社会公众反映强烈的问题予以重点关注，对社会公众提出的意见或建议采纳与否应当作出积极的回应，尤其是不予采纳的情形，应当通过合法的形式及时说明理由。

人大不仅要严格遵循"科学立法、民主立法、依法立法"的新时代立法理念，而且要积极作为，推进司法鉴定的制度设计，完善司法鉴定法律体系，以良法促进司法鉴定的健康发展，以良法保障司法鉴定活动的科学与客观。法法衔接问题，归根到底是科学立法的问题，即立法机关如何避免在立法工作中出现较大的立法漏洞，如何防止出现重复性立法问题，或者如何保障法律的实效性问题。为推进司法鉴定法与三大诉讼法、人民法院和人民检察院组织法以及相关司法解释的有效衔接，应当密切关注和厘清司法鉴定立法本身的特殊性和逻辑性，保证司法鉴定立法具有特殊的调整对象、调整范围以及价值指向的同时，更好地为诉讼活动服务。立法机关应当提高立法思维的现实性和科学性，高标准地落实司法鉴定立法体系的立改废释并举,强化科学立法的精神。比如司法鉴定具有独立性,即为保证鉴定意见的客观性和公正性,鉴定人在从事司法鉴定活动的过程中,应当依据科学与经验,对待鉴定事项作出独立分析和判断,不得受到外界其他因素的干扰。根据《刑事诉讼法》相关规定:鉴定人独立出具鉴定意见并且承担相应的责任。根据《决定》相关规定,司法行政部门主管鉴定人与鉴定机构的管理工作。如何促进两部法律规范在司法鉴定立法体系中部分融通或者衔接,不仅保证鉴定人的独立性,而且实现对司法鉴定活动的有序管理,是立法机关长期面临的重要问题,也是体现司法鉴定立法体系逻辑性的应有之义。

(二) 法法衔接约束的是同一层级立法主体的立法行为

与"任何法律均不得与宪法相抵触"不同,法法衔接从微观层面出发,更加关注立法事项的细节,特别是对法律调整事项的范围之间的逻辑关系予以足够重视。① 这就要求法法衔接问题的研究与解决必须建立在立法主体对相关法律规范所调整法律关系和范围进行细致的分析和梳理的基础上,对重复的立法事项进行合理删减或者合并,对存在立法漏洞的事项积极纳入立法规划,尽快弥补立法空白。然而,根据《立法法》的规定,不同层级立法主体所具有的立法权限不同,所制定法律规范的效力层级也存在差异。不同层级立法主体难以在立法活动中对其他立法主体所制定的法律规范进行细致入微的分析,更难以实现自己制定的法律规范与其他主体制定的法律规范保持高度的协调、统一。我国正处在全面推进依法治国的关键时期,立法活动前所未有地频繁进行,涉及国家、社会、个人的法律、法规以及其他规范性文件层出不穷,立法出现交叉与重叠现象也在所难免。因此,法法衔接主要约束的对象是同一层级立法主体的立法行为。

例如最高人民法院发布的《人民法院司法鉴定工作暂行规定》等,最高人民检察院发布的《人民检察院鉴定规则(试行)》《人民检察院鉴定机构登记管理办法》和《人民检察院鉴定人登记管理办法》,对于指导本部门的司法鉴定活动起到了一定的规范作用,但由于是部门立法,

---

① 莫纪宏:《人大立法中的"法法衔接"问题研究》,《人大研究》2019年第5期。

存在部门利益，容易引起重新鉴定、多重鉴定，影响诉讼效率、增加诉讼成本。在统一司法鉴定立法过程中，应该首先对上述立法进行梳理，按照立法体系化的基本要求，现有立法能够纳入统一司法鉴定立法的，应当尽量纳入，如果无法纳入的，也应当彻底解决上诉立法中存在的"法法不衔接"的问题。

(三) 应当科学划分法法衔接涉及的不同法律部门

法法衔接既包括从微观层面保证具体立法事项之间的衔接问题，也包括宏观层面不同法律部门之间的衔接问题。由于不同部门法调整的法律关系不同，立法价值导向也存在巨大差异，很容易导致立法政策方面出现分歧。因此，法法衔接更要考虑某项制度涉及不同法律部门时，如何进行科学划分和协调一致的问题。司法鉴定立法不仅涉及法律规范本身的制定与实施，而且包含技术操作规范，横跨三大诉讼法，存在法学与其他学科的交叉。因此，如何对司法鉴定立法事项进行合理规划和分类，发现不同类型法律存在的相似性与差异性，为今后司法鉴定立法规划指明具体的立法方向，必须处理好司法鉴定立法所涵盖的不同法律部门之间法法衔接的逻辑关系，既要避免不同部门法之间的司法鉴定立法事项产生交叉与重叠，也要防止出现立法空白。这就要求司法鉴定立法不仅要坚持科学立法，合理规划和安排不同部门法之间的立法事项，而且要在充分发挥民主立法功能的基础上，综合立法、实务、理论各方意见，对照三大诉讼法、人民法院和人民检察院组织法、司法解释、司法改革理念和要求、任务，系统、明确地安排立法内容。

第四章

司法鉴定立法体系化重点问题检视

2005年2月28日,第十届全国人民代表大会常务委员会第十四次会议通过《全国人民代表大会常务委员会关于司法鉴定管理问题的决定》(以下简称《决定》)。《决定》明确司法鉴定的概念、业务范围、申请从事司法鉴定业务需具备的条件、鉴定机构或鉴定人员因违反法定情节被处罚情形、相关专业用语的具体含义等,《决定》就有关司法鉴定原则问题亦作出相应规定。这无疑对制定或修改其他司法鉴定方面的法律规范起到引导、指引作用。个别省市为落实中央政策相继展开司法鉴定地方性立法。司法鉴定对于及时查清案件事实、法官做出公正判决有非常重要的意义,因此规制司法鉴定的立法活动必须受到重视。但自《决定》颁布将近二十年时间里再无"法律"形式的司法鉴定立法,当前法治发展情况及法律领域出现的新问题都显现出《决定》的滞后性。虽有众多司法鉴定规范性法律文件,但就法律效力而言均非系全国人大及其常委会所制定的法律效力最高的法律。这种立法现状使得我国司法鉴定法缺乏最新最权威且体系化的统领,实践中也存在诸多问题,如在司法实践活动各环节中具有可操作性的细节性规定缺位、法法衔接不够顺畅、司法鉴定活动和三大诉讼法相互脱节等。

《决定》《司法鉴定程序通则》虽然已经就司法鉴定主体、权利运行边界、权利和义务、法律责任作出专门性规定。但这些法律规定均是行业规范,缺乏与三大诉讼法实现相互融通的沟通机制,距离中国特殊司法鉴定体制所要求的目标仍有完善空间。司法鉴定涉及面广、内容庞杂，在三大诉讼法中均有关于司法鉴定的规定，但目前司法鉴定法律规定呈现独立性和分散性的特点，且各部门或针对不同专业领域或有不同价值取向，这就形成司法实践中的法律适用难题。《决定》虽然就司法鉴定主体及各自的权利义务和责任作出规范，但很多只是原则性规定，并未涵盖司法实践中所要求的鉴定细节内容，使司法鉴定活动的操作性缺乏有效统一指导。就司法鉴定立法的理论研究，目前国内大致可以分为两类：

第一类是通过研究域外司法鉴定法律体系的发展与完善，给我国司法鉴定立法提供建议与意见。"从其他国家的法律中寻求成功的经验或以失败的经验教训为鉴，甚至直接引进某些行之有效的法律和制度，无疑会大有效益。"[①] 如俄罗斯司法鉴定立法，俄罗斯是从分散走向统一立法模式选择的典型，《俄罗斯联邦国家司法鉴定活动法》经过多次修订和增补，是一部包含各部门各类案件司法鉴定的法律。[②]《俄罗斯联邦国家司法鉴定活动法》就司法鉴定活动法律原则体系的构建和就活人进行司法鉴定的规定等都值得借鉴。德国相关法律中规定了一套非常严格的司法鉴定人准入标准，笔试、面试、口试都是必经考核程序，考核内容有法律法规知识和专业技术知识，考核涉及面既有专业知识，亦有通过查阅申请人档案、询问申请人周围亲朋好友等方式考察申请人诚信程度和道德品行情况，且公开宣誓是入职必备程序。[③] 足见德国法律意在从内容到形式的多角度对鉴定人进行全方位考察。相较于德国法律，我国法律法规对于司法鉴定人的考核力度不大，考核内容覆盖面窄，鉴定人资格准入未受到普遍重视。因而，我国司法鉴定领域内，因法律规制不严、标准不高，导致实践中鉴定人员技术水平和道德素质参差不齐，司法鉴定质量难以保证。经过严格遴选、考核认定符合条件的司法鉴定人

---

① 王晨光：《不同国家法律间的相互借鉴与吸收——比较法研究中的一项重要课题》，《中国法学》1992 年第 4 期。
② 郭金霞：《〈俄罗斯联邦国家司法鉴定活动法〉评述》，《证据科学》2015 年第 4 期。
③ 陈俊生、刘朝宽、陈金明、张虎、罗纪锋、张玫、周卫：《德国司法鉴定制度》，《中国司法鉴定》2010 年第 3 期。

员是诉讼当事人权利得到保证的前提。针对我国司法鉴定人制度及其实践存在的上述问题，可借鉴域外法律规定，在司法鉴定立法中，进一步提高鉴定人员准入门槛，培养一批业务能力符合案件要求又具有良好职业道德的鉴定人员。

第二类是针对国内司法鉴定法立法的发展，结合时代背景进行研究。多数观点认为只有制定统一司法鉴定法才能解决我国司法鉴定制度存在的问题。有观点提及我国司法鉴定法的体系结构和框架安排，认为司法鉴定法律体系应是以司法鉴定法为主轴，以司法鉴定程序条例为中心，以司法鉴定各领域技术规范为依托的等级分明、体系严密的法律法规规章体系。① 还有观点是从统一立法的时代背景，即目前立法机关重点任务在于提高立法质量，增强法律之间或法律内部之间协调性；政治环境、政策机遇、民意基础，即当前群众对司法鉴定结果客观公正充满憧憬与期待；地方立法日渐成熟等多方面共同论证司法鉴定统一立法的可行性，表明统一司法鉴定立法的时机已经到来。② 不乏有些观点认为在考究司法鉴定法立法时，需一同考虑当下信息时代大背景，如传统笔迹鉴定、指印鉴定相比大数据时代电子签名、电子证据等将有所减少，因此在关注传统鉴定时必须将更多目光聚焦于电子信息鉴定。③ 统一立法的可行性分析与信息时代司法鉴定值得参考。

已有成果较少涉足司法鉴定立法与诉讼法改革成果关系研究，本书正是以此为基础分别展开论述，由当前司法鉴定法发展现状、司法鉴定法立法存在的问题切入，阐释司法鉴定法立法吸取诉讼法改革成果的必要性、司法鉴定法立法具备以诉讼法为基础的合理性，及在立法中应体现诉讼法发展的法治现代化趋向，司法鉴定法立法应充分利用司法改革成果拓展其范畴。

---

① 郭华：《论司法鉴定法的体系结构与框架安排》，《法学》2009 年第 8 期。
② 邱丙辉、孙涓、付广芬、易旻：《我国司法鉴定立法现状及展望》，《中国司法鉴定》2011 年第 6 期。
③ 潘溪：《回顾与展望：我国司法鉴定制度变迁与实践》，《中国司法鉴定》2020 年第 2 期。

第一节　司法鉴定法立法吸取诉讼法改革成果的必要性

刑事诉讼法经过多次修改后，证据规则已是一套严密的规范体系。司法鉴定活动产生的鉴定意见已经成为三大诉讼法法定证据种类之一。

刑事诉讼法对刑事诉讼各阶段司法鉴定活动均进行过规定，充分表明鉴定意见于刑事诉讼活动的重要性。鉴定活动与刑事诉讼关系源远流长，清末法学家沈家本在《无冤录序》中说道"大辟之狱，自检验始"。说明刑事案件和司法鉴定自古联系密切。[①] 历史中我国法律部门分布格局刑法发达，民法薄弱，长期重视公法，司法鉴定更多体现为打击犯罪而非保护公民民事权利。现代鉴定活动在刑法领域的作用一如既往至关重要，鉴定意见于刑事案件的定罪量刑结果尤为关键，如利用DNA鉴定查明故意杀人案中死者身份、通过伤情鉴定推断故意伤害罪中的损伤程度等。一方面，司法鉴定活动给法官准确判断刑事案件事实提供证据，促进司法实体公正。另一方面，司法鉴定活动本身作为刑事诉讼法这一程序法不可或缺的重要组成部分，司法鉴定的发展可以推动刑事诉讼程序不断完善，凸显自身独立程序价值。因此司法鉴定法立法必然与刑事诉讼程序相联系。

受我国传统法律文化"耻讼""厌讼"价值观的影响，以前很多民事纠纷都选择私自解决而非对簿公堂。近年来，一方面科学技术现代化深入发展，社会风气浮躁化，侵害人民群众合法权益的手段愈发复杂化、高端化、技术化。另一方面受经济发展水平提高，受教育水平提升和普法活动大力开展的影响，当合法权益被侵犯，人们开始用法律维权。这系列因素综合作用配合法治观念转变、司法鉴定技术迅速发展。民事诉讼中需要通过司法鉴定解决的专门性问题也就日益增加，比如笔迹鉴定、

[①] 刘永加：《从几起案件实例看古代司法鉴定实践》，《公民与法》（综合版）2021年第12期。

亲子鉴定、伤残鉴定等，成为司法鉴定活动解决专门性问题的主体部分，使得司法鉴定法立法必然同民事诉讼程序联系在一起。司法鉴定活动对民事诉讼的辅助，有利于提高解决民事案件的效率，增强案件判决结果的准确性，对提高司法公信力大有裨益。

与刑事诉讼和民事诉讼不同，行政诉讼中的鉴定意见在行政机关作出具体行政行为时就已经形成，主要适用于证明行政行为合法、有效，但是行政诉讼中司法鉴定活动系行政机关自行委托获得，鉴定意见的真实性不得而知。因此，这种司法鉴定活动方式的正当性容易成为诉讼焦点问题。行政诉讼中司法鉴定活动如何更加真实透明、具备可信度，是未来司法鉴定法立法吸收行政诉讼改革成果需考虑的问题。既然鉴定意见已经成为诉讼中证明事实的重要证据形式，那么如何保障鉴定意见及时依法取得，就应成为司法鉴定法立法应重点关注的问题。

除三大诉讼法外，《监察法》中也规定鉴定是监察委调查过程查明案件事实的手段和措施之一。司法鉴定法立法亦应考虑到国家监察体制制度变化，要特别注意理顺与国家监察体制改革的衔接关系。当前《决定》阐明的司法鉴定概念将司法鉴定限制在侦查、起诉、审判和执行等诉讼活动范围中，然而在国家监察体制改革背景下，监察委员会履行职责并非为侦查，而是调查，调查阶段未必会过渡至诉讼活动中。因此有观点提出为迎合国家监察体制制度变化，使司法鉴定立法与监察法相衔接，在司法鉴定法立法中应将前述狭义司法鉴定概念修改为广义司法鉴定概念。[①] 用更广范畴"争议解决过程"替代原有定义中"诉讼活动、诉讼涉及"的表述，将监察委在调查阶段进行的鉴定活动也容纳到一般"司法鉴定"概念中。

一　鉴定费问题

司法鉴定活动本质是诉讼程序中解决专门性问题的取证行为。当然，这种取证和其他形式取证有所不同。司法鉴定活动主要依赖于鉴定人的

---

① 王连昭、杜志淳：《国家监察体制改革进程中司法鉴定管理改革探究》，《中国司法鉴定》2019年第1期。

专业知识和技术本领，受外界科技发展水平影响极大，其他形式取证实施主体通常是侦查机关内侦查人员，侦查人员不需要拥有和鉴定人员一样的专业知识与精深技术，而更多依靠职业习惯对证据的敏感性和以往积累的经验取证。因此，司法鉴定本质是鉴定人的智力劳动所得，因而需要付出对应成本和报酬，成本包括选拔培训鉴定人员所投入的人力资源成本、司法鉴定时所需的各种精密仪器与设备的物质成本等。

鉴定费可以充实政府在激励和培育司法鉴定资源投入方面的积极性，促进公民利用司法鉴定取证步入良性循环。[①] 鉴定费的分配、补偿、调节、确认等功能，直接反映了鉴定费所独具的市场服务与权利救济调节功能。以我国目前的经济发展水平不再收取任何鉴定费根本无法执行。[②] 但设计鉴定费应当坚持原则性与灵活性相结合原则，针对不同对象实施倾斜政策。面对经济困难者，实施司法鉴定收费减免制度，"通过司法鉴定收费减免制度的实施保障经济困难者合法权益，维护社会稳定，促进司法公正，这无疑有正向意义。"今年3月广东省出台《广东省司法鉴定管理条例》，鼓励鉴定机构面向经济困难公民酌情减免鉴定费用，继续强化维护司法鉴定公益属性。广东省的做法给全国各省关于鉴定费减免做出榜样，树立典范，值得学习借鉴。这一切都需在法律法规中做出清晰明了的规定，使民众对司法鉴定收费形成合理预期。

鉴定活动费不能由市场自发调节或鉴定机构自行定价，应由国家相关部门制定司法鉴定收费办法，因鉴定活动首要价值是公益性价值，最终目标是实现司法公正，其次才是反映鉴定人劳动和鉴定机构管理的价值。[③] 司法鉴定活动专业性极强，那些没有接受过系统教育或经历某领域司法鉴定活动拥有一定经验的普通民众面对司法机构定价，被动接受是唯一选择，根本无法讨价还价。这两点可作为不能由鉴定机构随意收费、进行市场定价，而必须由国家相关部门进行调控，实行政府指导价

[①] 拜荣静：《涉讼司法鉴定收费制度的检视与重构》，《证据科学》2012年第3期。

[②] 拜荣静：《诉权保护视野下鉴定费制度存在的问题研析》，《兰州大学学报》（社会科学版）2007年第6期。

[③] 贾治辉：《论司法鉴定"市场化"的负面效应及治理对策》，《中国司法鉴定》2014年第4期。

的根据。在司法鉴定费法律法规出台同时，国家相继配套出司法鉴定救助办法，对于特殊案件当事人无力承担鉴定费的情形开展救助支持举证。司法鉴定救助作为一项公益事业具有无可辩驳的正当性。① 司法鉴定援助制度可以在一定范围内保全社会最底层人民的诉讼权利，保障弱势群体合法权益，符合我国社会主义以人民为中心的发展理念。

2005年开始，全国人大《决定》使部分司法鉴定职能社会化，司法鉴定职能社会化由民营性质的司法鉴定机构进行业务，各鉴定机构之间业务实行市场化营运模式，这种改革使司法鉴定收费成为维持鉴定机构正常运转的刚需，这就需要从两方面入手进行立法考量。一方面，必须使司法鉴定收费严格限定在当事人可负担、鉴定机构和鉴定人有利可图的范围，既不能继续出现"天价鉴定费"事件，也不能以行政命令不切实际地限制，导致鉴定机构和鉴定人低于成本运行。杜绝"天价鉴定费"乱象尤为重要，鉴定费远高于鉴定标的价格的情形层出不穷，沉重的经济负担让当事人申请鉴定时犹豫不决、望而却步，鉴定费是当事人维权之路的垫脚石而不是绊脚石，这是建设现代法治国家的必然要求。"规范鉴定机构收费，意义不仅在于使公民少为鉴定支出费用，而且关系到其诉权的维护。"② 但若过度限制鉴定机构收费标准，过度压缩鉴定机构营利空间，将导致鉴定机构无法长期可持续运营，使得鉴定人进行司法鉴定却无法获得应有报酬，挫伤鉴定人的积极性。鉴定活动作为一项十分依赖机器设备等高端产品开展的活动，若设备方面没有获得足够多投资，鉴定活动质量将受到极大影响，乃至于鉴定活动都无法继续进行。因此立法时必须在当事人可负担与鉴定机构可持续运营之间寻求适当平衡。

另一方面，必须考虑到案件当事人因为经济条件无力负担费用的情形，可以思考以行政手段要求鉴定机构和鉴定人必须完成一定数量案件救助任务，但不得不考虑如何使硬性要求"数量"与特殊的真实当事人挂钩，即若只是要求鉴定机构必须完成一定数量案件救助任务，如何确

---

① 陈如超：《司法鉴定救助的实践性反思与制度改进》，《甘肃政法学院学报》2017年第6期。
② 拜荣静：《涉讼司法鉴定收费制度的检视与重构》，《证据科学》2012年第3期。

保当事人真实的经济情况，如何解决虚假贫困群体与鉴定机构可能存在的私下交易，如何甄别鉴定机构在无利可图时保质保量进行科学鉴定，所以此举并不能完全保证司法鉴定活动质量，这和诉讼程序中要求的举证目的并不相称。

在社会援助这一领域，司法鉴定援助制度将发挥着巨大的效能，司法鉴定援助制度对进一步落实社会公共利益起到举足轻重的作用。[①] 但司法鉴定援助在启动程序、适用范围等方面不够具体。因此，在兼顾行政任务时需认真考虑司法鉴定救助资金来源，这部分资金用于特定案件中完成司法鉴定救助任务，有利于鉴定质量保证。

二 鉴定意见科学性问题

科学性是司法鉴定的本质属性，这既是司法鉴定介入诉讼案件事实认定具有正当性的前提条件，同时也是针对司法鉴定的制度架构提出的具体要求。即一国司法鉴定制度必须能够保障其科学性的实现。[②] 根据我国相关法律规定，司法鉴定启动权由侦查机关、检察机关和审判机关享有，而《决定》对什么机关在什么情景下能启动司法鉴定并无详尽规定，造成司法鉴定缺乏统一有力引导，由各鉴定机构"各自为政"。这就可能导致有机关任意启动或决定不启动司法鉴定，造成案件中出现多个鉴定意见或重复鉴定问题。

2012年刑事诉讼法修改中，鉴定结论被鉴定意见所取代，结论二字本身含义是从前提推论得到的结果，对事物所做出总结性判断。具有终局性与不可质疑等特点，态度强硬；意见二字本意是人们对事物所产生的看法或想法，留有更多协商空间，态度柔和。一方面鉴定意见产生的行为主体是人类，鉴定结果不可避免地受到人类主观影响。另一方面鉴定意见不能直接作为庭审判案证据采纳，必须经过庭审质证方能成为证据。显而易见，意见比结论更能体现如上所述。表述方面微小变化体现

---

① 柯昌林、刘晋华、杨忠玉：《试论建立司法鉴定援助制度的必要性》，《中国司法鉴定》2013年第1期。

② 李苏林：《论司法鉴定的科学性》，《山西大学学报》（哲学社会科学版）2018年第4期。

在立法层面意在弱化鉴定意见的权威性和对鉴定意见科学性的盲目崇拜，减少先入为主的印象，表现出我国法律用语遣词造句的严谨，彰显出法治理念的进步。

鉴定意见即鉴定人就案件中的专门性问题所提供的意见，是我国刑事诉讼法所规定八种法定证据种类之一。① 鉴定意见是人员、机器、原料、方法、环境等五个要素相互作用的产物，如果任何一个因素出现问题，具体的鉴定意见就可能丧失科学可靠性。② 表明增强鉴定意见的科学可靠性，可以从以上五个因素入手。其中机器、原料、方法和环境都属于可控的客观因素，对鉴定意见影响较直观且明显，但人员因素对鉴定意见科学性的影响通常更细微和主观，细究起来更复杂。鉴定意见作为诉讼活动中非常重要的有力证据，对判决结果将产生实质性作用，与当事人有重大利害关系。因此若一些当事人想获取合心意的鉴定意见，可能利用行贿、托人情等手段追求对自己有利的"最佳结果"。这种行为不但破坏司法体系的有效运转，而且让司法公信力大打折扣，所以尤其要注重人员要素对鉴定意见科学性的影响，鉴定人员的职业道德、执业素养与专业鉴定技术三者缺一不可。

重复鉴定是诉讼程序中司法鉴定的一种关于鉴定意见不同认识问题，在我国司法实践中，"重复鉴定"问题是司法鉴定中存在的焦点问题。通常只有在诉讼中，对已有生效鉴定意见存在异议，或者已经过庭审质证，认为已有鉴定意见存疑并不能采纳用于证明案件事实，决定另行委托鉴定机构鉴定人重新对案件中的专门性问题展开司法鉴定。破解重复鉴定的难题，可以构建"层级鉴定、三级终鉴"的体制专家委员会评议制或以法律明文规定的方式限制鉴定次数。③ 或者使司法鉴定立法体系化，将分散的各部门立法变成统一立法，从顶层全局予以推进解决。

重复鉴定是开展司法鉴定权救济的重要途径，对实现控辩权能对等

---

① 樊崇义、吴光升：《鉴定意见的审查与运用规则》，《中国刑事法杂志》2013年第5期。
② 刘振红：《论鉴定意见质证的特殊性》，《法学杂志》2015年第4期。
③ 邱丙辉、孙涓、付广芬、易旻：《我国司法鉴定立法现状及展望》，《中国司法鉴定》2011年第6期。

具有不可替代的作用。司法实践中，通过重复鉴定纠正过很多错误鉴定意见，最终实现案件裁判公正。科学性实质是司法鉴定之所以需要并得以存在的生命线①。当然，司法实践存在另外一种情形，因为认识不统一，导致重复鉴定次数频繁无节制，浪费司法资源并以牺牲司法效率为代价，得不偿失严重影响司法严肃性，大大降低司法鉴定公信力，重复鉴定次数过多导致民众对司法鉴定科学性和准确性的质疑与日俱增。

在司法鉴定法立法中，这个问题应该引起重视并妥当处理，重新鉴定涉及重启司法鉴定程序问题，涉及如何选取鉴定机构问题，需要明确重复司法鉴定在各审级中的次数。虽然案件中出现的不同鉴定意见本身并无证明力大小天然区分，但是通过相关程序性规定减少司法鉴定对诉讼效率的影响是司法鉴定法立法应该做到的，如何采信鉴定意见，应有法庭质证其科学性、合法性而后由法官决定。采信鉴定意见由法官决定，迎合当下以审判为中心的司法改革理念，由司法鉴定机构得出的鉴定意见须经过庭审质证调查才能确认其效力，并不直接对被告人的定罪量刑产生最终决定力。这就对居中裁判的法官在判断司法鉴定证据取舍方面提出更高要求，因此在选任法官时，可酌情考虑将具有一定司法鉴定背景作为加分项。

还有一思路是可以在司法鉴定法立法中尝试强化当事人参与权，从而消除误解，提升鉴定意见可信度。但存在一些隐忧如当事人缺乏专业性，当事人并非独立于案件的第三方主体，当事人与案件判决结果有直接利害关系，不能排除主观情绪影响鉴定意见判断的可能性，这往往将导致案件解决整体效率降低。英美法系国家实行专家证据制度，优点是能够让法官做到真正居中裁判，可以满足不同当事人的各种需要，充分保障双方当事人根据自己的意愿决定是否需要聘请专家证人。② 如果强化当事人参与权，尝试借鉴英美法系使当事人有权聘请专家证人不失为一种较好的解决办法。

---

① 顾永忠：《论司法鉴定体制建立的依据及进一步改革的重点》，《中国司法鉴定》2011年第1期。

② 季美君：《专家证据的价值与我国司法鉴定制度的修改》，《法学研究》2013年第2期。

第二节 司法鉴定立法具备以诉讼法为基础的合理性

司法鉴定活动是在诉讼过程中,基于某种事实证明的需要,鉴定人运用自己的科学技术等专门性知识解决诉讼中的专门性问题。站在参与诉讼的角度看,司法鉴定活动就是鉴定主体的合法性、诉讼地位的中立性和诉讼程序的正当性的统一。[①] 在司法鉴定过程中,鉴定人一方面需要运用科学原理通过分析、判断、实验等方式得出鉴定意见,另一方面需要遵守诉讼程序的各种具体要求。这表明司法鉴定活动以诉讼活动为基础。这种基础性体现在以下几个方面。

首先,作为鉴定活动的产物,鉴定意见须经过庭审质证,庭审质证程序乃诉讼程序重要组成部分。鉴定意见作为三大诉讼法法定证据种类,能否得到法庭采纳,必须在庭审中的法庭调查和法庭辩论阶段,接受质证以确定其证据力和证据能力。在诉讼程序的这种要求下,司法鉴定活动中委托的鉴定人必须出庭作证,接受法庭对其鉴定人主体资格、司法鉴定法定程序、鉴定意见活动科学性等问题质询。因此,司法鉴定活动本身就是诉讼程序的组成部分。

其次,鉴定意见负责人必须遵守诉讼程序要求。鉴定机构和鉴定人应该严格依据正确科学原理开展鉴定活动,遵守诉讼程序对司法鉴定活动和鉴定意见的法律规范要求。

再次,司法鉴定法的法律渊源方面分析,在目前已颁布的司法鉴定法律规范中,除《决定》、相关行政法规、部门规章、地方性法规,很多关于司法鉴定的规定都散落在三大诉讼法里,从中得以管窥司法鉴定立法与诉讼法之密切关联,所以司法鉴定立法应以诉讼法为基础。

最后,司法鉴定立法意图层面,司法鉴定立法能更好规制司法鉴定活动,但究其深层次目的,司法鉴定旨在服务于诉讼程序,揭开案件真

[①] 霍宪丹:《中国司法鉴定体制改革的实践探索与系统思考》,《法学》2010 年第 3 期。

相,维护当事人合法权益,惩戒违法犯罪。

因此,司法鉴定活动具备以诉讼法为基础的合理性。即司法鉴定法立法中法律关系和诉讼法是整合的,司法鉴定法立法必须以诉讼法为依托。作为司法鉴定立法的存在基础,诉讼法的各种修改和改革成果均和司法鉴定法密切相关,尤其体现为诉讼法中的专家辅助人、专家检验人和鉴定人资格制度。

一 鉴定人与专家辅助人、专家检验人

"专家辅助人制度的确立,在保证法庭质证、审查、判断证据活动顺利进行的同时,也确保鉴定人出庭作证制度的实效性得以真正实现。"① 因鉴定人员主观能力有限或鉴定技术、鉴定材料、鉴定设备等客观条件发展不完善,鉴定意见并不能完全还原案件真相,并非完全正确,出现瑕疵、错误都在所难免,所以不能过度依赖、偏信鉴定意见,这方面专家辅助人可以起到很好的补充作用。

专家辅助人制度是针对鉴定人出庭而出现的,目的是弥补非鉴定人支持的一方质证鉴定意见能力不足等问题,是法庭在诉讼程序中解决专门性问题审查鉴定意见的制度形式,是在控辩双方对抗的基础上,辅助辩方制度、证据规则,助力司法鉴定制度良性运行,保障庭审事实认定的客观性、科学性。专家辅助人可以更好地对鉴定意见提出质疑,达到质证的根本目的,帮助和影响法官的认证过程,有助于贯彻直接言词原则,从而实现庭审实质化。② 为达立法者期望,更好保障当事人合法权益,体现诉讼活动的严肃性,经过初步审查,法院可以提前以书面形式告知当事人有权利聘请专家辅助人帮助自己质证鉴定人的鉴定意见,并告知费用承担与申请期限问题,若当事人未及时回复则表明放弃此项权利。避免一部分当事人因不了解政策、不熟知法规而错失寻求外援、保障权益的机会。

---

① 陈光中、吕泽华:《我国刑事司法鉴定制度的新发展与新展望》,《中国司法鉴定》2012年第2期。
② 潘广俊、陈喆、胡铭:《专家辅助人制度的现状、困境与改善建议——以浙江省为例的实证分析》,《证据科学》2014年第6期。

鉴定人制度与专家辅助人制度均是基于解决案件专门性问题而产生。都服务于诉讼活动,鉴定人和专家辅助人可以对鉴定发表意见或看法。但二者又有诸多不同点:

第一,身份条件不同。专业知识是鉴定人的刚需,但成为鉴定人还必须符合鉴定人资格条件,经过批准由司法行政机关颁发执业资格证书才能成为鉴定人,而专家辅助人只需具有娴熟的专业技术知识就有可能被聘请。

第二,出场时间不同。鉴定人往往出现在案发后,经司法机关正式委托,由此启动司法鉴定活动,审判开庭之时,出具科学合理的鉴定意见,即鉴定人出场时间贯穿于开庭前侦查阶段与庭审审判阶段;而专家辅助人通常不参与司法鉴定活动,专家辅助人需在开庭审理时发表意见,即专家辅助人的出场时间是庭审审判阶段。

第三,服务方式不同。鉴定人服务于委托方解决专门性问题做出鉴定意见,而专家辅助人则是针对已有鉴定意见进行审查、核实其合法性、合理性和科学性。

第四,法律地位不同。"鉴定人是独立的诉讼参与人,而刑事诉讼法并没有将专家辅助人列为诉讼参与人,其地位只是所谓协助当事人进行质证的人。"[①]

第五,服务对象不同。诉讼中的司法鉴定人受司法机关委托解决案件中的专门性问题,只向委托机关负责,与案件本身当事人没有依附关系,不需要向当事人服务,更无负责义务。专家辅助人则是接受案件当事人委托,据理力争地维护当事人权益,作为受托人,理应向当事人负责。

第六,规则适用不同。司法鉴定人独立于控辩审三方结构,要求其在司法鉴定活动中客观、中立,适用回避制度。与鉴定人不同,专家辅助人经过法庭准许,由当事人自行聘请,专门针对案件鉴定意见提出意见,以尊重客观事实为基础,具有服务于当事人的主观倾向性。因而,专家辅助人与案件中当事人之间是一种委托与被委托关系,目的是提供

[①] 胡铭:《鉴定人出庭与专家辅助人角色定位之实证研究》,《法学研究》2014年第4期。

有利于当事人的意见，不需要客观、中立，回避制度并不适用。

参照英美法系中专家证人制度内部合理因素，我国诉讼法规定了专家辅助人制度，可以弥补鉴定人制度在司法实践中的不足，更好维护当事人的诉讼权利。专家辅助人是指拥有某方面的专业知识，受控辩双方任命或聘请，在司法鉴定前后对诉讼中专门技术性问题进行研究并发表意见，辅助控辩双方进行诉讼的人。① 在司法实践中属于新生事物，近年来诉讼法完成大修，专家辅助人制度也更加详尽。为规范和促进人民检察院指派、聘请有专门知识的人参与办案，最高人民检察院印发《最高人民检察院关于指派、聘请有专门知识的人参与办案若干问题的规定（试行）》（以下简称《规定》）。明确检察院可以指派、聘请有鉴定资格的人员，或者经本院审查具备专业能力的其他人员，作为有专门知识的人参与办案。这是《规定》明确提出专家辅助人的概念。根据《规定》，"有专门知识的人"是指运用专门知识参与人民检察院的办案活动，协助解决专门性问题或者提出意见的人，但不包括以鉴定人身份参与办案的人。"专门知识"是指特定领域内的人员理解和掌握的、具有专业技术性的认识和经验等。《规定》指出，检察院办理刑事案件需要收集证据的，可以指派、聘请有专门知识的人开展下列工作：在检察官的主持下进行勘验或者检查；就需要鉴定、但没有法定鉴定机构的专门性问题进行检验；其他必要的工作。

但司法实践表明相关立法仍不够完善，如专家辅助人应当具备什么样的具体条件才能拥有被聘请的资格、专家辅助人的诉讼地位是否属于独立的诉讼参与人、当事人在什么时间什么期限内以何种方式提出申请、适用的审判阶段、专家辅助人出具意见的定位等。因"一方当事人聘请的鉴定人所做的鉴定结论是证据，而另一方当事人聘请的诉讼辅助人发表的看法是不能作为证据的意见，以意见对抗证据，如同用长矛对步枪，不需开战就可分出高低输赢。"② 因此专家辅助人制度并未发挥立法者对其预期作用，甚至违背了立法者的初衷。

---

① 黄敏：《建立我国刑事司法鉴定"专家辅助人制度"》，《政治与法律》2004年第1期。
② 程军伟：《司法鉴定的立法思考》，《中国司法鉴定》2010年第4期。

"在我国，由于采取以司法鉴定为主的制度，专家辅助人的定位与英美法系国家的专家证人显然有所差异，专家辅助人发挥作用的范围限定于针对'鉴定人做出的鉴定意见'提出意见。"① 目前国家还没有建立专家辅助人相关资格确认制度，当专家辅助人对抗具有专门知识并经有关机关认证的司法鉴定人员时，地位、资格处于明显不对等地位。这不利于专家辅助人针对鉴定意见发表全面真实的意见，其实专家辅助人更像是控辩双方各自聘请的技术顾问，应有权参与司法鉴定活动过程，在法庭审理中，与专业的司法鉴定人员进行辩论，发表专业性的意见，以维护当事人的权益。

鉴定制度既要保持中立性又应走向对抗化，因为无论是法官还是当事人，都对司法鉴定这样极度专业性的问题存在认识盲区，因此应允许作为"法官辅助人"的鉴定人和作为"当事人辅助人"的控辩双方各自委托的专家同时存在，并使之当庭进行必要的对质和交叉询问。② 在司法鉴定法立法中，应进一步完善专家辅助人制度的配套措施，明确专家辅助人的诉讼地位，保障专家辅助人的权利，才能使专家辅助人制度发挥更好的作用。但也应充分考虑到鉴定人可能成为专家辅助人的情况，因为实际受聘的专家辅助人多来自鉴定人群体，对于鉴定人和专家辅助人案件中的角色冲突。2016 年《司法鉴定程序通则》就关于有专门知识的人的回避事项作出规定，此处有专门知识的人即指前文所提专家辅助人。该条规定从侧面回应案件中鉴定人和专家辅助人角色冲突情形，但只涉及回避事项，对于角色冲突可能关涉的其余方面立法必须予以规定，避免立法空白。

二 鉴定人资格

司法鉴定人是指取得从事司法鉴定工作的任职资格，接受委托运用专门知识和技能对诉讼等活动中涉及的某些专门性问题进行检验和评判的人。③ 古有法谚"鉴定人是关于事实的法官"。可见鉴定人的身份地位

---

① 季美君：《专家证据的价值与我国司法鉴定制度的修改》，《法学研究》2013 年第 2 期。
② 胡铭：《鉴定人出庭与专家辅助人角色定位之实证研究》，《法学研究》2014 年第 4 期。
③ 孙业群：《构筑我国司法鉴定新体制》，《现代法学》1999 年第 6 期。

素来备受重视，至今司法鉴定人资格准入还是司法鉴定法立法中的重要问题，因为司法鉴定机构依法设立后，鉴定人成为司法鉴定活动运行的核心。由司法鉴定机构负责统一受理司法鉴定案件，再指定本机构中的司法鉴定人员进行鉴定。① 鉴定人资格准入的重要性也体现在鉴定人资格与首次鉴定质量直接相关，如果鉴定意见有瑕疵、缺陷，补充鉴定或重复鉴定的结果就成为必然，若非稳操胜算，该问题将导致司法资源浪费、诉讼进程迟延。为保证鉴定质量，维护当事人合法权益，提高诉讼效率，亟须重视司法鉴定人资格准入问题。

2005 年《决定》之所以在司法鉴定史具有划时代的意义，表现之一就在于《决定》对司法鉴定人条件作出规定。《决定》第 4 条从正反两方面较全面地列举成为鉴定人的条件，但细究发现仍有疏漏，不够详细具体。其一是诉讼法中要求鉴定人出庭作证并陈述其鉴定意见，因此鉴定人庭审时需进行的质证辩论与其出具的鉴定意见都应是鉴定活动的组成部分，可见能否逻辑清晰、有理有据地根据结果陈述鉴定意见是作为鉴定人的必备技能，显然《决定》第 4 条规定并没有与诉讼法良好衔接。其二是在申请人的相关工作经历限定中，要求某一基本条件附加五年或十年工作经历。本书认为只从时间长短衡量申请人是否已具备资格条件过于单一，应综合考量申请人以往从事相关工作完成度或完成质量，可通过相关专业文件规定的行业标准或业内人士的点评检验。其三是对相关专业的定位不清晰，司法鉴定立法机关没有就相关专业出台实施细则，省级司法行政机关也很少针对这个问题做出具体的规定。② 缺乏层次较高的规范性文件规定司法鉴定人准入细则，因而全国范围内鉴定人资格准入不统一，各地的司法行政主管部门没有统一的准入标准。

根据现有规定，鉴定机构接受委托不受地域限制，言外之意，当事人无论身在何处只要参与到诉讼案件中有专门问题需要鉴定，便可委托我国境内任意一鉴定机构让其出具鉴定意见，意见适用于全国任何地方的诉讼活动。此规定一方面是鉴于我国幅员辽阔、各地经济状况差异大

---

① 左吉园：《司法鉴定人人身安全保障制度的初步构想》，《法制与社会》2019 年第 24 期。
② 卢刚、潘维亚、刘艳徕：《统一司法鉴定人准入条件研究》，《中国司法》2017 年第 7 期。

而鉴定机构分布不均，委托不限地域可以充分合理利用司法资源；另一方面是因为考虑到个别鉴定机构可能在某地形成非法垄断，损害鉴定机构之间公平、自由竞争，最重要的是给予当事人自主选择权，当事人可以依个人喜好依自主判断选择值得信赖的鉴定机构。在此前提条件下，缺乏鉴定人资格准入细则，各地从事鉴定业务的人员专业能力有所差别，出具的鉴定意见在某些时候不一致。在现有规定制约下，必须统一司法鉴定人资格准入标准。并且在实践中就当前的实际情况看，我国鉴定人准入门槛较低，导致司法鉴定人综合素质良莠不齐，司法鉴定意见质量参差不齐，这与诉讼中所需科学证据的要求差距仍然很大，从影响鉴定意见的人员因素角度，不利于鉴定意见的科学性，亦不能满足以审判为中心的诉讼体制改革的需要。

在司法鉴定法立法中，关于司法鉴定人的准入资格应当考虑以保证诉讼取证需求为基本导向，以维护当事人合法利益和维护司法公正为目标，有利于提高诉讼效率，减少重复鉴定导致的司法迟延。因此，对于鉴定人准入资格考虑就应该综合进行。对鉴定人资格申请不能只从职称高低、学历专业、工作经历这些方面进行形式审查，更需对鉴定人进行实质考核。

鉴定人准入资格的门槛，包含积极条件和禁止条件。首先，因为《决定》没有明确建立统一的司法鉴定人资格考试，而考试又是筛选合格鉴定人最便捷有效的方式，是保证选拔高素质司法鉴定人员的一道重要关卡。因此必须确定法定形式的考试。对于拟申请为国家司法鉴定人的候选人，应该就其申请类型和范围进行初步审核，以确定候选人具备法定基本条件。由国务院司法行政部门统一组织司法鉴定人资格考试，要求就申请司法鉴定职业类别所应具备专业知识和相关法律、法规内容进行考核。"考核形式应当由笔试和口试两部分组成。"[①] 考试目的是检验候选人的知识储备是否能够胜任解决专门性问题的要求，以及能否具备将来出庭作证应有的法律素养。其次，在组织鉴定人候选人申请考试的基础上，设定不同类别司法鉴定申请需要条件。申请条件应该在立法

[①] 刘道前：《我国鉴定人资格授予的反思与建议》，《人民论坛》2017年第4期。

中明确规定申请候选人在该领域司法鉴定类别应具备的学历要求、专业要求，以及相关培训经历要求和证明。最后，适当高质量的工作经验与学历专业同等重要，可以考虑要求申请候选人在正式申请司法鉴定人之前先在专业司法鉴定机构就拟申请司法鉴定类别实习一段时间，协助司法鉴定人处理一定数量案件积累经验。以便让申请人熟悉实际生活中的鉴定问题，锻炼申请人将理论知识转化为动手实践的能力，在未来能更高效地投入到司法鉴定工作中。

当然，在条件设定中应该将禁止性事项明确列入，如受过刑事处罚、因多次违反职业操守、职业道德被曾实习的司法鉴定机构辞退、申请人曾多次不遵守诚信原则、在司法鉴定行业有较差口碑等。将在专业和道德层面均不符合合格鉴定人的申请人剔除在司法队伍之外，促进司法鉴定队伍的纯净性，保证鉴定意见的真实性科学性，避免给将来的司法鉴定埋下隐患。

为建立一支高水平司法鉴定人队伍，可以尝试建立司法鉴定淘汰退出机制。在信息爆炸的时代，科学技术与各种知识的更新日新月异，作为调整社会关系的法律法规势必得跟随时代与时俱进。不断学习、终身学习是每个法律人必须拥有的良好习惯，鉴定人亦不例外。利用专业理论培训、学习讲座、案例实操、定期考核等手段不断敦促司法鉴定人员夯实自身专业基础，学习先进鉴定技术，解决层出不穷新问题。对漠视司法鉴定规则，多次考核成绩欠佳的鉴定人员给予一定处分，情节或后果严重者排除于司法鉴定人员队伍。

在司法实践中，已经核发资格证书的司法鉴定人员大多数应该都是兼职，纯专业性质的司法鉴定人占比并不高。加快司法鉴定人员队伍建设，培育一批既有职业道德又熟悉法律的专业鉴定人员，壮大司法行政工作人员队伍，就得解决当前司法鉴定人员多为兼职、专业性不足的问题。有实证研究观点表明，我国鉴定人员接受培训的比例不足一半。[1]国家可以专门培育一批全职从事司法鉴定的专业人员，进行就业前的集

---

[1] 党凌云、郑振玉、宋丽娟：《2014年度全国司法鉴定情况统计分析》，《中国司法鉴定》2015年第4期。

中培训和实操考核，提升其业务能力。通过高等院校专业设置培养专职司法鉴定人也应该成为一种重要选项，司法鉴定法立法应该有前瞻性，对此立法确认并鼓励高等院校培养专业司法鉴定人，创新司法鉴定人来源模式，以满足我国特殊司法鉴定体制对这种专门人才的实际需求。

第三节　司法鉴定法立法应当体现诉讼法发展的现代化方向

迄今为止我国已经在司法鉴定领域进行了多层次立法，但这并不意味着当前司法鉴定法立法已经成熟。与社会公众在新的时期取证需求相比，我国司法鉴定法立法尚处于起步阶段，仍然有大量问题需要解决。例如虽有居于最高法律地位、拥有最高法律效力的《决定》，但距离出台至今已有17年之久。期间经济发展、科技水平提升之迅速，引起社会方方面面大变革。《决定》在施行中存在一些问题，如各政法部门之间对《决定》基本精神的理解有差距、鉴定资源配置利用不合理导致浪费、司法鉴定行业应不应建立司法鉴定机构等。[①] 司法实践中的疑难问题都无法借助《决定》加以解决，立法缺乏精细化和准确化。

虽各地方各部门已经陆续出台过些许关于司法鉴定的文件，然而这些文件都处于零散状态，缺乏协调性，没有呈体系化发展。三大诉讼法依次完成新旧变革，但作为与三大诉讼法密切相关的司法鉴定法立法还没有做出相应改变，与三大诉讼法的衔接力度不够，立法仍较薄弱。因此，我国司法鉴定法立法与现实需求相比，仍然有相当的理论发展和提升空间。

党的十八届四中全会后开展的全面司法体制改革成果所蕴含的程序法治理念完全可以作为司法鉴定法立法发展的促动力，尤其是2012年三大诉讼法修改后形成的相对成熟的证据理念、制度、规制方式等，均可

[①] 邹明理：《应当正视司法鉴定管理工作的成绩和问题——写在〈决定〉实施五周年之际》，《中国司法鉴定》2011年第1期。

在司法鉴定法立法中得到体现，为司法鉴定法的发展和变化提供素养和参照。这就要求在司法鉴定法立法中应当体现和引领司法改革和诉讼法修改的时代精神，总体来说，司法鉴定法的制定，应该发展成为一个完整的实体和程序法律规范体系，应当说具备相应思想和方法串联整个立法体例和结构，而这种要求不能够和司法改革、诉讼法修改的理念发生隔断。因此，司法鉴定法立法的制度构型和规制技术均应强调和重现诉讼法的支撑作用，之所以诉讼法能够支撑司法鉴定法立法，原因在于司法鉴定法立法对于诉讼法的服务功能在理念和趋向上高度整合，如果没有这种整合，司法鉴定法就没有自身存在和发展的空间。

一 鉴定人、鉴定机构的回避问题

在鉴定人和鉴定机构管理制度方面，目前大陆法系和英美法系各有不同，英美法系国家实行鉴定人选任制度，没有实行鉴定机构和鉴定人名册制，鉴定资格不需要政府认定审核，具备专门知识、有实际工作能力的人，都可成为英美法系国家的司法鉴定人。我国借鉴和学习的是大陆法系的模式，采取登记名册制，经过司法行政机关核准并发放资格证书才能出任司法鉴定人，不具备司法鉴定人申请条件、没有经过司法行政机关核准发放资格证书的不能从事司法鉴定业务，其出具的鉴定意见不能成为法定证据种类之一而被法庭所采纳。因此，这种鉴定人、鉴定机构固化的情形下，司法鉴定活动中鉴定人和鉴定机构的回避问题就不可忽视。

回避是正当法律程序的内容之一，同时回避本身也有一系列程序，以保障其符合正当法律程序。① 在诉讼活动中，"回避制度作为我国司法鉴定制度中的一项基本制度，既是司法鉴定人的义务，又是诉讼当事人及其法定代理人要求鉴定人回避的权利。"② 违反义务必须承担责任，权利被侵害应得到相应救济。在司法鉴定法立法中应对与回避制度相关的责任承担、救济途径等事项予以明确规定。回避制度是保证诉讼活动、

---

① 杨宇冠、吴军：《刑事司法程序中回避的实现》，《中国法律评论》2020年第5期。
② 许爱东：《试论我国司法鉴定回避制度的完善》，《中国司法鉴定》2011年第1期。

取证活动公正进行的程序保障，而司法鉴定活动本质是一种取证行为。因此，司法鉴定制度与诉讼程序、证据规则具备本质的互动联系，在司法鉴定活动中坚持并适用回避制度，诉讼原理可以为其提供理论支撑，这也是司法公正的有效机制。

回避作为诉讼审判活动中一个环节，对公正审判有非常重要的影响。鉴定必须以科学真理为最高目标，而科学乃是现代认知事业中的典范，故中立是鉴定的灵魂。[①] 司法鉴定回避顺应程序正义理念，是实现司法公正的有效保障。司法鉴定回避制度首先要符合程序正义的诉讼理念，程序的规范性即是程序正义诉讼理念的具体体现。规范程序要求除控辩双方以外的其他参与人都能客观、中立、公正地参与诉讼，以免因利益牵扯、个人情绪、主观好恶等影响到裁判结果的公正性。司法鉴定回避制度其次要使鉴定意见符合法定证据的必然要求。根据我国诉讼法相关规定，作为在审判时影响定罪量刑的法定证据必须符合客观性、关联性和合法性三大特点，出于法律内部协调统一，作为法定证据种类之一的鉴定意见必须满足证据的这三个特点，司法鉴定只有严格遵循司法鉴定回避制度，才能有效防止鉴定意见带有个人主观色彩，确保鉴定意见所确认的结论就是该案件客观存在的事实。

司法鉴定回避制度亦是避免冤假错案发生的措施之一，若无回避制度，与案件当事人有利害关系的鉴定人可能在各种原因驱动下做出有利于或不利于当事人的鉴定意见，两种情形都将损害当事人合法权益，导致真凶逍遥法外，替罪羊铁窗落泪，有违人民群众心中朴素的司法正义观。司法鉴定回避虽不能亦不可能完全杜绝冤假错案，但至少在诉讼中这一环节对当事人的诉讼权利有所保障，减少冤假错案的发生。因此司法鉴定中回避制度的实施，可以充分调配我国司法鉴定现有制度形式，保障司法鉴定活动的中立性和当事人诉讼权利，使鉴定意见更具公信力和权威性，减少诉累、减少冤假错案。

根据正当程序理念，回避最基本的原理是任何人不得作自己案件的

[①] 朱兰、贾治辉、陈如超、王勇：《司法鉴定机构改革的理念与路径》，《中国司法鉴定》2011年第2期。

法官,以及与案件有利害关系的人不得参与审判。① 在司法鉴定法制定过程中,回避制度应该突出其立法重要性,已有回避制度在司法鉴定活动中的运行表明,鉴定人回避业已达成共识,2016 年起实施的《司法鉴定程序通则》对此做出较明确的规定,2016 年《司法鉴定程序通则》是为顺应三大诉讼法的修改与司法体制改革需要,以"提高鉴定质量为核心"原则对原来《司法鉴定程序通则(试行)》进行的修订与完善,其一大亮点就是明确规定鉴定人应当回避的具体情形。

但通常情况下,依附于鉴定机构的鉴定人在人脉、资源各方面都存在优势,相比普通案件当事人获取各种信息的途径、渠道更广,在处理"不利信息"的速度方面优于当事人,这给鉴定人回避留下更多暗箱操作的空间。并且申请回避是否能被批准,决定权同样被鉴定人一方的鉴定机构所掌握,这些隐藏危机并不利于申请回避的顺利展开。所以基于回避信息的不对称性和回避决定权掌控问题,申请回避运行面临诸多困难。这更多的是由于中国熟人社会产生的复杂人际交往关系而产生,因此相比申请回避,在司法鉴定法立法中充分挖掘自行回避保证司法鉴定活动公正性的功能就显得尤为重要。

在自行回避中,可建立预防追责机制,从事前、事中、事后三个依次衔接环节入手,鉴定人接受鉴定任务后,如果鉴定人声称不存在需要回避的法定情形,没有进行自行回避,则由其鉴定机构对该鉴定人与涉案当事人的关系等问题进行初步审查,若无利害关系则继续进行,若有利害关系可以将情况告知委托人,协商更换前述鉴定人,并因前鉴定人对该事的隐瞒做出处罚;在鉴定人进行鉴定活动时,鉴定机构应履行严格管理与监督义务,谨防鉴定人被意外介入因素影响以至于忘记初心;鉴定事项完毕开始下一流程之前,可由鉴定机构针对鉴定人在鉴定过程中使用的步骤方法、材料仪器、依据的理论观点,在活动全程有无出现需要回避的情形等再次进行全方位复查。若发现鉴定人存在上述所列情况,就应按照恶劣程度不一的措施进行相应惩罚。即自行回避须以明确违法制裁作为配套机制,否则形同虚设。假设申请回避和自行回避都存

---

① 杨宇冠、吴军:《刑事司法程序中回避的实现》,《中国法律评论》2020 年第 5 期。

在较大问题，回避制度的立法初衷就无法实现，达不到立法期盼。督促司法鉴定人规范开展司法鉴定工作，公正、客观做出司法鉴定意见，为法院公正判决提供关键证据，遏制不必要的上访投诉，化解矛盾，促进社会稳定发展。①

关于鉴定机构的回避问题。不可否认的是，回避制度的目的就在于确保鉴定意见的中立，从而给法官客观科学的证据。但无论是司法机关内设鉴定机构，还是民营性质鉴定机构，都对鉴定意见中立性存在一定影响。为解决"自审自鉴"的顽疾，司法鉴定制度改革已取消人民法院和司法行政部门内设鉴定机构，但仍对侦查机关内设鉴定机构有所保留，"自侦自鉴、侦鉴一体"尚未得到解决，侦查机关既负责案件侦查，又负责提供鉴定意见，侦查工作和鉴定工作的界限模糊不清。侦查机关实际对其内设鉴定机构在设备仪器、人员调整等方面都具有显著支配力，组织机构层面具有明显隶属关系，鉴定机构并非独立的第三方机构，不独立就很难做到真正中立，不中立就无法合理推测出鉴定意见的中立性。内设鉴定机构作为侦查机关组成部分，根本无法避免侦查机关干扰，进而不偏不倚地进行鉴定，难免产生鉴定人是否会为迎合调查取证，偏袒侦查机关方作出虚假鉴定意见的质疑。

在民营性质鉴定机构设置模式下，机构负责人于机构鉴定人的影响力也绝不容忽视，机构负责人是机构鉴定人的直接上司，对鉴定人有绝对支配力，鉴定人员人身和财产都从属于鉴定机构，并且鉴定人出具鉴定意见必须经过所在的鉴定机构加以盖章确认。如果鉴定机构利用明示、暗示、强迫等手段干扰鉴定人的鉴定活动，迫于生存压力、面对金钱诱惑，很难保证鉴定人将贯彻公平正义原则，理性思考并行动，漠视鉴定机构负责人提出的建议，出具完全中立客观的意见。如何解决两种模式下鉴定机构回避问题，司法鉴定法立法对这一问题应理性应对。

二 司法鉴定人出庭

鉴定人出庭作证是指在案件开庭审理过程中，鉴定人出席法庭，以

---

① 王萍、高作香：《司法鉴定引起投诉的原因及对策》，《河南师范大学学报》（哲学社会科学版）2012年第3期。

口头言词形式向法庭作如实陈述,接受控辩双方质证,或者法官以询问的方式进行审查的诉讼活动。① 若没有司法鉴定人员出庭作证义务之规定,鉴定人员不参与庭审阶段进行质证说明,仅仅由法官宣布鉴定意见,仿佛可以得到节约时间金钱、节省司法资源、提高审判速度的结果,可实际看似有众多优点的这种规定却带来非常严重的后果。缺少控辩双方对鉴定意见进行当庭辩论质证这一环节,使得鉴定意见之真实性变得模糊不清,众所周知法庭之上,证据为王,即使还未进入宣读判决结果阶段,一纸鉴定意见似乎就已经一锤定音。换言之,法官部分的司法裁判权实则是让渡给司法鉴定人,鉴定人成为多数案件的幕后法官,案件结果走向要依靠于鉴定人的专业技术与职业道德素质等,过于专业的鉴定意见和晦涩难懂的专业术语让另方当事人无可辩驳。

虽然当事人可以按照诉讼程序和司法解释的规定,对于原鉴定程序违法、鉴定主体不具备法定资格、使用鉴定标准和方法不当、鉴定文书不符合法律规范、鉴定意见存在根本性争议等情形,经诉讼当事人或侦查机关申请,所在程序的司法机关决定并委托具备相应资质的鉴定机构进行再次鉴定。② 但若当事人申请重新鉴定,毫无疑问将拉长审案战线,对各方都得不偿失。且未经当庭质证直接出具的鉴定意见存疑、无法取信于当事人,无法令民众信服。

鉴于此,自2005年全国人大《决定》开始,到2012年后三大诉讼法修改,均严格规定司法鉴定人出庭作证的责任和义务,这是诉讼程序公正对鉴定人规定的基本任务。具体而言在《决定》中规定:"在诉讼中,当事人对鉴定意见有异议的,经人民法院依法通知,鉴定人应当出庭作证。"可见《决定》只是对鉴定人出庭作证做出原则性规定。在刑事诉讼中申请人即使提出异议,鉴定人最终是否需要出庭的决定权完全由法院掌握,不同法官因专业能力、职业素养、个人经历的不同,面对同样案件可能做出不同决定,所谓"有必要"的可操作空间过于不确定,授予法官极大自由裁量权,不利于当事人权益的保障和鉴定人出庭

---

① 邢培泉:《论鉴定人出庭作证的程序科学性》,《武汉科技学院学报》2006年第10期。
② 邹明理:《重新鉴定增多原因与对策研究》,《证据科学》2012年第1期。

制度的完善。刑事诉讼法和民事诉讼法中关于鉴定人出庭作证的规定相差无几,都对不出庭作证后果有所说明,但对当事人有异议与法院认为必要性二者之间从"且"关系变成"或"关系,民事诉讼法中鉴定人出庭的启动程序宽于刑事诉讼法,可能是由于两大诉讼法性质不一所致。

规定鉴定人出庭作证之责任和义务无疑对司法制度的完善具有重大现实意义。首先,鉴定人出庭作证使得诉讼这一程序本身更具完整性和紧密性,环环相扣,层层推进。因为案件最终裁判结果与鉴定意见具备直接关联,法庭裁判结果的公正与鉴定意见的科学可靠息息相关,让鉴定人直接现身法庭阐述意见,面对控辩双方和陪审员严谨质疑,从而最大程度保证鉴定意见的真实性,有利于最终裁判结论的公正性与可信性。其次,鉴定人出庭作证能提高诉讼效率,鉴定人出庭作证相比鉴定意见出庭作证,最大的优势在于提高诉讼效率。鉴定意见出庭作证意味着控方或者辩方、法官当庭宣读鉴定报告,即便控、辩双方对鉴定意见有异议,但由于鉴定人不出庭,使异议在法庭不能得到及时解决,降低诉讼效率。

再次,司法鉴定人出庭作证实质迎合当下司法鉴定机构市场化运营的改革举措,因以前司法鉴定人都来自公检法机关所属鉴定机构,如果这些司法鉴定人做出有违职业素养和道德水准之事,将受到来自体制内的纪律约束或法规惩戒,或多或少都对司法鉴定人员形成一定威慑力。但当司法鉴定机构开始社会化,对鉴定人员而言就缺少这种体制内束缚,降低鉴定人员的犯错成本,很难确保鉴定意见的正确与否。而如果引入鉴定人出庭作证,在庄重肃穆的法庭氛围中,鉴定人将要面对与案件结果有利害关系的双方当事人的质证与询问,法庭中既有当事人出于自身利益而进行抽丝剥茧般的质疑,又有专家辅助人一针见血般的提问等往往给现场的鉴定人员带来更大压力,出庭接受质证之压力迫使其认真履行职责,增强自身责任心。通过质证鉴定意见,排除错误鉴定意见,非法证据,准确阐释证据的证明力,最终实现刑事诉讼实体公正和程序公正。[①] 鉴定人出庭作证就是诉讼程序的组成部分,严格落实相关程序,

---

① 袁丽:《DNA 鉴定人出庭作证现状、问题及对策》,《证据科学》2013 年第 5 期。

减少不法分子弄虚作假的余地,以促进实体正义最终到来。

鉴定人出庭作证也对诉讼法律关系中各方角色产生良好影响。对法官而言,鉴定人出庭作证相比鉴定意见出庭作证,更有利于法官以鉴定意见为基础形成心证,帮助法官查明案情,做出公正裁判。对当事人而言,质证权是被告人重要程序性权利之一,让被告人能够有充分的机会为自己辩护是程序正义题中应有之义。但是面对专业性极强的鉴定意见,如果缺少鉴定人当庭解释和说明,被告人则很难对于其中的科学原理和实验数据进行有效反驳。① 因此鉴定人出庭作证乃鉴定人对法院所尽的公法义务之性质,并不因鉴定程序的启动方式不同以及鉴定人产生的方法之差异而改变。鉴定人出庭作证有利于控辩双方对鉴定意见充分质证,消除疑虑,充分保障原告合法权益和被告合理诉求。对司法鉴定人员自身而言,出庭作证可以有效提升其鉴定业务能力。因为鉴定人无从知晓当事人及其代理人针对鉴定意见有何困惑、当事人是否会聘请更专业的专业辅助人坐镇……诸多未知情形均促使鉴定人在司法鉴定过程中尽可能仔细认真,在法庭中从容自若气度的表现以及面对质询时游刃有余能力的展示等都将使鉴定人在出庭作证之前,做好万全准备。这不但驱使鉴定人员提升其专业能力,而且能直接培养鉴定人员沉着、冷静等良好的心理素质,提高司法鉴定人出庭作证的能力。

最后,很多现代法治国家都有规定司法鉴定人出庭作证制度,例如美国、日本、德国等。在美国,鉴定人作为与普通证人相差无异的一种专家证人,一般情况下由控辩双方传唤出庭作证。日本司法鉴定人负有通过法庭中的"鉴定人询问"程序或通过做成"鉴定书"的形式向法庭报告鉴定结果及鉴定过程的义务。② 德国坚持直接言词原则,鉴定人依法均应出庭作证,鉴定人出庭作证是其鉴定活动不可缺少的组成部分。③ 我国《决定》关于司法鉴定人出庭作证以及后续规范性文件关于鉴定人

---

① 程衍:《刑事审判中鉴定人出庭率之提高——以传闻证据规则的引入为视角》,《社会科学家》2017年第7期。

② 王云海:《日本司法鉴定制度的现状与改革》,《法律科学》(西北政法学院学报)2003年第6期。

③ 李学军:《鉴定人出庭作证难的症结分析》,《中国人民大学学报》2012年第3期。

出庭更详尽的规定，是法治进步的必然要求，更方便与国际社会接轨，强化国际学术与实务交流。因此，鉴于司法鉴定人出庭作证可带来以上诸多益处，在司法鉴定法立法过程中，对司法鉴定人出庭作证的责任和义务，必须予以明确规定，这就包括规范司法鉴定人出庭作证的具体程序、出庭时应享有的权利和应该履行的义务等，使司法实践中鉴定人出庭有法可依，有章可循。

实践中司法鉴定人出庭存在着以下问题亟待解决。一是目前我国仍然存在着鉴定案件多但专业鉴定人员少的情况，此背景下要求鉴定人在规定时间内完成检案量已经很难，若还进一步要求在开庭审理时为所有案件都出庭，显然是雪上加霜的做法。[①] 可见若放宽鉴定人出庭门槛，则鉴定人出庭制度在实操层面可能存在困难，就要求更加细化立法规定，落实配套措施。二是当前司法鉴定人出庭率较低，有研究总结出司法鉴定人不出庭参加质证的可能原因：法官过于迷信司法鉴定意见；司法鉴定人出庭质证意识不强；庭审质证流于形式，缺乏有质量质证内容；缺乏保护出庭司法鉴定人的配套措施等。[②] 此外，重实体、轻程序传统诉讼模式影响根深蒂固，部分人的法治观念未及时更新，在其价值观中，只要出具鉴定意见可为法官判案提供参考即可，自己作为鉴定人出庭纯粹多此一举。因此普及程序法与实体法不一定非要分清孰轻孰重、二者如车之两轮鸟之两翼的法治理念至关重要，规定鉴定人出庭时的权利、义务和责任时，立法规定应解决鉴定人员后顾之忧，完善鉴定人出庭制度、充分保障鉴定人正当权利。特别是立法规定可从人身、物质和言论三方面解决司法鉴定人不愿意出庭作证之顾虑。

虽说司法鉴定制度在不断完善，但关于司法鉴定人员人身安全保障规定仍然存在空白。国外某些国家甚至存在单独证人保护法，鉴定人与证人性质相近，都将对案件最终结果产生关键性影响，都可能遭到打击报复，因此司法鉴定法立法体系化过程中，在人身安全保障方面司法鉴定人员应享受到与证人相同的待遇，特别是刑事诉讼中的暴力类型案件。

---

① 朱晋峰、朱淳良：《司法鉴定立法比较之法理研判——以新〈刑事诉讼法〉与新〈民事诉讼法〉为视角》，《中国司法鉴定》2013 年第 1 期。
② 杜志淳、廖根为：《论我国司法鉴定人出庭质证制度的完善》，《法学》2011 年第 7 期。

但无论是刑事诉讼法还是民事诉讼法，对鉴定人的人身安全保障问题均未做出行之有效的规定，采取什么样的保护措施？情节达到什么样的程度才能被采取强制措施？如果面对鉴定人的保护请求，司法机关之间互相推诿怎么办？对鉴定人的人身安全保障不够具体明确。在互联网、大数据高度发达的今天，当鉴定意见不符合一方当事人心理预期、有悖于当事人利益时，心胸狭窄、睚眦必报的当事人可能通过各种渠道找到鉴定人员个人信息，对鉴定人员人身安全造成潜在威胁。

因此必须通过完善法律法规提前预防该类事件发生，制定法律规定时注意保护对象不应仅局限于鉴定人本身，应对鉴定人的近亲属和其他利害关系人给到应有照顾。不能当鉴定人人身受到危害后再进行相应保护，诉讼前亦应采取措施保护鉴定人。"鉴定人在出庭作证之前，防止被告人威胁、恐吓鉴定人，用各种手段影响鉴定活动；鉴定人出庭后应警惕被告人报复鉴定人，给鉴定人或其近亲属造成实际的人身或财产损失。"[①] 在"打击报复证人罪"基础上确定对鉴定人保护的适用性。[②] 保护鉴定人人身安全，可以采取刚柔并济的措施，法律规定相应强制措施的同时；平时加大力度宣传，进行普法讲座，告知民众什么样的行为是被法律所禁止等是软性引导。诉讼前告知诉讼参与人若鉴定人履行出庭质证说明之义务，当事人仍对鉴定意见不满、认为鉴定意见错误，可继续向人民法院申请补充鉴定或者重新鉴定，以维护自身合法权益。

除鉴定人人身安全保障，费用承担机制亦必须得到完善。解决鉴定人出于出庭作证成本过大之顾虑。要求鉴定人出庭，鉴定人势必要付出交通费、生活费等。如果关于出庭作证费用没有细致规定，可能影响鉴定人出庭作证积极性。民事诉讼中，2020 年 5 月 1 日起施行的《最高人民法院关于民事诉讼证据的若干规定》进一步完善鉴定人出庭作证费用制度，但仍不够明确，尚存在一些问题。如鉴定人出庭费用按照证人出庭作证费用的标准计算，由败诉方当事人负担。因鉴定意见不明确或者

---

① 陈飞翔、叶树理：《完善鉴定人出庭制度的若干思考》，《南京社会科学》2007 年第 3 期。

② 陈海锋：《鉴定人出庭的认识误区与规制路径——以刑事诉讼为主要视角》，《法学》2017 年第 8 期。

鉴定意见有瑕疵需要鉴定人出庭，出庭作证费由鉴定人自行负担。在该条文中，究竟什么是不明确什么是有瑕疵，文件中并无进一步规定，实则各种情形都可能导致出现鉴定意见不明确、有瑕疵结果的出现，若均让鉴定人承担，那么对于鉴定人来说不确定因素过多，出庭作证确实包含很大风险，这极大影响鉴定人出庭意愿。提高鉴定人出庭率，保障鉴定人的权益，法律法规应明确鉴定意见不明确、有瑕疵的具体含义，指出因何原因导致的不明确、有瑕疵才由鉴定人自行承担出庭费用，将这份风险降至最低。

而刑事诉讼相比民事诉讼就缺乏明确规定，在实践中各地做法不一。《刑事诉讼法》规定对证人因履行作证义务而支出的相关费用给予补助。与之相反，专业性更强的鉴定人出庭作证的经济补助问题却没有被提及。《诉讼费用交纳办法》只是原则性规定，具体补偿标准只能由各地方制定，导致差异过大，且缺乏相应监督，刑事司法鉴定人出庭作证费用补偿得不到保障。即使规定鉴定人可获得与证人相同补助，对鉴定人来说也并非公平举措，鉴定人需要更多专业知识与技术、进行更多幕后工作、付出更多时间精力，理应获得属于自身的出庭作证费。

我国鉴定机构鉴定人员接受鉴定业务没有地域限制，鉴定人出庭作证费用因路途距离、经济发展程度等而有所不同。有观点提出可以由立法统一规定该项经济补偿的上下限范围，能避免因各地鉴定人所获得的经济补偿差距过大而产生的不平等，赋予各地在立法范围内确定具体数额的权利能体现地方差异性。[①] 各地司法实践就可以根据当地经济发展状况在法定上下限范围内浮动。鉴定人出庭费用可由专项资金专款专用，考虑由司法行政机关统一管理，补偿范围就包括鉴定人出庭作证发生的实际损失，如交通费、食宿费、误工费等，以减轻当事人以及基层人民法院负担。因出庭作证引发的经济补贴具体承担主体和来源，均应清晰、明确，不能在立法中做原则性规定。还可以由国家建立起一种保险制度，将因鉴定活动而引起的鉴定人人身和财产安全纳入进强制保险机制中，确定司法鉴定机构投保，用来弥补鉴定人遭受伤害或财产损失时，无法

---

① 赵丹、包建明：《鉴定人出庭作证规则研究》，《中国司法鉴定》2019年第3期。

从加害者处获得足够赔偿而引起的损失，降低司法鉴定人执业风险。①鉴定人出庭作证费用补偿方式的构建是否科学，不仅关涉诉讼法理是否予以遵守，更关系到鉴定人出庭作证费用的补偿能否顺利实现。

司法鉴定人员人身安全和出庭作证费用的规定为鉴定人员出庭提供基本保障，而确保鉴定人根据诉讼程序与鉴定技术出具专业客观的鉴定意见、法庭中发言受到法律保护，在正常范围内发表言论不受追责亦十分重要。亦有观点认为应保障鉴定人知情权，即鉴定人出庭就其所作鉴定意见需要向法庭解释的内容有提前知晓的权利，让提出申请之人列出问题清单，避免不必要的重复性发问，便于鉴定人出庭前做好充分准备。②

就司法鉴定人员没有出庭作证问题，相关法律对此应当做出全面规定。没有出庭作证包含鉴定人因个人原因拒绝出庭作证和鉴定人因不可抗力无法出庭作证两种类型。对拒绝出庭作证的，应规定其应承担的法律责任，如对其处以罚款或更严厉的强制措施。《决定》规定，经人民法院依法通知，鉴定人或鉴定机构拒绝出庭作证的，由省级人民政府司法行政部门给予停止从事司法鉴定业务三个月以上一年以下的行政处罚，情节严重的，撤销登记。但实际生活中，若鉴定人员拒不出庭，人民法院确实不将其鉴定意见作为定案根据，司法行政机关只会对鉴定机构做出相应处罚。这种处罚针对矛头仍是司法鉴定机构，真正的责任并非由不遵守规定的司法鉴定人承担。

对因不可抗力无法出庭作证的，应要求其提供有足够证明力、有公信力的证明文件，并详细说明具体情况。在新冠疫情肆虐反复背景下，诸多日常行为都可通过云在线方式解决，同理在鉴定人出庭中可采用远程视频通话等方式。以视频通话方式作证，可以充分利用先进技术手段对鉴定人的容貌声音做模糊处理，以保护鉴定人个人隐私，防止个人信息暴露，遭到打击报复。虽有以上种种对策，但必须明确如果司法鉴定人无法出庭，则鉴定人的鉴定意见真实性有待商榷，必须得经过事先各

---

① 杜志淳、廖根为：《论我国司法鉴定人出庭质证制度的完善》，《法学》2011 年第 7 期。
② 余诤、王庆刚：《鉴定人出庭制度的实务研究——以庭审实质化为视角的分析》，《法律适用》2017 年第 21 期。

方严格把关审查，不能轻易将其作为定案依据。司法鉴定法立法中关于司法鉴定出庭作证的规定应该尽力体现法庭对鉴定意见质证中庭审实质化的要求，提升鉴定人出庭接受质询对于冤假错案防范的积极功能，落实证据裁判原则实现程序正义，以配合当前司法体制改革和诉讼法修改。鉴定人出庭作证的立法完善是以审判为中心的具体要求，司法鉴定法立法中应当将侦查阶段侦查鉴定人员出庭规定在内。

最后，完善鉴定人出庭制度。从鉴定人角度来说，鉴定人出庭之前应做好以下准备：其一是做好出庭前准备工作，包括再次详细核对出庭材料是否无误，不存在瑕疵错误等，做好出庭前心理准备，练习当庭清晰陈述鉴定意见的言语表达等。其二是应准备好出庭证件，鉴定人出庭应携带其鉴定人资格证原件以证明身份合法性和执业类别在法定核准范围内[1]。如果忘记携带或者资格证件过期等，都将影响到法官对于鉴定意见的采信情况，有碍于庭审顺利进行。

第四节　司法鉴定法立法中利用全面司法改革成果可拓展范畴

司法改革是司法鉴定法立法的宏观背景，并且前文已论述过司法鉴定立法具备以诉讼法为基础的合理性和司法鉴定立法吸取诉讼法改革成果的必要性，因此我国司法鉴定法立法应当体现诉讼法发展的现代化方向，应当随着司法改革和诉讼法修改的不断发展实现一定立法理念转型，这应该主要体现在立法中会有新的内容、范畴、规制手段和运行机制。总体应有如下体现：

一是从注重管理因素向注重综合因素转换，之前关于司法鉴定的相关立法突出了相当的管理规制内容，但这并不意味着对于司法鉴定的管理规制不重要，而是需要管理规制因素和其他方面因素相互协调相互配合，构成一个富有活力的有机系统。即在司法鉴定法立法中，除管理规

---

[1] 拜荣静：《论司法鉴定立法的体系化》，《中国政法大学学报》2022年第2期。

制因素外，应强化曾被忽视的其他方面因素，如司法鉴定行业市场化运营的保障服务等。

二是问题应对向构建长效机制的转换。之前的司法鉴定立法内容更多地体现司法鉴定活动中突出问题的解决，将最主要关注点放在突出问题方面，是一种被动的、压力型立法，的确在短期内可以对症下药、对解决一些突出问题起到良好效果，但忽略了司法鉴定体系长期稳定有效的重要性。长远看，我国司法鉴定体制必须形成相对稳定、有效的司法鉴定制度和规范体系。这就要求司法鉴定法立法中，应该通过严密的法律逻辑思路将司法鉴定立法中的权力行使、权利和义务设定、救济机制、责任追求予以高度统一，只有这样才能充分解决司法鉴定立法规范司法鉴定活动的规范化和周延性。

三是从权力本位向权利本位的转换。[1] 审判为中心的诉讼制度改革要求加强庭审，推进庭审实质化，贯彻审判中心主义。以审判为中心最基本的要求是充分保障当事人参与诉讼，对其各方面诉权予以最大程度保护。"加强当事人对司法鉴定活动的参与，以权利制约权力应是司法鉴定改革的坦途。"[2] 司法鉴定权是诉权的组成部分，司法鉴定权历来都被认为是由国家司法机关掌握的公权力。但更重要的是，司法鉴定权的公权力属性体现在司法鉴定启动方面。鉴定启动权被公权力垄断，刑事案件中当事人一方面连初次鉴定申请权都没有，不能自主选择鉴定机构或鉴定人，另一方面即使对鉴定意见有异议要求补充或重新鉴定，当事人只是拥有一种鉴定可能性，是否可以启动司法鉴定程序依然由公权力把关。

我国各司法机关都拥有鉴定启动权而当事人却无鉴定启动权，当涉及鉴定对象为同一个时就产生多头鉴定、重新鉴定问题。这不但降低诉讼效率，拖延诉讼周期，而且给诉讼当事人时间、金钱和精神都带来负担和压力。"我国的传统习惯是重权力，轻权利，因此在研究司法鉴定制度改革时往往首先考虑的是国家机关之间的权力分配问题，而不是诉

---

[1] 何家弘：《"司法鉴定法"之立法思考——司法鉴定立法需要观念的转变》，《法学》2009年第8期。

[2] 张进德：《我国司法鉴定改革述评与展望》，《中国司法鉴定》2011年第2期。

讼当事人的权利保障问题。"① 但在以审判为中心的诉讼制度改革背景下，必须注意从权力本位的司法鉴定观转变成权利本位的司法鉴定观，司法鉴定法立法应保障诉讼当事人个人权利，在现有法律框架内进一步完善当事人的鉴定启动权。赋予当事人一定司法鉴定启动权，保障司法公正，尊重当事人合法权益，让人民群众在每一个案件中都感受到公平正义。

四是从原则性规定向全面周详转换。法律规定过于简括宽泛，将造成实际运行困难，司法机关自由裁量权过大，继而引发司法不公的民怨；法律规定过于精密，又造成法律法规繁杂冗余，相关解释和自由理解空间变小，在实践中制约司法工作人员的主观能动性。因之前司法鉴定制定的法律法规对于大部分问题的规定都较简约粗略，要将法律从纸面落到现实，首先就取决于执行法律法规的各部门认识以及社会大众对法律的认识。然而简单性规定导致上层法律法规在落实过程中出现理解不一的情况，由于不同部门拥有不同立场，在不同利益导向下做出有所偏向的理解，在实际操作中出现诸多问题，影响统一司法鉴定管理体制的形成，不利于司法公信力的建立。因此司法鉴定法的内容条文既不能过于抽象简约，也不能过度繁琐细碎，把握好二者的平衡事关重大。

五是司法鉴定法立法要主动适应司法改革和诉讼法修改方向。司法鉴定法立法涉及鉴定体制、诉讼程序、证据制度等多方面综合考量的各项工程，尤其是诉讼法修改，相应司法体制修改如何根据程序法治的理念和要求，主动适应以审判为中心的司法改革方向，才能使司法鉴定法立法有更多地服务诉讼程序的空间拓展。

一　司法鉴定市场化运营问题

我国司法鉴定体制走过从一元向多元的发展历程，从鉴定机构只隶属于公安机关到公、检、法部门均内设立鉴定机构。② 由此引发一系列自审自鉴、自侦自鉴、自诉自鉴的严重问题，鉴定意见、鉴定机构、鉴

---

① 何家弘：《我国司法鉴定制度改革的基本思路》，《人民检察》2007 年第 5 期。
② 熊秋红：《我国司法鉴定体制之重构》，《法商研究》2004 年第 3 期。

定活动本身所严格要求的客观性、中立性属性受到极大的挑战和质疑。对于可能出现的鉴定错误、失误等情况，需要补充鉴定或重新鉴定，只能由司法机关决定让其内部司法鉴定机关是否再次进行鉴定，处于弱势地位的当事人无法与强大的国家机器相抗衡。

2005年全国人大《决定》中规定，鉴定机构无等级之分，其接受委托亦不受地域限制，取消法院和司法行政部门内部鉴定机构，我国司法鉴定模式发生重大改变，开始运行市场化模式。经济社会迅速发展，人口区域流动增大，熟人社会模式渐渐瓦解，纠纷日益增多，维权意识和法律素养不断提升，使得诉讼案件数量与日俱增。在此情形下，诉讼案件的取证需求增加，让司法鉴定机构以市场化模式运营有一定合理之处。

市场化模式运营给予当事人更多自主选择机会，并且理论层面上鉴定机构社会化相比之前在人民法院、司法行政机关内设鉴定机构，因为出具鉴定意见的鉴定机构与需要采纳鉴定意见的机关没有直接从属关系，可以减少来自上级对鉴定活动的干扰性，增强鉴定意见的客观性。理想状态下如果司法鉴定机构之间可以严格遵守市场规则、展开公平正当竞争，鉴定机构将想方设法改进鉴定设备、创新鉴定技术、提高鉴定服务质量，以树立良好形象，赢得竞争优势。这于提升鉴定意见科学性、保障当事人合法权益、促进司法鉴定技术进步等都大有裨益。

虽然从"自审自鉴"到市场化模式经营鉴定机构的转化体现了司法鉴定模式有所进步，也曾有效应对过"自审自鉴"模式的些许弊端。但是这种市场化模式经营鉴定机构只是从管理层面解决了鉴定机构、鉴定人的独特问题，鉴定意见本身所要求的科学性、鉴定机构和鉴定人的中立性远未解决。这种市场化的管理模式在司法鉴定法立法过程中应该进行合理性、有效性评估。如果说2005年开始市场化管理模式，需要对鉴定机构业务的市场进行培育，那么十多年过去了，这种市场培育是否经过洗礼达到优胜劣汰？是否解决了鉴定机构间的严峻竞争？是否解决了司法鉴定中的寻租和腐败问题？是否在利欲熏心的市场化模式中守护着司法公正的初心？这些问题都是司法鉴定法立法中需要认真思考和以数据、事实进行评估的前提。"市场与司法鉴定服务的领域及其要求之间必然存在积极作用与消极影响，而对市场消极因素的影响必须通过立法、司法和行政手段予以消除，从而保障司法公正的实现。"① 不可否认，2005年全国人大《决定》开启新司法鉴定运行模式对于我国司法鉴定制度高效运行、司法鉴定机构健康持续发展，具备创新和战略意义，也是一种从未有的尝试。当然，也无其他经验可以借鉴，只能自我完善。

当前，司法鉴定机构市场化运行产生的问题不可忽视，诸如在司法鉴定市场中缺乏统一管理者，导致司法鉴定市场无序；鉴定机构之间恶性竞争，争抢案源不择手段，已严重影响司法鉴定机构公信力；利益至上观念肆意膨胀，压缩成本不断追求利益最大化，逐渐远离司法鉴定要求的中立性、客观性，走向商业化，不能保证鉴定意见质量，"任鉴定意见商品化必将从根本上影响司法鉴定科学客观的性质，动摇司法鉴定赖以存在的根基进而危及诉讼公平正义之根本宗旨"②；市场中自由竞争环境恶化，出现区域范围的鉴定寡头垄断，损害鉴定机构体系的良性运转；市场中各个鉴定机构缺乏统一鉴定标准，导致鉴定人出具的鉴定意见存在一定差异性。有一些司法鉴定机构存在的共性问题，如本应由两名司法鉴定人参与鉴定事项却安排一人前去鉴定，另一鉴定人就只负责在鉴定意见签名，此做法明显违反有关鉴定程序，程序得到简化但缺少相互监督，拉低鉴定质量。

尤为重要的是，鉴定机构依法成立规定的条件仍然不同程度地被规避，造成鉴定机构成立要件不达标带病运行，急功近利只开展小成本业务造成业务重叠同质化产生。这就要求必须加大对鉴定机构的监管，严查鉴定机构准入是否符合法定条件、鉴定机构运行是否违反市场规则、整体质量低下的鉴定机构是否存在于市场中。

因此，这种市场化带来司法实践难题，立法者希望通过市场化模式实现他无我有、你有我精的市场调节并未达到，鉴定机构市场化发展并不均衡，造成社会资源过度投入，加剧市场恶性竞争，并未充分体现市场对需求的调节和满足，这远与立法者初衷相悖。任何一种政策、一项

---

① 贾治辉：《论司法鉴定"市场化"的负面效应及治理对策》，《中国司法鉴定》2014年第4期。

② 乔森旺、李金锁：《我国司法鉴定现状分析及完善管理机制的建议》，《中国司法鉴定》2009年第2期。

改变都需要在实践中加以检验，面对在检验中暴露出来的问题，直接否认这种政策存在的合理性并不理智，针对问题思考改进措施才是可取之道。同理面对鉴定机构市场化带来的问题，可以采取一些办法进行改善。

首先，司法行政机关可以引导和鼓励社会鉴定机构在市场化中发挥积极作用。教育社会鉴定机构明确自身存在的最终目的和根本意义，鉴定机构是进行鉴定活动的载体、根本上服务于诉讼活动，提供科学客观的鉴定意见，为查明案件真相，帮助法庭做出公正判决，并不首要因谋取经济利益而诞生。其次，需明确鉴定机构及鉴定人违反规定的相应后果。侦查机关所属鉴定人一般是国家工作人员，如果因故意或重大过失出现鉴定错误造成严重后果，可能触犯职务类犯罪。而对市场化中社会鉴定机构的责任承担就多为民事责任，这将鉴定机构进行鉴定活动的当事人置于一种风险地位。除民事责任外，司法行政机关应采取其他措施对社会鉴定机构进行规制，加强保障鉴定当事人的合法利益。如可以建立鉴定机构退出机制，包括主动退出和被动退出，主动退出即允许一部分没有意愿再进行鉴定活动需要转行或因技术不过关、仪器设备老旧没有经济支撑及时更新换代的鉴定机构退出市场；被动退出就是在每年或每几年社会鉴定机构考核中，严重不达标，未达及格线的鉴定机构被迫退出市场，不能再接受鉴定当事人委托，不能再从事鉴定活动的行为。当然前提是考核指标和所占分值权重等重要事项已公布，考核指标中公益服务属性类应有所突出体现，这样既能凸显鉴定机构服务性而不是营利性，又能引发社会鉴定机构的危机意识，在类似末位淘汰的严酷规则中促使其认真履责，对鉴定当事人负责，形成有效的社会监督，提高社会鉴定机构整体行业质量。

二 鉴定机构问题

司法鉴定机构是为解决诉讼中涉及的专门性问题，由多学科专家组成、具有一定监督机制和管理体系的独立鉴定实体，是鉴定活动的载体，是鉴定人依法实施鉴定活动的依托[①]。鉴定机构同时承担着管理鉴定人、

[①] 张玉镶、宫万路：《论我国司法鉴定立法应解决的几个主要问题》，《中国司法鉴定》2002年第1期。

给鉴定人提供鉴定设备仪器、协调有关鉴定各方主体关系的责任。司法鉴定机构体现着我国特有司法鉴定体制的性质和模式，也对鉴定活动中鉴定人中立性、科学性、合法性、效率性产生重要影响。"鉴定机构合理、有序地竞争，可以促进鉴定质量提高，而恶意竞争或者不正当竞争则会导致鉴定质量下降，甚至出现'劣币驱除良币的现象'，扰乱鉴定的正常秩序。"鉴定机构通过对鉴定活动进行组织、引导、监督，可以让鉴定活动有序推进，提高鉴定质量，推动司法鉴定工作发展。司法鉴定机构是司法鉴定活动的具体组织者和执业平台，直接影响着司法鉴定结论是否客观、准确，影响着司法公正能否顺利实现。故司法鉴定机构也是司法鉴定活动开展的基础和前提。[①] 没有机构，司法鉴定就成为无水之源，无本之木。因而机构处于整个司法鉴定制度的中心位置。这表明规范并有效设置司法鉴定机构不仅是司法鉴定制度高效运行的关键所在，更是司法鉴定法立法的重要组成部分。

司法鉴定机构的市场化运营使得鉴定机构的数量猛增，但因缺乏对鉴定机构的管理、鉴定机构准入门槛较低、市场经济的逐利性等原因造成司法鉴定机构水平和能力良莠不齐、无视规则恶意竞争等恶果。规范侦查机关的鉴定活动，采取有力措施推动社会鉴定机构健康发展，力求实现司法鉴定管理体制的统一是司法界孜孜以求之目标。

我国特有司法鉴定体制下的司法鉴定机构从本质上既不属于国家司法机关，也不是行政管理机关，仅是向诉讼活动提供鉴定意见的服务单位。现行司法鉴定机构的设置存在一些问题。首先，《决定》第5条规定申请从事司法鉴定业务和鉴定机构的设立条件，鉴定机构不同于社会一般法人或其他组织的主要特征就是对于鉴定条件和鉴定人员的要求，那么在审查鉴定机构准入时应重点把握这两方面的条件是否已真正满足。现有法律法规对违规违法的鉴定机构虽然规定相应的退出条件，如《决定》第13条。但是对"严重不负责任"等这样较含糊的字眼并无进一步规定，所列情形较少，有兜底条款保底但对一些鉴定机构、鉴定人来

[①] 陈俊生、包建明、吴何坚：《论司法鉴定机构及其设置》，《中国司法鉴定》2010年第4期。

说不能形成对合理预期。可以在未来立法中进一步明确对那些被多次投诉、多次违背诚信原则任意鉴定、违反过法律规定或做过违反职业道德的鉴定机构的惩处，应在强制此类鉴定机构必须注销鉴定机构的同时规定未来不再被允许设立鉴定机构或鉴定人不能再从事鉴定相关业务。因此司法鉴定法立法应进一步完善鉴定机构的准入与退出机制。

其次，全国各地经济、社会发展水平不一，上述法律、法规执行刚性不足，柔性有余，导致司法鉴定机构发展缺乏总量规划，鉴定机构布局不对称，司法鉴定机构量大质弱，解决实际问题有效性不足，整体管理难度加大。具体而言，国家在中央层面成立了若干实力强大的国家级实验室或司法鉴定机构，业务范围广泛，结论可靠、可信，公信力强，社会信任度高。但东西部地区和国家层面机构的差距也非常明显，东部市场由于经济发达、对司法鉴定机构准入刚性要求严格，多数资深鉴定机构与专业鉴定人员都在东部发达地区，因而，能够解决司法鉴定活动中较复杂、多种类的专门性问题，服务社会能力强。反观西部地区，经济发展缓慢，对于上述标准要件执行刚性不足，导致解决问题能力有限，公信力不足，争议较大，重复鉴定层出不穷，问题解决不了经常提交国家级鉴定机构处理，造成资源浪费，司法效率低下。一旦这种事件频繁发生，将加深群众心中刻板印象，久而久之可能造成法庭审核鉴定意见不以其科学性作为出发点，而仅以机构层次性作为判断鉴定意见证明力大小基准点。

在此情况下，设置以西部地区为代表的经济落后区的司法鉴定机构将失去其合理性和必要性，如果经济落后区、县级的鉴定机构出具的鉴定意见不被信任、不被采纳，而后需更高级别鉴定机构进行再次鉴定，则落后区鉴定机构的鉴定在整个司法鉴定程序中处于无足轻重的地位，只会严重浪费司法资源，降低群众期待，从而失去司法公信力。

社会鉴定机构在保障当事人合法权益，维护社会和谐稳定方面有着不可替代的作用，费尽心思给侦查机关所属鉴定机构不断投入资金支持，给予科技设备、技术支撑而忽视社会鉴定机构的做法值得商榷，社会鉴定机构的地域设置不应有所偏颇。由于国家对社会鉴定机构缺乏必要资金投入，经费保障不到位，导致像四川、云南、贵州等偏远地区鉴定资金非常贫乏，有的县甚至连一家鉴定机构都没有，损害当事人的应有权益，阻碍诉讼程序有序进行。①虽然鉴定机构接受委托从事司法鉴定业务不受地域范围限制，处在四川某地有鉴定需求的当事人可以委托地处北京的鉴定机构进行鉴定，然而对于一些文化程度不高、因数字鸿沟被边缘化的人群来说，因这类群体法律常识匮乏，对高端电子设备异常陌生，有鉴定需求只能依靠就近的鉴定机构解决。

司法鉴定法立法就应充分考虑到这些问题，通过立法对国家、省、市的司法鉴定机构解决问题能力应有适当考虑，既保障正常取证，又能保证司法公正裁判。有观点认为，鉴定机构的配置应当考虑刑事和民事案件的平衡，鉴定机构的资源配置应当采用"两头小，中间大"的结构模式，即侦查机关鉴定机构和社会鉴定机构要少，国家投资的国有公立司法鉴定机构应占绝大多数，为保证司法保障制度的本质，国家不能只单单向侦查机关鉴定机构进行大量投入。②因此应加大对偏远地区的鉴定资金投入。或者还可以有另外一个思路，试点在全国大区划范围内引入民营资金建设若干大型司法鉴定实验室开展业务。这些实验室应当具有鉴定能力强、专业技术水平高、实验室环境条件良好的特点，民营资金加入将极大增强司法鉴定市场的活力。

通过对当前司法鉴定机构设置存在问题的梳理，在司法鉴定法立法中可以对未来鉴定机构的更好发展有如下期许。一是建立法院与鉴定机构双向反馈机制。奠定诉讼活动的基础、提供鉴定服务是鉴定机构的法定职责，作为服务对象的人民法院应配合工作，需完善庭审质证程序，可及时洞察、记录在庭审诉讼中出现的鉴定问题并向鉴定机构反馈，以便让鉴定机构知晓鉴定意见存在的问题或者鉴定人出庭质证过程中发生的情况，通过双向沟通反馈机制，将既有利于鉴定机构改进鉴定执业活动，更好为法院诉讼活动服务，又有利于人民法院依科学客观的鉴定意见做出合理评

---

① 李禹、商洁：《关于建立和完善司法鉴定统一管理体制的调研报告》，《中国司法鉴定》2009年第1期。
② 郭华、朱淳良：《专家学者聚首京城纪念〈全国人民代表大会常务委员会关于司法鉴定管理问题的决定〉实施5周年》，《法制日报》2010年10月，https://www.doc88.com/p-904539910294.html，2022年7月6日。

判，保障当事人合法权益，在司法体制改革系统中这是一种双赢选择。

二是司法行政机关必须加强对司法鉴定行业资源整合的引导和鼓励。司法鉴定行业既包括国家机关下设鉴定机构，也包括社会鉴定机构。改革撤销了法院和司法行政机关司法鉴定机构，需对法院和司法行政机关鉴定机构所有的鉴定资源及时进行整理配置，向社会鉴定机构输送一批优质鉴定仪器、设备等。在社会鉴定机构内部，因鉴定机构本身的保密性和市场化下彼此之间因利益导向激烈的竞争性，鉴定机构很难自发去进行合作，取长补短实现行业整体更好地发展。鉴于此司法行政机关就应起到带头作用，提高司法鉴定资源配置效率，让司法鉴定机构朝着专业化、科学化方向发展，提升司法鉴定机构的质量。

三是发挥司法鉴定行业协会的作用，加强对鉴定机构的监管。我国以司法行政机关为主、鉴定行业协会为辅对鉴定机构进行监管。但法律规范并未明确规定行业协会监管的具体内容，因此行业协会的监管只是一种形式化管理。司法鉴定行业协会的组成人员是在各鉴定领域工作的鉴定从业人员，其中由多个专家委员会负责专业问题。司法行政机关工作人员可能通常不具备过于专业的鉴定知识，行业协会相比行政监管在知识和经验方面更在行。因此司法鉴定法立法中，可以规定司法鉴定行业协会监管的侦查、起诉和审判诉讼阶段和重点监管的专业技术领域，确定合理的监管内容，划定监管权限，严明监管失职或违法监管的后果责任，如及时处理对司法鉴定的投诉、举报，对利用各种手段扰乱司法鉴定活动的行为予以严厉打击。这种规定并非否定或淡化司法行政机关的监管职能，二者之间不是排斥对立关系，而是相互补充相互配合协调的关系。

定期从国家评审专家库和地方专家库抽选一些专家对区域内的全部鉴定机构和鉴定人员进行评查，实地查看执业场所、鉴定机构的运行情况，对被评查机构和人员的专业技术能力进行考核，对实验室仪器设备配置及使用情况进行核查，限制不符合要求的司法鉴定机构的执业范围。[①] 严加监管鉴定机构，减少甚至是消灭司法鉴定行业乱象，推动司

---

① 宁夏法治：《宁夏全面评查司法鉴定机构和司法鉴定人》，《中国法医学杂志》2022年第2期。

法鉴定行业健康发展，维护国家司法公信力。

四是建立统一投诉受理平台，完善社会外界对鉴定机构的监督。"阳光是最好的防腐剂，灯光是最好的警察。"让鉴定机构在阳光和灯光下运行。仅存在内部的自我监督有时并不能防范贪污腐败、以权谋私、暗箱操作、弄虚作假行为的发生。借助现代新媒体、互联网等介质对鉴定机构进行全方位监督亦是一种行之有效的方法，并且人民群众作为完全独立的其他方，在进行监督时一般不受到职权、人情等因素的干扰。可以在司法行政机关统一带领下由各省司法厅主导建立起司法鉴定投诉受理平台，投诉受理平台对举报的鉴定人私自接受委托、鉴定机构虚假宣传、鉴定机构违规乱收费、鉴定活动违反程序规则等事项进行严肃调查处理。为此涉事鉴定机构应及时回应群众的质疑，做出合理解释，以公开透明的系统保障投诉人的知情权。通过让人民群众对鉴定机构的鉴定活动进行监督，对各项投诉进行妥善处置，既能推动司法鉴定机构高质量良性发展，树立起诚信负责的良好形象，又能提升群众对司法的信任度。

目前《决定》、三大诉讼法关于司法鉴定的规定缺乏系统化和体系化，而且也不统一，各部门各自为政，没有统一的司法鉴定活动理念，造成各部门理解不一、法律适用困难。新《刑事诉讼法》中，审判阶段重点关注当事人诉讼权益的保障，因此在司法鉴定法立法中司法鉴定启动权不应是司法机关独享的公权力，应科学设定司法鉴定启动程序，酌情赋予当事人一定鉴定启动权。通过系统化的立法规范司法鉴定运作过程，立法过程中应坚持依法立法、科学立法、民主立法原则，向全社会公开草案听取各方面的意见，推动建立起中国特色公正、高效、权威的司法鉴定法。

第五章

司法鉴定立法体系化的优势

第一节　司法鉴定立法体系化的统领作用

司法鉴定采取统一立法技术可以合理安排通过立法所要规范的内容，使司法鉴定活动需要制定的各种制度和规范准确适用，既不冲突，也不重叠。其体现了司法鉴定法立法中相关原则、规则、制度的系统性和逻辑性，本质为司法鉴定法立法过程中确立的基本概念的属性和外延、基本原则、制度形成贯通一致的统一整体，各组成部分和整体之间在立法形式方面不存在冲突和矛盾。因为司法鉴定涉及内容较广，既要与诉讼程序与证据规则相适应，又要对司法鉴定的行政管理活动另行规定，因此没有任何一部现有法律能够通过修订从而将司法鉴定所有内容予以规制。只有以《决定》为基础，吸收近年来司法鉴定改革优秀成果，并将散见于三大诉讼法、规章、地方性法规及司法解释等文件中有关司法鉴定原则性规定进行系统而全面地统一，形成一部完整的"司法鉴定法"。司法鉴定统一立法体制的确立有利于解决现有司法鉴定相关内容不统一问题。相比而言，如果司法鉴定法采取分散立法的立法形式，就无法避免司法鉴定法和其他分散立法"各行其是"的问题，因为分散立法针对不同领域的具体问题制定，受制于制定主体利益和问题导向，不可能通盘考虑司法鉴定活动中的所有可能，具有明显的局限性。

一　形成目的统一性，实现司法公正与效率的统一

"科学设计目的条款向来都是法律文本的首要重点"[①]，法律文本通常会在第一条规定本法的立法目的，以本法"为了"或"为"为目的条款识别标识。立法目的作为法律文本中极为重要的条款，与适用范围、生效时间等条款一样，都能够辐射整个法律文本。因此，司法鉴定统一立法可以统一立法目的，为司法鉴定活动作出一致引导。确立司法鉴定法统一立法的立法目的是实现司法鉴定法统一立法制度和规则协调性的基础。司法鉴定法统一立法所确立的立法目的将贯穿于司法鉴定法律概念、原则、规则与制度，有利于司法鉴定各项制度的有序与统一。立法体系化有助于司法鉴定法在立法中形成目的统一性，有助于司法鉴定法对于司法鉴定活动作出有序的统一调整，力争对于相同诉讼法律关系作出一致法律调整。司法鉴定活动具有统一目的既可以实现各项鉴定活动的有序衔接，又能够减少司法鉴定制度与诉讼制度、证据规则的冲突。与司法鉴定立法体系化相较，分散立法的立法模式显然由于不同的立法精神和价值取向，可能更多地偏向于便于政策管理需要，分散立法之间受制于各自立法目的和规范机制，导致法律术语在不同法律规范有不同理解。而法律适用机关往往作出有利于维护部门利益的解释，最终会造成司法鉴定活动的不统一，不利于法律适用统一性的实现，引起公民对法院及鉴定机构的不信任。若以分散式立法对司法鉴定制度予以规制，则需要对三大诉讼法中有关司法鉴定的规定逐一进行修改。但是对三大诉讼法中有关司法鉴定的规定进行修改是不具有现实基础的，一方面，《中华人民共和国刑事诉讼法》（以下简称《刑事诉讼法》）已经过数次修改，但仍然没有改变将鉴定列于侦查之下的体例安排，并未将鉴定作为一种法定证据手段独立出来。另一方面，对三大诉讼法中司法鉴定相关规定同时进行修改并不现实，即使三大诉讼法对本法中司法鉴定相关规定进行修改，也会存在立法内容不统一、出现司法鉴定的重复规定或冲突规定的问题。立法目的体现整个法律文本价值目标追求，分散式立

[①] 刘风景：《立法目的条款之法理基础及表述技术》，《法商研究》2013年第3期。

法无法形成统一目的也就意味着分散式立法会出现不同的立法精神与价值取向，不利于司法鉴定统一体制的建立。

立法目的的价值倾向十分明显，对司法鉴定实践进行分析以确立其统一立法的价值目标与立法目的。司法鉴定制度属于重要的司法制度，在立法过程中必须同司法制度一样，将司法公正与司法效率等问题考虑其中。"公正与效率是一切现代程序设计的共同价值准则"①，在现代社会中，人们在进行程序建构时实际上都考虑了公正与效率双重价值，在诉讼制度中尤为明显。因为诉讼制度关系到公民的权利、义务与责任，当公民之间或公民与国家发生冲突时，往往都会诉诸具有中立地位的法院，以期能获得公正的裁判和司法保护。司法公正是诉讼制度的根本价值追求，任何诉讼制度都应当考虑司法公正，司法公正同时也是诉讼制度的内在固有价值，缺乏对固有价值的信仰意味着诉讼制度在运行过程中将会失去本真。司法公正在诉讼程序中具有如此重要的地位，我们为何还要考虑司法效率呢？其主要原因在于提高诉讼效率本身有利于司法公正的实现。法理学家贝卡利亚曾言："诉讼本身应该在尽可能短的时间内结束，因为惩罚犯罪的刑罚越是迅速、越是及时，就越能体现公正和有益"。② 社会的司法资源是有限的，如果对每个案件都采取完整的诉讼流程，可能会保障所处理案件符合最大程序正义，但会出现更多案件堆积从而无法保证所有案件得到公平处理，因此为了实现更大的正义就需要进行一定的程序设计而提高诉讼效率，这是符合功利主义最大多数人最大幸福原则的。换言之，诉讼中追求最大多数人的最大幸福就是要对诉讼效率和追求公正进行平衡。各个国家的诉讼制度在建构过程中都考虑了公正与效率，由于各国历史传统和现实情况存在差异，不同国家在诉讼立法过程中对公正与效率也有所偏重。例如，"《日本刑事诉讼法》第1条规定该法的目的包含'正当而迅速地适用刑罚法令'的内容"③。司法鉴定制度作为重要的司法制度，与诉讼制度、证据规则的关

---

① 张正德：《刑事诉讼法价值评析》，《中国法学》1997年第4期。
② [意] 贝卡利亚：《论犯罪与刑罚》，黄风译，中国大百科全书出版社1993年版，第56页。
③ 陈光中：《刑事诉讼法》（第七版），北京大学出版社2021年版，第17页。

系十分密切，能够起到重要的诉讼证明效果，因此，司法鉴定统一立法也需要兼顾司法公正与效率。"作为诉讼辅助性活动的司法鉴定在实现公正和效率价值的具体方式上应同本国的整个诉讼制度协调一致，即我国司法鉴定立法应当与我国的诉讼制度保持协调统一。"① 立法活动必须有一定的目的作为指引，否则立法活动将是无序、混乱的。立法目的体现出整部法律的整体价值倾向与价值目标，任何一部法律背后都有一定的价值导向。立法者在制定司法鉴定法时，必须先确立该部法律的价值目标，以立法目的条款的形式表现出来。

（一）司法公正价值体现

随着我国人权理念的发展，立法目的理念也相应发生一定变化，"进一步确立以'立法为民'作为立法目的这一新时代的新思维，完成了立法目的历史性大变革"②。该立法理念也应当在司法鉴定统一立法过程中得以体现，最主要的表现应当为在司法鉴定法中注重司法公正。司法公正是司法鉴定统一立法的根本价值追求，司法鉴定意见属于法定的诉讼证据类别，其要求司法鉴定统一立法需要将司法公正作为价值目标，并在立法目的中予以体现。除了司法鉴定制度与诉讼制度存在密切关联这一因素要求司法鉴定制度需要保证司法公正，司法鉴定制度本身的特性也同样要求统一立法需保证自身的公正性。

鉴定意见作为证明案件事实的证据之一，其要求司法鉴定机构必须保持中立属性。司法鉴定往往需要鉴定人运用专门知识，对案件中所涉及的专门性问题进行科学性鉴定，并提出相应的判断性意见，在司法鉴定过程中通常会采用最新的科学技术，以期得到更加科学、准确的结论。有人提出司法鉴定人本质上属于法官的科学助手，虽然该表述有一定的职权主义倾向，但也从侧面印证出司法鉴定意见对不具有专门知识的法官容易产生较大影响。因此，鉴定意见一旦出错，则会产生巨大危害后果，例如侵害当事人合法权益、刑事诉讼中导致无辜者含冤入狱等，最终导致司法公信力丧失，使司法鉴定意见不具有可信力，出现"重复鉴

---

① 顾晓峰：《我国司法鉴定统一立法问题研究》，硕士学位论文，苏州大学，2013年。
② 吕怡维：《立法目的的历史性变革——从"立法治民"传统到"立法为民"原则的确立》，《法学杂志》2018年第3期。

定""反复投诉"等问题。我们应当认识到科学的司法鉴定意见并非绝对正确,这是由于科学是需要经过不断推翻以验真伪的过程,也许现在被认为是正确的科学手段在未来会被推翻,这表明科学的鉴定意见具有不确定性。但是,这并意味着鉴定意见不具有可信性,在现有科技条件下鉴定意见仍然符合科学本身的性质与规律,具有权威性和可靠性。我们不应当将目光集中在鉴定意见是否完全"准确",而是应当关注司法鉴定过程是否符合程序正义,只要司法鉴定意见的作出具有程序上的正当性,则应当认可鉴定意见作为定案依据的资格。在进行司法鉴定统一立法的过程中,更应当注重程序正义在司法鉴定流程中的体现。

《决定》的出台具有极为重要的意义,突出表现在《决定》收回了法院设立司法鉴定机构的权力,目的是为了保证鉴定机构具有中立性,初步实现了法律文本上的"审鉴分离"。同时《决定》也规定司法行政机关不得设立司法鉴定机构,其目的同样是为了保证鉴定机构中立立场。但是,《决定》并未剥夺侦查机关内部设立司法鉴定机构的权力,侦查机关仍然可以根据工作需要设立鉴定机构。侦查机关的鉴定机构虽然不面向社会接受鉴定委托,但经过几次公安机关鉴定规则的修改,现已将委托对象放宽至其他党委、政府职能部门,其是否符合司法公正要求有待商榷。侦查机关天然具有追诉犯罪的属性,法律虽规定侦查工作必须严格依法进行,但是在追诉犯罪时仍存在追求嫌疑人有罪的思想,因而侦查机关不能保持中立立场。但是司法鉴定本质要求鉴定机构及鉴定人保持中立立场,只有鉴定机构及鉴定人保持中立立场,不受外界干扰时,才能保证其鉴定意见具有客观性和中立性。《公安机关鉴定人登记管理办法》第9条[①]在规定鉴定人资格时,部分条件为申请人要求为在职或

[①] 《公安机关鉴定人登记管理办法》第9条个人申请鉴定人资格,应当具备下列条件:

(一)在职或者退休的具有专门技术知识和技能的人民警察;公安机关聘用的具有行政编制或者事业编制的专业技术人员;

(二)遵守国家法律、法规,具有人民警察职业道德;

(三)具有与所申请从事鉴定项目相关的高级警务技术职务任职资格或者高级专业技术职称,或者高等院校相关专业本科以上学历,从事相关工作或研究五年以上,或者具有与所申请从事鉴定项目相关工作十年以上经历和较强的专业技能;

(四)所在机构已经取得或者正在申请《鉴定机构资格证书》;

(五)身体状况良好,适应鉴定工作需要。

者退休的具有专门技术知识和技能的人民警察，且需要具有人民警察职业道德，这就必然导致部分侦查人员会具有鉴定人资格，鉴定人身份与侦查人员身份的重合将难以保证鉴定意见的客观公正，最终会造成程序上的不公正。

检察院同样享有根据工作需要设立内部鉴定机构的权力，检察机关具有公诉和侦查的双重职能，我国目前还未彻底消除检察院绩效考评制度对检察机关的不利影响，检察官在该巨大外部压力之下，其观念上存在过于强烈的追诉倾向。由检察院的鉴定机构进行案件的司法鉴定，在程序上仍然是违反现代诉讼公正程序的要求的，不符合程序正义。未来在进行司法鉴定统一立法过程中，应当尤为重视程序正义价值在法律条文中的体现，因《决定》赋予侦查机关和检察机关设立鉴定机构的权力，导致实践中司法鉴定出现不正义现象。为解决侦查机关和检察机关所控制的鉴定机构具有不中立立场的问题，需要将鉴定职能与侦查、起诉职能进行彻底分离，使鉴定机构独立于公安和检察院。因为目前我国侦查工作具有一定特殊性，为防止侦查工作过于延缓，出现证据流失等现象，司法鉴定统一立法无须直接取消侦查机关的司法鉴定机构，但应当进行适当限制，例如对鉴定事项或委托对象范围进行适当限制。对紧急程度相对较弱的事项，不应当由侦查机关交由内部司法鉴定机关予以鉴定，应当将其委托给中立的第三方司法鉴定机构进行鉴定，这种做法可以减少鉴定机构与侦查机关之间的联系，使鉴定意见更具有真实性与客观性。同时，可以采取司法审查的方式对侦查机关进行司法鉴定予以制约，通过由法院最终决定是否允许侦查机关进行司法鉴定，一定程度上可以解决侦查中司法鉴定工作的程序不正义问题。

"司法鉴定这一过程自身蕴含着法律性和公证性，需要统一、完善的司法鉴定法予以调整。"[①] 我国现有法律制度规定司法鉴定启动权由公安、检察院和法院享有，与之相对应的是当事人不享有司法鉴定启动权，只能向法院申请启动司法鉴定。按古典自然正义理论，听取双方的意见是司法公正的基本内涵，我国现有的司法鉴定启动制度存在严重的控辩

[①] 王杏捷：《司法鉴定亟待专门立法》，《政法论坛》1998年第1期。

权能失衡问题，并没有赋予控辩双方平等的司法鉴定参与权。该问题主要出现在刑事诉讼领域，民事诉讼领域规定当事人双方都享有司法鉴定申请权，都可以就案件中的专门性问题向法院申请启动司法鉴定，法院同意启动司法鉴定程序后，由当事人双方协商确定鉴定机构，若无法达成一致意见，则由法院制定鉴定机构进行司法鉴定。该规定保证了当事人双方享有平等的司法鉴定程序参与权，也不容易出现"反复投诉"现象。在刑事诉讼领域，我国的司法鉴定启动程序具有中国特色，与大陆法系、英美法系的司法鉴定启动制度都存在差异。

目前学界对如何变革司法鉴定启动制度存在争议，主要有两种观点，即分别向大陆法系和英美法系国家进行学习和借鉴。一部分学者认为应当取消公安机关与检察院的司法鉴定启动权，应当与当事人采取一致规定，赋予其司法鉴定申请权，只有向法院申请并经过法院同意才能启动司法鉴定。另一部分学者则认为应当学习英美法系国家，允许公安机关和检察院进行司法鉴定，但是鉴定意见并不具有确定法律效力，与当事人委托所获得的鉴定意见效力一致，都只能作为本方证据受到交叉询问。未来进行司法鉴定统一立法还需要通过论证和实践调研，确立最适合我国的司法鉴定启动制度。学界还未就司法鉴定启动制度如何变革达成一致，但司法鉴定实践中已出现了对《决定》的突破，部分地方立法通过赋予当事人一定的司法鉴定启动权，从而实现司法鉴定的程序公正。"比如河南省《司法鉴定管理条例》第23条则规定，对于法律未对司法鉴定的申请、委托、决定作出规定的，公民、法人和其他组织可以委托司法鉴定机构进行鉴定。该地方性法规授予了当事人在一定程度上的司法鉴定的启动权，应当说对于平衡各方诉权是一个有益的突破。"[①] 地方性法规对《决定》的突破是司法鉴定程序的进步，但是这种突破"于法无据"，司法鉴定启动权属于司法鉴定制度中十分重要的原则性规范，需要由司法鉴定统一立法对该问题进行明确规定。

对于是否取消公安机关和检察机关的司法鉴定启动权还需要进行商

---

① 王瑞恒：《我国统一司法鉴定立法的有益探索——以司法鉴定地方立法为视角》，《中国司法鉴定》2015年第5期。

议，但对于加强当事人对司法鉴定启动程序的影响力势在必行。当事人在诉讼程序中享有申请补充鉴定与重新鉴定的权利，该规定一定程度上缓解了司法鉴定启动程序中控辩双方权利不平等的现象，但是并未根本性改变当事人在司法鉴定启动程序中的弱势地位。在无法改变公安机关与检察机关享有司法鉴定启动权现状的背景下，应当由法律规定赋予当事人享有在初次鉴定申请被法院驳回时向上一级法院寻求救济的权利。本书认为，从本质上来说，司法鉴定申请权属于当事人的诉讼权利，有权利则应当有救济，因此应赋予当事人在权利无法实现时寻求救济的机会。除了需要对犯罪嫌疑人、被告人的权利进行保护外，有学者也提出需要考虑被害人及其家属的利益，也就是"赋予被害人及其家属对鉴定机构的选择权、参与权，通过增强鉴定启动程序的民主性，提高当事人对鉴定意见的信任度"①。

　　司法鉴定统一立法中除了要重视程序公正，还需要考虑实体公正。实体公正主要体现在司法鉴定意见是否客观真实，司法鉴定意见的真实准确主要与司法鉴定人的专业知识、职业道德以及鉴定设备相关。一方面，应当完善司法鉴定人回避制度。若鉴定人与案件当事人或案件结果存在利害关系，则很大程度会影响鉴定意见的客观真实程度，鉴定人同时也丧失了中立立场，鉴定意见有所偏向，最终会导致案件裁判结果缺乏公正因素，影响到当事人相关权益。《司法鉴定程序通则》对鉴定人回避制度作出较为详细规定，但鉴定实践中仍存在回避信息不对称，申请回避面临诸多困难，因此未来我国司法鉴定立法体系化过程中应重视鉴定人回避制度的完善，使鉴定人能够保持中立立场。另一方面，应当加强鉴定人专业知识与职业素养的培养。从当前司法鉴定实践来看，我国鉴定人准入门槛设置在较低水平，这与诉讼中所需科学证据的要求差距仍然很大。鉴定人准入门槛设置在较低水平就意味着所出具的鉴定意见会因鉴定人水平不同而存在差异，导致当事人对鉴定意见存在争议，要求"重复鉴定"或进行"反复投诉"。有些水平较低的鉴定人出具的鉴定意见甚至不符合科学性与客观性要求。在司法鉴定法的立法中，关

---

① 陈邦达：《刑事司法鉴定程序的正当性》，北京大学出版社2015年版，第249—250页。

于司法鉴定人的准入资格应当考虑以保证诉讼取证需求为基本导向，以维护当事人合法利益和维护司法公正为目标，有利于提高诉讼效率，减少重复鉴定导致的司法迟延。司法鉴定法应当确定法定形式的考试，对申请司法鉴定职业类别所应具备专业知识和相关法律、法规内容进行考核、考试；在组织鉴定人候选人申请考试的基础上，设定不同类别司法鉴定申请需要的条件。司法鉴定人才储备的充足有利于实现司法鉴定的公平正义。

（二）司法效率价值考量

公正与效率是一对矛盾概念，二者是对立统一的。司法公正与司法效率相互排斥且相互对立，司法公正是司法制度的根本价值追求。要实现绝对的司法公正需要通过细致的法庭调查、充分的法庭辩论和无期限的审判，而不论追求公正过程中所产生的巨大司法成本和诉讼效率的高低。要实现司法效率则必然意味着牺牲掉一部分的司法公正，因为司法效率的实现方式和司法公正的实现方式之间存在不可调和的矛盾。与此同时，司法公正与司法效率二者也是相互吸引且可以进行相互转化，"迟来的正义非正义"，这句著名的法谚告诉我们若一味地追求司法公正而不考虑司法效率，则会导致司法过分迟延让公平正义大打折扣甚至变得毫无意义。司法效率和司法公正在一定条件下是可以相互转化的，提高诉讼效率有利于使较为简单的案件得到快速处理，相应地社会则可以将更多司法资源投入到复杂案件中，最终使简单案件与复杂案件获得适合的司法资源投入，最大程度实现司法公正。司法资源是有限的，而诉讼案件是在不断增多的，我国早已出现案多人少的问题，只有通过提高司法效率才能将案件快速处理，不至于将绝大部分案件进行堆积，使之无法得到中立法院的审判与处理。若某项制度仅追求司法公正或只考虑司法效率，则该制度终将因效率过低而被时代抛弃，或因片面追求效率造成社会的片面发展而被抛弃。司法鉴定制度作为与诉讼制度、证据规则紧密关联的司法制度，在统一立法过程中除了考虑司法公正价值，也应当对司法效率价值予以重视。仅追求司法公正而忽视司法效率或无法兼顾司法公正与司法效率平衡的司法鉴定制度难以称之为现代意义上的司法鉴定制度，必须对司法公正和司法效率予以相同的重视程度。

《决定》第 8 条规定："各鉴定机构之间没有隶属关系",该规定说明我国不同鉴定机构所出具的鉴定意见不具有等级效力,但鉴定实践中,因鉴定人专业知识水平、职业素养以及鉴定设备等差异,不同鉴定机构所作出的鉴定意见的真实性与科学程度是有所不同的。从当前司法鉴定实践来看,我国鉴定人准入门槛设置在较低水平,这就意味着鉴定意见会因鉴定人水平不同而存在差异,这是"重复鉴定"与"反复投诉"的原因之一。有学者通过研究发现,"在司法实践中,鉴定机构的级别和鉴定人的权威性是法官在重复鉴定案件中进行判断的主要标准"[1],法官通常会对级别更高的鉴定机构与更权威的鉴定人所作出的鉴定意见更加信任,采信程度也更高。但是,级别较低的鉴定机构和不知名的鉴定人所作出的鉴定意见在法庭上的可信度并不高,对法官的自由心证并不会产生应有的证明作用。这种现象会倒逼需要司法鉴定的案件更多涌向级别较高的鉴定机构和更权威的鉴定人,但我国早已实现司法鉴定市场化运营模式,市场上涌入非常多级别不等、规模不同的鉴定机构,这将会产生司法鉴定资源分配不均、鉴定效率低下的问题。因此,提高鉴定人水平就显得尤为重要,司法鉴定法应当确定法定形式的考试,使得司法鉴定申请人通过统一标准考试,在形式上确立鉴定人统一水平,有利于减少法官与当事人对鉴定意见的偏见。

除此之外,东西部的司法鉴定发展进程明显不同,东部司法鉴定发展速度较快且发展更好,东部市场由于司法鉴定需求旺盛且经济较为发达,对于司法鉴定机构及鉴定人的准入资格把控较严,严格按照刚性规定控制鉴定机构及鉴定人取得鉴定资格。因此,东部市场的鉴定机构对于复杂专业问题的鉴定更加科学,解决问题的能力较为突出。相反,西部市场对于司法鉴定机构及鉴定人准入规定执行刚性不足,导致解决问题能力有限,公信力不足,争议较大,重复鉴定层出不穷,问题解决不了经常提交国家级鉴定机构处理,造成资源浪费,司法效率低下。对于上述问题,学者们也从不同角度提出解决方案。有学者认为应当"在'司法鉴定法'中明确规定鉴定机构只存在于国家级、省级、地市级三

---

[1] 汪建成:《中国刑事司法鉴定制度实证调研报告》,《中外法学》2010 年第 2 期。

个级别,取消市级以下的鉴定机构,并且规定国家级鉴定机构出具的鉴定意见效力最高,依次类推,方便进行统一管理。"① 本书认为,该种解决方案具有一定的合理性,但是在我国司法鉴定已形成市场化运营模式的背景下,通过统一立法的形式直接取消市级以下的鉴定机构的执行难度非常大,会造成大量鉴定机构及鉴定人无法安置的问题。尝试在全国大区划范围内引入民营资金建设若干大型司法鉴定实验室开展业务不失为一个解决路径,且在司法鉴定统一立法中应当对鉴定人和鉴定机构采取严格的准入制度,防止出现因鉴定机构及鉴定人鉴定水平差异过大造成的"重复鉴定"问题。

《决定》未对同一鉴定事项的鉴定次数予以规定,造成司法鉴定实践中当事人及司法人员对鉴定次数存在不同理解。一般而言,司法鉴定实务中,司法工作人员普遍倾向于应当对同一鉴定事项的鉴定次数予以限制,否则将会导致当事人要求数次重复鉴定,既影响司法鉴定效率,若存在不同鉴定意见则还会造成当事人对鉴定机构及鉴定人"反复投诉"现象,又相应地拖延诉讼效率,影响公正司法判决的作出。当事人的观点则与司法工作人员有所不同,当事人则认为申请司法鉴定属于自己的合法权利,为了能够对抗强大的追诉机关,应当赋予当事人重复鉴定的权利,要求对司法鉴定次数不予以限制或给予多次司法鉴定机会。持有该种观点的人认为,对同一司法鉴定事项不进行次数限制是对科学鉴定的遵从和尊重,司法鉴定本就需要通过科学手段进行分析鉴别,应当以实事求是的态度对待作为法定证据的司法鉴定意见,不断追求案件的真实面目。但相反观点则认为,司法鉴定并非完全独立的程序,司法鉴定是与诉讼程序紧密联系的,在设计司法鉴定相关制度时必须要考虑其与诉讼制度的衔接问题。若对同一鉴定事项不进行次数限制,则会影响到后续诉讼程序的顺利进行。有学者甚至提出"司法鉴定程序是嵌套在刑事诉讼之中的子程序,因此,司法鉴定的诸多原理和理念都要顺应刑事诉讼的原理和理念"。② 因此,本书认可后一种观点,为了提高司法

---

① 邓玉洁:《司法鉴定统一立法的设想》,《湖南警察学院学报》2013年第1期。
② 汪建成:《中国刑事司法鉴定制度实证调研报告》,《中外法学》2010年第2期。

鉴定的效率，应当对同一鉴定事项的鉴定次数予以限制。司法鉴定实践中，地方已经探索出相应的终局鉴定制度，这也就意味着地方通过规定地方司法鉴定管理条例对司法鉴定次数作出了限制，该规定有利于提高诉讼效率，节约司法资源，防止出现过多的"重复鉴定"。通过对不同鉴定机构所出具的鉴定意见设置等级，避免因鉴定意见相互矛盾导致司法鉴定流程的回环往复，减少"多头鉴定"与"反复鉴定"问题的出现。因地方性法规缺乏上位法依据且该制度无法向全国推进，容易出现司法鉴定制度的适用不统一问题，因此，司法鉴定统一立法应当在法律文本中对该问题进行原则性规定，允许地方在"司法鉴定法"的基础上对司法鉴定制度进行细化。

通过对现有司法鉴定法律体系的归纳，我们可以发现我国司法鉴定缺乏必要的监督与制约机制。有权力就应当有制约和监督，否则就容易出现权力滥用和部门扯皮等问题。司法鉴定程序往往涉及三方主体，分别为鉴定机构及鉴定人、当事人或侦查机关、法院。司法鉴定缺乏应有的监督机制与制约机制，则容易出现各部门各司其职、相互扯皮等拖延诉讼的现象，当事人在认为鉴定意见不具有科学性、客观性与中立性特征时，则容易向法院申请重新鉴定或补充鉴定。若法院驳回当事人的请求且当事人无法向上级法院寻求救济时，当事人极易进行反复投诉，以寻求自己所认为的公平正义，最终影响到诉讼的顺利进行。司法鉴定统一立法过程中，应当注重司法鉴定监督机制与制约机制的建立。对司法鉴定的监督不仅要以法律形式予以明确规定，还需要将监督落实到司法鉴定活动的方方面面，以实现对司法鉴定活动的有效监督与制约。除此之外，司法鉴定人出庭作证制度的确立在一定程度上提高了当事人对鉴定意见的信任与认可度，司法鉴定人出庭作证的重要性自不必多言。但是，司法实践中，因我国并未确立完善的鉴定人出庭作证的费用承担机制和鉴定人及其亲属的人身保护制度，鉴定人并非总能顺利出庭作证，这在一定程度影响了诉讼的顺利进行，容易浪费诉讼资源，降低诉讼效率。我们应当将现代信息化技术应用在鉴定人出庭作证程序中，若鉴定人因合法原因无法按时出庭作证，应当允许通过现代新媒体手段解决或采取远程视频方式出庭作证。该方式既可以保证鉴定人受到法庭质询，保证鉴定意见合法性，又可以减少鉴定人出庭作证费用，最重要的是并不会导致庭审无法顺利进行，有利于提高司法鉴定的效率。

二 实现司法鉴定宏观与微观结构的逻辑自洽

司法鉴定法统一立法的逻辑自洽性是立法中各个制度形式的组合、排列的结构合理性，这既是客观结构体例安排的需要，也是单行制度形式微观结构的运行要求。现有司法鉴定相关规定较为分散，不成体系，必然导致某些规定存在不一致，无法形成逻辑自洽的司法鉴定体系。司法鉴定制度的分散式规定容易引起司法实践中鉴定规范适用的混乱与冲突，存在侦查机关、检察机关、法院及司法行政机关对司法鉴定的理解不一致问题。若对司法鉴定进行统一立法，有利于实现司法鉴定宏观与微观结构的逻辑自洽。体系化立法具有内部集成并富有逻辑的特征。统一司法鉴定法立法形式最根本的体现就是立法的体系化，这使司法鉴定法的各概念、原则、规则、制度根据立法价值和目的进行议定并加以系统组织和体例编排。体系化最为重要的要求就是立法体例的逻辑性，这也是司法鉴定体系化立法的本质特征。立法体例富有逻辑性的特征将体现在司法鉴定统一立法的过程中，既有利于实现司法鉴定与诉讼法、行政法的有序衔接，又能够为司法鉴定行政法规规章及地方性法规提供基本依据，实现司法鉴定宏观结构的逻辑自洽。对于目前不同部门出具的规范对司法鉴定规定不一致的问题，采取统一立法形式则可以对其进行整合，作出统一规定。该做法既有利于节约立法资源，又可以避免不同部门因利益之争所造成的多头立法和重复立法的现象。除此之外，司法鉴定的体系化规定符合司法鉴定内部单行制度形式微观结构的运行要求，能够对现有单行制度进行完善，实现司法鉴定制度的法治化与科学化。分散立法的立法形式主要体现在对某一特定领域法律问题的调整，在制定过程中，可能也会考虑到法法衔接或者融通的部分内容之间的逻辑关系，但也只对个别法律规范内容调整。更为重要的是，由于分散立法制定主体的差异性，在法律制定过程中基本无法对其他部门立法作出预测。又因不同部门存在立法技术及修订时间的差异，很难对司法鉴定制度作出统一规定。不同立法可以自成相对有逻辑性的体系，但是仅靠分散立法之间自行协调形成富有逻辑性的适用体系是不现实的。目前已具备司法鉴定统一立法的客观条件、时代背景及民意基础,且法治建设目标要求对司法鉴定进行统一立法,我们应当顺应时代发展,对司法鉴定进行体系化立法建设,实现司法鉴定宏观与微观结构的逻辑自洽。

(一) 有利于客观结构体例的整体安排

《决定》主要规定司法鉴定管理体制,对于司法鉴定适用程序并未进行详细规定,但随着司法鉴定意见在诉讼程序中所起的作用越来越大,司法鉴定程序与诉讼程序及证据规则的衔接也就愈加重要。因缺乏司法鉴定程序与诉讼程序衔接的规范内容,极易造成立法内容的不协调。"司法鉴定活动跨越了行政法、诉讼法和侵权法等诸多部门法领域,具有多部门法调整的特点"[1],若不对司法鉴定内容以统一立法形式进行规定,则容易出现不同部门重复规定或冲突规定的现象,不利于实现司法鉴定结构的科学化。若不采用统一立法的形式对司法鉴定进行规制,则需要对三大诉讼法进行修改,将会造成三大诉讼法在司法鉴定重要内容上进行不必要的重复规定,并且还会出现在某些原则性内容上的冲突规定。虽然司法鉴定程序在不同诉讼程序中存在差异,但也具有较多共性,将这些共性问题统合在一部专门的司法鉴定法律文本之中就显得十分必要且有可能。分散式立法无法兼顾司法鉴定在不同程序中的共性与个性,浪费立法资源,不具有合理性。现有司法鉴定规范体系即存在与诉讼法的衔接不畅问题,还存在最高位阶"法律"《决定》与其他行政法规规章及地方性立法的不协调问题。正如上文所说,《决定》已颁布17年之久,早已不适应快速发展的司法鉴定实践,为了解决司法鉴定实践中所遇到的问题,行政法规规章与地方性立法则起到重要作用。如《决定》仅规定三大类鉴定,而随着司法实践发展,需要进行登记管理的鉴定活动早已不止三大类。地方性司法鉴定管理条例则发挥了重要的作用,通过总结司法鉴定实践需要,确立本地方需要统一进行登记管理的司法鉴定类型,该做法是一种对司法鉴定管理体制的有益探索。但是,正是因为缺乏统一司法鉴定法,使得地方的有益探索于法无据,不能转化成法

---

[1] 杜志淳:《司法鉴定法立法研究》,法律出版社2011年版,第17页。

律统一发挥作用。未来进行司法鉴定统一立法，需要重视法律体系的科学性与合理性，注重《司法鉴定法》与三大诉讼法、行政法等的衔接与协调，并且吸收行政法规规章与地方性规定的有益成果，进行统筹规划，使我国司法鉴定法的体系与框架结构更加科学合理。与此同时，司法鉴定统一立法过程中，还需要注意与上位法、同位阶法律的衔接问题，拟制定的《司法鉴定法》不能与宪法及其他上位法相抵触，同时也不能与现有的其他同位阶法律有所抵触。

采用结构功能主义对司法鉴定统一立法在宏观结构自洽方面所起到的推动作用进行分析，能够更好地帮助我们理解司法鉴定统一立法的优势。"结构功能主义（Structural - functionalism）是现代西方社会科学研究的重要理论流派，其侧重于对社会系统的制度性结构进行功能分析，提倡用功能分析方法认识和说明整个社会系统和社会制度之间的关系。"① 结构功能主义是一种使用功能分析方法，对一定结构所产生的功能进行分析的理论形式，有利于我们更好地认识制度的优势与弊端。结构与功能是相互作用的，结构与功能会随着另一方的变化而改变，一方面不同的结构安排必然是以所要实现的功能或目标作为前提条件，另一方面在于不同的制度结构在运作过程中也会产生相应不同的功能。司法鉴定制度作为一种司法制度，采取体系化立法与分散式立法所产生的功能是不同的，尤其是在客观结构体例的整体安排方面，二者发挥的功能作用是有区别的。结构功能主义作为一种动态的研究方法，其既有利于分析现存制度实现了何种功能，又有助于我们对制度完善路径进行功能性分析与选择。相比较而言，司法鉴定统一立法所带来的"正功能"主要体现在其既可以解决因分散立法而带来资源浪费问题，又可以解决现有司法鉴定制度规定内容不协调的问题，有利于实现客观结构体例的整体安排。司法鉴定法的体系化是实现司法鉴定制度科学性的基础，有利于客观结构体例的整体安排。"法的体系化建构包括形式逻辑的一致性和价值范畴的统一性"②，现有的司法鉴定体制缺乏有效的法律对其予以

---

① 王文龙：《结构功能主义视角下乡村治理模式嬗变与中国乡村治理政策选择》，《现代经济探讨》2019 年第 10 期。
② 刘凯：《经济法体系化的系统论分析框架》，《政法论坛》2022 年第 2 期。

规定，只有通过司法鉴定统一立法，才能实现司法鉴定制度在法律效力层级上保持形式逻辑的一致性。我们需要运用系统论整合现有法律、法规、规章、司法解释、规范性文件关于司法鉴定活动的相关规定，对分散而庞杂的相关规定分门别类，有目的地进行整合与取舍，从而提高对司法鉴定制度的科学认识，并进行整体而全面地把握。

(二) 符合单行制度形式微观结构的运行要求

司法鉴定立法的体系化能够推动司法鉴定的快速发展，体系化思想是我们推动司法鉴定制度发展过程中离不开的重要指导思想，是否存在统一的司法鉴定立法体系是衡量我国司法鉴定制度发达程度的重要标志。司法鉴定活动并非纯粹的科学活动，本质上而言，司法鉴定作为科学实证活动与传统科学研究活动有很大的区别，归根结底是由司法鉴定的法律属性所决定。司法鉴定作为法律明确规定的司法活动之一，必须要受到法律规定的约束，司法鉴定活动应当在法律制度框架内运行，尚未进入司法领域的传统科学鉴定活动并不属于司法鉴定，且不符合法律规定的司法鉴定活动所得出的鉴定意见也不具有证据法上的意义，无法成为定案依据。因此，对司法鉴定进行统一立法符合司法鉴定的法律属性特征，司法鉴定的单行制度也需要受到法律规范，司法鉴定统一立法符合单行制度形式微观结构的运行要求。由于《决定》对很多具体司法鉴定制度，例如司法鉴定机构及鉴定人的权利义务、司法鉴定程序和司法鉴定意见的质证等制度均无详细规定，普遍由三大诉讼法进行一些简单规定或由行政法规规章及地方性管理条例等进行规定，因此很多的司法鉴定制度是缺乏法律依据的，并不是指没有任何规范性文件进行规定，而是指缺乏全国人民代表大会所制定的法律作为运行法律依据。"按照《中华人民共和国立法法》第 8 条的规定，司法鉴定的质证制度、认证制度属于诉讼制度，只能由国家法律规定。"① 这表明司法鉴定制度属于混合了诉讼制度、行政管理制度和司法鉴定技术规范及标准规则的复杂制度，针对不同属性的单行制度，应当由不同的主体予以规范。在制定

---

① 参见司法部《关于对司法鉴定地方立法和司法鉴定管理制度性质问题的批复》，司复 20017 号，2001 年 6 月 12 日。

司法鉴定统一立法过程中，不可能将司法鉴定所有内容都统一纳入"司法鉴定法"进行规定，必须认真考虑司法鉴定立法体系化后和其他法律、法规、规章、司法解释、规范性文件在规制内容和范围上的分工与配合。在"司法鉴定法"中对涉及诉讼制度的司法鉴定制度进行原则性规定，无须事无巨细地将所有内容都予以规定，在司法鉴定法的立法中，应当注重考虑法律制定的柔性与刚性相结合。司法鉴定立法体系化解决的是司法鉴定活动中普通适用的一般性规则，具有最高稳定性，不能随意修改或者废弃。司法鉴定统一立法是一个系统工程，除了要注重司法鉴定制度与诉讼制度、证据规则的有序衔接，做好司法鉴定客观结构体例的整体安排，还需要对司法鉴定制度中的每一个单行制度进行研究和具体分析。

司法鉴定人出庭作证制度、司法鉴定启动制度及司法鉴定管理制度等都属于司法鉴定单行制度，上文我们已经在其他部分对司法鉴定人出庭作证制度、司法鉴定启动制度目前存在的问题进行了简要的分析。通过对司法鉴定制度的体系进行系统化研究与分析，并且对单行制度另外进行细致分析，有助于提高司法鉴定统一立法的认知水平，推动司法鉴定统一立法的系统化与规范化发展。以系统论方法对司法鉴定制度进行检视与梳理，离不开对单行司法鉴定制度的具体分析。系统检视基本集中在对现有其他法律、法规、规章、司法解释、规范性文件进行梳理，而司法鉴定统一立法的具体内容还应当以单行司法鉴定制度的分析内容为基础和前提。以司法鉴定人出庭作证制度为例，其是司法鉴定程序与诉讼程序连接最为紧密的制度，要求司法鉴定人出庭作证最初是为了使鉴定意见受到法庭审查，提高其作为证据的法律属性。但是由于我国司法鉴定数量较大，很多鉴定人出庭作证仅仅是走过场，法官也极为信任鉴定人，不加辨析地盲目信任鉴定意见内容。究其原因，除了法官对司法鉴定意见的科学属性存在认知错误以外，还与法官自由裁量权过大有关。在司法鉴定法体系化过程中，应当对司法鉴定人出庭作证制度进行完善，加强其与诉讼制度的联系，通过构建法官在裁判文书中对为何采信司法鉴定意见进行充分说理论证制度，实现单行制度形式微观结构的良好运行。

三 统一立法体例提高司法鉴定法立法质量

司法鉴定统一立法的体系构建成功与否决定了司法鉴定法制定的基本框架的完备程度，体系本身的科学性一定程度上决定了司法鉴定法制定的立法质量，出于立法资源和立法效率的考虑，司法鉴定统一立法也应当遵循科学立法，体现新的历史发展时期立法理念对于司法鉴定法的最新要求。司法鉴定统一立法既可以节约立法资源，提高立法效率，又符合中国的司法改革方向并与中国的司法鉴定实践相一致。2005年所出台的《决定》作为司法鉴定制度发展所迈出的重要一步，具有十分重要的意义。但是，《决定》并未从根本上解决司法鉴定所存在的深层次矛盾，还需要统一立法对近些年司法鉴定实践与改革过程中所遇到的问题进行经验总结，出台相关规定使司法鉴定步入法治化道路。《中华人民共和国民法典》的出台意味着我国法治发展进入了新阶段，具有里程碑式的意义，也为我国其他法律的法典化提供了重要范式，目前我国民事诉讼、环境法、行政法等领域也在尝试实现法典化。虽然司法鉴定制度并不属于纯粹的诉讼制度，也并未借助法典化的发展模式进行发展，但是司法鉴定领域一直提倡的构建司法鉴定立法体系化与法典化发展模式有异曲同工之妙。有学者研究，早在2009年就有很多人大代表提出出台"司法鉴定法"的议案，这些年中央也一直在酝酿出台"司法鉴定法"，如今司法鉴定统一立法既有客观条件作为立法可行性要件，又有社会需要作为立法必要性要件，出台"司法鉴定法"正处于适时阶段。司法鉴定立法体系化需要通过分析和梳理已有的法法衔接内容，使拟制定的法律和已生效法律在适用中保持协调一致，而不是相互抵牾。采取统一立法形式有利于实现司法鉴定法的高质量发展，且能够节约立法资源。司法鉴定统一立法需要在理论结合实际的基础上，科学和合理地安排司法鉴定法体系化需要的体例与结构，最终形成体系完备、科学民主的司法鉴定法律体系。若采取分散式立法形式，既不能对现有其他法律、法规、规章、司法解释、规范性文件进行梳理和取舍，同时又浪费立法资源，后续还要对三大诉讼法司法鉴定相关内容进行修改，可能还会出现司法鉴定内容的不一致问题。相反，司法鉴定采取统一立法形式与我国司法改革方向一致，契合最新立法理念，借助体系化的发展模式，加快司法鉴定制度的发展，使其走上法治化、科学化的发展道路。

（一）节约立法资源，提高立法效率

司法鉴定统一立法的体系构建有利于节约立法资源，提高立法效率。若采取分散式立法模式，每一部法律的出台都需要经过长时间的酝酿，需经过法律议案的提出、审议、表决与公布四个环节，同时立法过程中也需重点考虑民主立法与科学立法理念，因而，若以分散式立法方法对司法鉴定进行规制，则可能需要很长时间才能形成完善的司法鉴定法律制度，容易造成人力、物力和财力的浪费。与此同时，分散立法的立法形式不利于司法鉴定活动管理的规范化，也不利于司法鉴定立法和诉讼法内容的互融性和一致性。分散式立法不可能将三大诉讼法和其他的司法鉴定规范性文件进行很好的衔接，分散式立法的最大弊端在于由不同的主体出台司法鉴定相关规范性文件，因不同部门立法技术差异容易导致司法鉴定相关内容存在冲突与矛盾，且很难对三大诉讼法所涉及的共性问题进行统一规定。采用统一立法技术，可以吸收党的十八大四中全会后开展的全面司法体制改革成果，将其中蕴含的程序法治理念作为司法鉴定统一立法的动力，实现司法鉴定制度的高质量发展。近些年我们也在对三大诉讼法进行修改和不断优化，形成了较为完善的诉讼制度和证据规则等，司法鉴定统一立法中应当吸收这些与司法鉴定制度紧密相关的证据规则和理念，使其成为司法鉴定法的有机组成部分，助推司法鉴定制度健康发展。"全面深化改革对立法提出了一系列新要求，迫切需要加强立法主体的立法能力建设，不断提高立法效率和立法质量，为国家治理现代化提供更多的'良法'产品。"[①] 全面深化改革也对司法鉴定法的制定提出了新要求，即要求不断提高司法鉴定法的制定效率，在节约立法资源，实现立法资源的优化配置基础上，尽快出台"司法鉴定法"，使司法鉴定活动改变无法可依的现状，实现司法鉴定的有法可依。

司法过程注重公正与效率的平衡，防止出现重视司法公正而忽视司

---

① 李林：《全面深化改革应当加强立法能力建设》，《探索与争鸣》2017年第8期。

法效率或司法公正与效率失衡现象。在立法过程中,民主是立法永恒的生命基础,立法只有符合民主性才能使人民对立法制度不丧失信任和依赖。立法关系到人民生活的方方面面,所制订出法律往往会与人民的利益密切相关,会给人们赋予一定的权利或使人民承担一定义务或责任,因此,"立法过程中每一项具体制度的设计和构造都应围绕如何保障人民真正充分有效地行使立法权、如何维护和实现人民的利益为宗旨"①。固然立法过程要重视民意,但立法并非一个简单程序,一部法律的出台需要经过长时间的酝酿,投入大量的人力、物力等资源,不能以绝对的程序民主换取低下的立法效率。立法效率通常表现为立法成本投入与立法效益即立法质量的对比,在立法过程中应当注重立法资源的充分利用,以获得最优的立法文本。任何资源都是有限的,立法资源也不例外,为提高立法效率,应当实现立法资源的最优配置。司法鉴定采取统一立法形式能够最佳利用现有立法资源,通过吸收现有司法鉴定改革成果,并对现有其他法律、法规、规章、司法解释、规范性文件进行梳理,实现司法鉴定制度的统一化,避免出现规范之间相互冲突和重复规定问题。分散式立法有可能会因立法技术无法对现有规范进行统筹安排,从而导致立法资源的无谓虚耗。

(二)契合最新立法理念,符合司法改革方向

随着社会发展,人们的法律意识与权利意识不断得到增强,表现在诉讼领域即为对诉讼权利与程序权利的重视,立法相应地也应对个人权利加以重视。司法鉴定意见作为重要的证据种类,随着科技越来越发达,鉴定意见对证明案件事实发挥越来越重要的作用,在某些领域,司法鉴定意见甚至对案件的裁判结果起着重要乃至决定性的影响。但因司法鉴定仅为一种意见性证据,鉴定意见在一定程度上体现出鉴定人主观意见,难以实现绝对的中立与客观,故而应赋予当事人"异议权",表现为对鉴定意见进行质证后提出重新鉴定与补充鉴定的权利。此外,还需重新界定司法鉴定启动权性质,将司法实践中控方和法庭独占司法鉴定启动

---

① 苗连营:《追求效率的程序——关于立法程序制度构造的另一种思考》,《郑州大学学报》(哲学社会科学版)1999 年第 5 期。

权所产生的控辩权能失衡问题在统一立法过程中予以重视。司法鉴定统一立法应解决现有司法鉴定中当事人正当权益保护不足问题，将依法鉴定、保护当事人合法权利并实现控辩平衡的立法理念在司法鉴定统一立法过程中予以体现。1998年国务院出台"三定"方案之前，在司法鉴定领域明显体现出职权主义色彩，公安、人民检察院、人民法院与司法行政机关都可以启动司法鉴定；且"1991年《民事诉讼法》颁布实施之前，'重刑轻民'的现实国情在司法鉴定领域体现无遗，其时为数不多的鉴定资源集中在以公安机关为主的部门鉴定机构中，以法医学为主体的技术体系作为侦查活动的'二个支柱'之一，更多的满足于'打击犯罪'的需要，在社会公众眼中，这是一个公权力彰显的'神秘'领域。"① 即使后来民事鉴定与行政鉴定的需求不断增多，司法鉴定仍然带有较大的公权力属性。司法鉴定制度发展到如今，侦查机关仍然享有司法鉴定启动权，这将导致控辩双方权能失衡问题。司法鉴定统一立法的体系构建将在吸收司法改革成果的基础上，重视对诉讼当事人权利的保护，推动司法鉴定统一立法体系的完善。

"司法鉴定制度的改革与发展，是由国家的司法体制、诉讼制度和证据规则的改革与发展所决定的"②。我国目前正在开展以审判为中心的司法改革，司法鉴定制度作为重要的司法制度应当契合最新立法理念，符合以审判为中心的司法改革方向。以审判为中心的司法改革理念的提出，使庭审双方在法庭上对抗性愈加明显，这就对居中裁判的法官在证据取舍判断方面提出了司法能动性要求。我国诉讼制度立法修改和审判方式改革均会对我国司法鉴定立法产生重要影响，司法鉴定立法应该意识到司法鉴定本身已不仅仅限于诉讼取证的视域，诉讼证明仅是其功能行使的一部分，而维护司法公正、提升司法效率和司法公信力才是应对目前司法体制改革的立法面向。司法鉴定统一立法必须要吸收我国以审判为中心的审判方式改革成果，改变我国以往以侦查为中心的诉讼体制。我

---

① 邱丙辉、孙涓、付广芬、易旻：《我国司法鉴定立法现状及展望》，《中国司法鉴定》2011年第6期。
② 王素芳：《诉讼视角下的司法鉴定制度研究——以刑事诉讼为出发点》，上海大学出版社2012年版，第39页。

国司法鉴定制度通常与诉讼制度同步发展,在诉讼制度以侦查为中心时期,我国司法鉴定制度也体现出很强的职权主义色彩,当事人难以参与司法鉴定过程,司法鉴定通常被视为刑事侦查的手段。有学者通过研究发现,当时司法鉴定启动权通常由侦查机关启动,即使法院享有司法鉴定启动权,却很少行使该权力,"法官并非怠于或不屑于行使这些权力,而是难以行使这些权力"[①]。随着"以审判为中心"的审判方式改革的不断开展,司法鉴定领域也开始重视法院对司法鉴定意见的审查,加强审判对侦查的制约。司法鉴定统一立法过程必须重视司法鉴定制度与司法改革成果的衔接,充分体现以审判为中心的改革理念。新的历史发展时期,司法鉴定统一立法的体系构建不仅使司法鉴定法体现最新立法理念,而且能吸收现今司法改革成果,推动司法鉴定制度更加科学化发展,体现科学立法、民主立法理念。

第二节 司法鉴定统一立法对于诉讼主体司法鉴定活动规制的全面性

统一司法鉴定立法可以为诉讼活动鉴定意见取证提供基本的行为准则,其全面体现在为诉讼活动中各种取证主体行为规范提供完整、有效、明确的法律规则,统一司法鉴定立法能够最大限度地实现制度的统一性和适用的统一性,限制取证主体的恣意并保障合法权益,保证法律制定带来的确定性和可预测性。

一 为不同主体提供统一行为准则

统一司法鉴定立法能够为司法鉴定活动中不同主体提供统一的行为准则,具有适用的普遍性与一般性特征,不易更改的特性使司法鉴定规范更具有稳定性,为不同主体提供长期而稳定的可适用规范条款,更有利于司法鉴定发挥诉讼证明的作用。有学者也对统一司法鉴定立法提出

---

① 汪建成:《中国刑事司法鉴定制度实证调研报告》,《中外法学》2010年第2期。

质疑与担忧，认为司法鉴定在不同的诉讼中发挥不同作用，为不同诉讼提供个性化服务，同时司法鉴定制度不能仅仅依靠一部"司法鉴定法"，必须要有配套的行政法规规章、地方性法规或技术规范和标准，因此，司法鉴定领域采取分散式立法模式更符合中国国情。但是，本书认为我国司法鉴定领域应当采取统一立法模式：

虽然不同诉讼法对司法鉴定的规定存在一定的差异，例如刑事诉讼法与民事诉讼法对于司法鉴定人出庭作证规则规定有所不同，刑事诉讼法要求在必须符合当事人有异议且法院认为有必要时，法院才会通知鉴定人出庭作证；而民事诉讼法则规定当事人对鉴定意见有异议或者法院认为有必要时可以要求司法鉴定人出庭作证，二者对此规定的不同体现出司法鉴定在不同诉讼程序中确实存在差异。但是，司法鉴定在不同诉讼程序中仍然存在共性问题，且这些共性问题对于司法鉴定制度的完善具有十分重要的意义。在不同诉讼程序中的司法鉴定没有本质性差异，都发挥为诉讼提供证明服务的作用，不应当人为地制造司法鉴定在不同程序中的差异。通过制定"司法鉴定法"，对司法鉴定的共性和原则性问题进行规定，司法鉴定在不同诉讼程序中的个性问题就留给三大诉讼法进行规定，司法鉴定的共性问题是其他法律不能一次性解决的，若由不同法律进行规定，容易产生重复规定或矛盾规定问题。采取统一立法形式，有利于实现司法鉴定共性问题的统一，为不同主体提供统一行为准则。

统一司法鉴定立法并不意味着仅会制定"司法鉴定法"一部法律，任何领域都不可能仅靠一部专门法律实现全面而完整的管理，甚至在民事领域也不可能仅凭一部《民法典》解决所有的民事问题，还是需要制定相关的配套规定才能更好地实现综合管理。因此，统一司法鉴定立法并不会阻碍其他司法鉴定相关的部门规章、地方性法规或行业规范的出台，仅是为这些配套规定提供了统一的立法思想和依据，防止出现不同规定相互矛盾、相互冲突的现象。"制定独立于诉讼法的统一的司法鉴定法已成为世界其他国家立法的基本趋势"[1]，我国制定统一的司法鉴定法既符合我国国情和中央政策规定，又与司法鉴定的世界立法趋势相一致，有利于实

---

[1] 杜志淳：《司法鉴定法立法研究》，法律出版社2011年版，第13页。

现我国司法鉴定制度的快速发展，解决不同主体因适用规定不同导致的司法鉴定行为不一致问题。不同主体在司法鉴定领域的恣意很大程度上导致人们对司法鉴定意见公正性与科学性的不信任，行为标准的不统一必然会带来鉴定意见标准的不一致，法院将标准不统一的鉴定意见作为定案依据，必将引起人们对法庭审判公正性的怀疑。"在司法实践中，不同行业或领域的主管部门分别制定了内容相近的鉴定标准或技术规范，由于缺乏一致性和协调性，易引起社会公众对司法鉴定公平性、公正性的质疑。"[1] 因此，我们应当对司法鉴定进行统一立法，实现司法鉴定管理制度、司法鉴定程序、司法鉴定技术标准等的统一，才能加强司法鉴定的科学性与权威性，最终提升司法鉴定的公信力与影响力。司法鉴定统一立法解决的是司法鉴定活动中普通适用的一般性规则，为不同主体提供统一行为准则，该规定具有最高稳定性，不能随意修改或者废弃。

（一）政务主体

对司法机关而言，统一司法鉴定立法具有十分重要的意义，有利于对三大诉讼法的共性问题进行统一化规定，为公安机关、检察院和法院提供统一行为准则。司法鉴定制度与诉讼制度和证据规则密切相关，公安机关、检察院和法院统一司法鉴定行为准则有助于实现诉讼制度的统一。因司法鉴定制度规定存在不完善和不统一，导致公安机关、检察院和法院对司法鉴定机构管理的认识存在不一致，更为重要的是，不同司法机关对于司法鉴定意见在诉讼中的使用程序也存在不同认识，容易对诉讼程序产生一定影响。

就侦查机关而言，《决定》并未剥夺其设置司法鉴定机构的权力，且允许内部鉴定机构接受其他侦查机关委托。这也就意味着侦查机关实际上享有对本机关所设立鉴定机构及鉴定人的直接管理权，为了对侦查机关的权力进行制约和监督，"2008年中央政法委确立了司法行政机关对侦查机关三大类鉴定机构、鉴定人的备案登记制"[2]，自此，形成了对

---

[1] 王旭、陈军：《合规管理与标准化：科学证据时代的司法鉴定公信力建设》，《中国司法鉴定》2021年第6期。

[2] 涂舜、陈如超：《司法鉴定管理的体制变迁及其改革方向：1978—2018》，《河北法学》2020年第1期。

侦查机关的鉴定机构的"双重管理模式",即鉴定机构受到侦查机关的实质化管理和司法行政机关的形式化管理。遗憾的是,实践中侦查机关往往忽略司法行政机关对侦查机关鉴定机构的形式化统一管理权,"拒绝内部鉴定机构、鉴定人到司法行政机关备案登记"①。归根结底,实践中侦查机关故意不接受司法行政机关对侦查机关的司法鉴定机构的形式化管理,其根源在于双重管理模式缺乏法律规定。未来在统一司法鉴定法中无论是取消侦查机关设立司法鉴定机构的权力,还是对侦查机关就司法鉴定机构的管理权进行限制,都将是以法律形式予以规定,与现有行政法规规章等相比,实践中的执行效果将会更好。除此之外,目前由公安机关、检察院和法院共同行使司法鉴定启动权将导致控辩权能失衡,不利于实现诉讼中控辩双方的平等对抗,因此,统一司法鉴定法中需要对侦查机关的司法鉴定启动权进行限制。无论采取取消抑或是限制侦查机关司法鉴定启动权,都将从法律层面为侦查机关提供统一行为准则。

对法院来说,司法鉴定机构的管理制度及司法鉴定意见的使用制度是与其联系最为紧密的司法鉴定制度。统一司法鉴定立法有利于为法官提供统一行为准则,尤其是在对鉴定意见效力的认定层面,能够起到较大作用。我们应当在司法鉴定法中规定对司法鉴定意见的审查判断程序,强调法官对司法鉴定意见审查判断的必要性与权威性,通过规定司法鉴定意见的审查判断程序为法官提供统一的审查判断准则。通过对三大诉讼法中司法鉴定意见的审查判断程序进行共性问题总结,在司法鉴定法中规定诸如鉴定意见的形式要件、庭前开示、法庭质证、鉴定人出庭作证、鉴定意见的采纳及判决书说理程序、其他事项等,为不同诉讼程序法官提供具体而统一的行为准则。统一司法鉴定法中应当详细规定鉴定人出庭作证制度,包括出庭作证具体程序、鉴定人出庭作证费用补偿及鉴定人出庭作证所享有的权利和义务等。同时,虽然《决定》规定司法行政机关才是鉴定机构及鉴定人的唯一管理部门,但"人民法院染指于

---

① 涂舜、陈如超:《司法鉴定管理的体制变迁及其改革方向:1978—2018》,《河北法学》2020年第1期。

司法鉴定场域的权力依然在位，拥有鉴定启动的决定权，对于鉴定机构和鉴定人的选择也拥有了绝对的决定权"①。法院通常采用"册中册"与"册外册"两种形式实现对司法鉴定机构的实质化管理，对司法行政机关管理的鉴定机构会以某种标准进行一定的筛选，该做法具有一定的合理性，但缺乏合法性。统一司法鉴定法需要对该问题进行回应，为法院对司法鉴定机构的管理提供法律依据。对同一鉴定事项的重复鉴定次数也需要进行规定，明确重复司法鉴定在各审级中的次数。目前不同地方司法鉴定管理体系对该问题存在不同规定，这也就导致不同地区法院在面对该问题时，往往持有不同态度，这将会导致不同地区法院所作判决有所不同，影响人们对司法判决统一性的认识。因此，司法鉴定法应当规定不同审级重复鉴定次数，有利于统一规范法院行为。

对司法行政机关而言，统一司法鉴定法有利于明确司法行政机关的职能定位，防止因规定过于原则，缺乏充实、细化的实体性规范与程序性规范，使得司法行政机关的权力被公检法或其他部门所侵占或架空。2005年《决定》明确规定由司法行政机关统一行使司法鉴定管理权，构建统一的司法鉴定管理制度，但实际上却是由侦查机关、法院和司法行政机关共同行使对司法鉴定机构的管理权。为了实现刑事诉讼程序中控辩双方的平等对抗，有学者提出"未来应由中立的司法行政机关，直接对侦查机关的鉴定机构、鉴定人进行审核式登记，并根据相关规定进行日常监控以及违法违规行为的查处"②，即应当由司法行政机关对侦查机关的鉴定机构和鉴定人进行实质化管理，推进司法行政机关实质化管理进程。正是因为侦查机关的鉴定机构和普通的鉴定机构由不同机关进行管理，才会出现侦查机关的鉴定机构与普通鉴定机构准入门槛不一致的问题。侦查机关对其内部的鉴定机构进行自我管理，自行设定准入门槛，容易导致侦查机关的鉴定机构准入门槛低于普通鉴定机构，在某些偏远地区，侦查机关所设立的鉴定机构不符合规定要求，造成其所出具的鉴

---

① 郭华：《论司法鉴定统一管理的困境症结及破解路向——以全国人大常委会〈关于司法鉴定管理问题的决定〉为中心》，《中国司法》2007年第3期。
② 涂舜、陈如超：《司法鉴定管理的体制变迁及其改革方向：1978—2018》，《河北法学》2020年第1期。

定意见不科学且不准确。同时，由于《决定》仅明确规定"三大类"鉴定类型的登记管理要求，缺乏对其他类鉴定机构和鉴定人的统一规范。"地方司法行政机关之间对其他类鉴定机构、鉴定人的管理类别、范围、手段、标准参差不齐。"① 司法鉴定统一立法需对上述问题予以重视，使得新制定的"司法鉴定法"及其配套制度规章和技术规范能够为司法行政机关提供统一行为规则，实现对其他类鉴定机构和鉴定人的统一管理。对其他行政部门而言，存在对司法鉴定制度法律法规认识不统一的问题，其原因除了出于部门利益和行政职权考虑，导致司法鉴定政策与制度的执行出现偏差外，现有司法鉴定相关规定内容原则性较强，可操作性有限也是其中影响因素之一。统一司法鉴定立法应当兼具实体与程序规则，增强其可操作性，为不同机关主体提供可操作性较强的统一规则。

（二）鉴定机构及鉴定人

鉴定机构及鉴定人是司法鉴定活动中最重要的主体，司法鉴定意见的质量依赖于鉴定机构及鉴定人的专业知识及职业道德水平，鉴定意见的科学性要求鉴定机构及鉴定人需在满足法律规定的条件及标准基础上进行司法鉴定。司法鉴定与一般的科学活动存在差异，司法鉴定除了满足科学性特征外，还需要满足法律规定，司法鉴定人所做出的鉴定意见必须具有法律属性。司法鉴定活动必须严格按照诉讼要求，被动地完成对案件涉及的专门性问题进行分析鉴别的任务。若缺乏统一的司法鉴定法对鉴定机构及鉴定人的行为进行统一规范，则会影响到鉴定机构及鉴定人所出具鉴定意见的科学属性。近些年来，随着技术发展和社会进步，犯罪手段变得愈加先进和隐蔽，给侦查工作带来了很多阻碍，因此鉴定意见在诉讼证明中也就发挥了越来越重要的作用，民事诉讼证明与行政诉讼证明亦是如此。与鉴定意见在诉讼证明中发挥越来越重要作用不同的是，人们对鉴定意见的信任度却在逐渐下降，近几年发生了好几起因鉴定意见造假或有问题而引发的错案，从而引发人们对司法鉴定的信任危机。其中一个重要原因就是 2005 年《决定》颁布后，我国司法鉴定

---

① 涂舜、陈如超：《司法鉴定管理的体制变迁及其改革方向：1978—2018》，《河北法学》2020 年第 1 期。

以市场化模式开始运行，司法鉴定机构市场化运行产生诸如恶性竞争、抢夺案源、压缩成本等问题，最终导致鉴定意见质量较低，严重影响到司法鉴定机构的社会公信力。针对该问题，有学者提出是否需要在司法鉴定领域注入国有资本，成立由国家掌握的司法鉴定机构，但是本书认为这种做法有待商榷，不利于司法鉴定机构的长久发展。统一司法鉴定立法可以为司法鉴定机构及鉴定人的鉴定活动提供基本的行为准则，其体现在为司法鉴定人的鉴定行为提供完整、有效、明确的法律规则，统一司法鉴定立法能够最大限度地实现鉴定活动的统一性和适用的统一性，限制司法鉴定机构及鉴定人鉴定行为的恣意，保证鉴定意见的科学性与中立性。

2020年司法部提出"依法严格做好法医类、物证类、声像资料和环境损害司法鉴定'四大类'登记管理工作，开展'四大类'外机构清理工作，没有法律依据的，一律不得准入登记。"[①] 该规定对"四大类"以外的司法鉴定机构进行清理，要求没有法律依据的不得进入司法鉴定市场。此前，因为司法鉴定管理存在主体多元和鉴定机构名册管理分散等原因，"四大类"鉴定外的其他鉴定类别管理混乱，准入标准存在不一致问题，且"四大类"鉴定外的其他司法鉴定的技术规范缺乏统一标准，导致司法实践中法院对该类司法鉴定出具的鉴定意见持有不信任态度，影响到司法鉴定的公信力。统一司法鉴定应当对"四大类"鉴定和其他类别的鉴定予以重视，对不同类型的司法鉴定管理主体及管理程序进行规定，至少实现司法行政机关对"四大类"鉴定外的其他司法鉴定类型的统一形式化管理，使"四大类"鉴定及其他类司法鉴定有法可依。

鉴定人出庭作证规则对于司法鉴定制度的重要程度不言而喻，鉴定人出庭作证规则主要为鉴定人提供统一的行为准则。在统一司法鉴定法的制定过程中，应当重视对司法鉴定人出庭作证的权利、义务和责任进行详细而明确的规定，这就包括了规范司法鉴定人出庭作证的具体程序，

---

① 参见司法部《司法部关于进一步深化改革强化监管提高司法鉴定质量和公信力的意见》。

出庭时应享有的权利和应该履行的义务。特别是立法解决司法鉴定人不愿意出庭作证的顾虑，比如人身安全保障的具体措施，不能含混不清，模棱两可，应当切实管用。再比如因为出庭作证引发的经济补贴具体承担主体和来源，均应清晰、明确。只有对司法鉴定人出庭作证的规则进行详细而明确的规定，才能防止鉴定人因出庭作证程序规定不完善或规范表达过于原则而钻法律空子，不履行出庭作证义务，最终影响诉讼效率和诉讼公正。司法鉴定法对司法鉴定人出庭作证程序进行统一规定，对于不同诉讼程序中的鉴定人都产生规范作用，因为鉴定人出庭作证程序是三大诉讼程序的共性问题，有利于实现鉴定人行为的规范和统一。为配合当前司法体制改革和诉讼法的修改，司法鉴定法在制定中关于司法鉴定出庭作证应该尽力体现法庭对鉴定意见质证中庭审实质化的要求，提升鉴定人出庭接受质询对于冤假错案防范的积极功能，落实证据裁判原则实现程序正义。对司法鉴定人出庭作证程序进行明确规定，这也是强化当事人对法官自由裁量权的监督和制约，通过要求司法鉴定人出庭作证接受当事人交叉询问，防止法官在自由心证规则的主导下形成误判或错判。鉴定人出庭作证的立法完善也是以审判为中心的具体要求，司法鉴定法立法中也应当将侦查阶段侦查鉴定人员出庭规定在内，使普通鉴定机构的鉴定人和侦查机关鉴定机构的鉴定人接受同样的制约，为所有的鉴定人提供统一的行为准则，增强人们对鉴定人的信任。

  为了增强司法鉴定意见的公信力，还需要对司法鉴定机构及司法鉴定人的法律责任进行明确规定，严格的问责机制可以为司法鉴定机构及鉴定人依法履行鉴定义务和出庭作证义务提供强有力的保证，防止鉴定机构及鉴定人利用专业优势侵害当事人合法权益。法律责任具有惩罚、补偿和预防功能，要求违反法律的司法鉴定机构及鉴定人承担法律责任，既是对司法鉴定机构和鉴定人的惩罚，也是对被侵害合法权益的当事人的补充和救济。构建司法鉴定机构和鉴定人的法律责任体系，能够推动司法鉴定机构和鉴定人依照法律规定从事司法鉴定活动，统一司法鉴定行为。相应地，司法鉴定法也应当给与司法鉴定机构和鉴定人一定的救济途径，通过规定严格的追责程序，防止出现追责的任意性，并给与司法鉴定人及鉴定机构申诉、复议的权利。司法鉴定统一立法中，对于司法鉴定机构和鉴定人的责任承担方式，应当结合刚性处置与柔性处置两种责任承担方式。对于鉴定机构和鉴定人违反法律、法规规定的，除应有相应刚性处置外，还应考虑到我国具体国情，对行为性质的违法性和后果适当分类，使承担责任的方式多样化。既要体现司法鉴定法作为统一法律的严肃性与严格性，又要契合我国宽严相济的司法政策，给司法鉴定人和鉴定机构一定的改正机会。通过完善的法律规定，使得司法鉴定机构和鉴定人无论是行使权利抑或是承担义务，都能够受到法律的统一规范，让司法鉴定法成为鉴定机构与鉴定人的统一行为规范。

（三）诉讼当事人

诉讼当事人作为诉讼结果的直接承受主体，与诉讼程序具有十分密切的关系。司法鉴定意见作为重要的法定证据类型，对诉讼程序起到重要的证明作用，这就意味着诉讼当事人与司法鉴定过程及司法鉴定意见紧密相关，司法鉴定过程是否公正、司法鉴定意见是否科学合法都将影响到诉讼当事人的权益。由于现有司法鉴定制度存在不足，导致诉讼当事人在行使应有的权利时遇有障碍，例如当事人欠缺司法鉴定启动权，在刑事诉讼程序中无法实现控辩双方的平等对抗，使得我国的控辩关系处于失序、失衡和失范的状态中。为了符合我国以审判为中心的诉讼制度改革方向，在司法鉴定统一立法中应当注重对诉讼当事人权利的保护和对侦查机关强大权力的制约，以实现在我国司法鉴定制度与诉讼制度中控辩双方权能的平衡，推动我国的司法现代化的快速发展。统一司法鉴定法的体系中与诉讼当事人相关的制度并不是非常多，更多是关于与鉴定机构及鉴定人相关的规范，与诉讼当事人相关的规则主要集中在鉴定程序与司法鉴定意见的审查判断这两部分。司法鉴定法通过规定诉讼当事人在司法鉴定程序中所享有的权利和义务，为诉讼当事人提供统一的行为规则，为其行使应有权利提供法律依据，保障当事人双方（控辩双方）的诉讼权利均衡。

现有司法鉴定相关规定并未规定诉讼当事人享有司法鉴定启动权，民事诉讼与行政诉讼规定司法鉴定启动权统一由法院行使，而刑事诉讼则规定司法鉴定启动权由公安机关、检察院和法院三方主体共同行使。刑事诉讼中明显体现出对控辩双方权利（权力）规定的失衡，使我国的控辩关系处于权利—权力失衡的状态，这种控辩权能失衡的状态不利于我国刑事诉讼向公正、法治方向发展。以英美法系为例，英美国家的控辩双方都可以委托司法鉴定机构或鉴定人进行鉴定，得出的鉴定意见通常属于本方证据，侦查机关委托鉴定机构得出的鉴定意见也仅是侦查方的证据，不能直接成为定案依据，需要经过法庭的交叉询问。但是我国却只允许侦查机关启动司法鉴定，且委托的鉴定机构还属于侦查机关管辖，更难以保障司法鉴定机构或鉴定人的中立性。同时，我国诉讼程序曾长期以侦查为中心，侦查机关对审判机关的影响力非常强大，虽然我国正在开展以审判为中心的审判制度改革，但侦查机关方的证据对审判程序的影响力仍然存在，若还允许侦查机关以本方鉴定机构所出具的鉴定意见作为控方证据，那么司法鉴定程序和诉讼程序的正当性将受到怀疑。我国统一司法鉴定法应当"在保障当事人（控辩）双方的诉讼权利均衡的情况下，合理确定司法鉴定的启动程序，司法鉴定机构的选择程序"[①]，统一规定的启动程序及选择程序可以为诉讼当事人提供统一行为准则，防止出现因规定不统一而造成诉讼当事人对鉴定意见的反复投诉现象。正如上文所说，某些地方司法鉴定管理条例早已探索出给与当事人部分司法鉴定启动权的制度，该制度对于平衡刑事诉讼控辩双方权能具有积极作用，司法鉴定统一立法可以借鉴地方的有益探索，为诉讼当事人提供统一行为规则。

除此之外，统一司法鉴定法还应当对诉讼当事人的救济权利进行规定，尽管民事诉讼法与刑事诉讼法都规定当事人享有司法鉴定申请权，民事诉讼中当事人通常行使初次司法鉴定申请权，刑事诉讼中当事人往往行使补充鉴定和重新鉴定申请权，但是却并未对当事人申请权遭到法院拒绝后的救济权利进行规定，这是否会造成当事人因缺乏法定救济途径而走上不同的申诉或上访等道路，这既对司法鉴定制度和诉讼判决的公信力产生影响，也对诉讼当事人的权益造成危害，不利于司法鉴定规则的统一。还有学者提出，"我国立法并没有规定委托鉴定的条件，将其作为完全的自由裁量权，也没有任何职能部门和当事人监督和约束法

[①] 杜志淳：《司法鉴定法立法研究》，法律出版社2011年版，第20页。

官的裁量权。这一制度构架显然与我国已经进行的审判方式改革和保障当事人诉权以及控辩平等的诉讼理念不相一致。"① 综上所述，我国应当构建控辩平等的司法鉴定制度，统一司法鉴定法应当对当事人的合法权益进行保护，为诉讼当事人提供统一的行为规则，实现司法鉴定和法律适用的统一性，着力提升我国司法公信力。

二　为地方立法提供统一立法思路

已有关于司法鉴定活动的各项法律规范以分散立法的形式存在，欠缺统一立法思想和理念，并没有产生体系化要求的立法合力。按照一般性的解释，体系是不同系统的组成，但是各系统是按照一定的秩序和联系组成的独立整体，组成系统必须是同类或一定范围内有关联性的事务或者事项。组成体系的各系统应该具备相关性，这种相关性要求体系里的各系统排列、组成按照一定的顺序、逻辑展开。司法鉴定法的体系化同样是一种体系内的系统构成，按照指定司法鉴定法规范内容的体系要求，按照一定的逻辑顺序安排司法鉴定法规范的系统化，体现司法鉴定法作为一个统领司法鉴定活动的纲领性法律文件，形成体系完备、系统合理、结构齐整的立法文本。我国目前具有非常多司法鉴定相关规范，包括其他法律、法规、规章、司法解释、规范性文件，其他法律主要是指包含司法鉴定相关内容的三大诉讼法，其他的规范性文件数量庞杂，仅司法部所出台的司法鉴定相关规定就有100多部，可见司法鉴定相关规定数量之多、内容之杂。

除了中央所颁布的司法鉴定相关规范外，地方为解决地方实践中所遇到的司法鉴定相关问题，也出台了地方司法鉴定管理条例，各地的司法鉴定管理条例充分体现出地方特色，甚至出现对《决定》的突破。地方司法鉴定管理条例实际上充分体现出来地方立法的智慧，对于缺乏法律规定的重要司法鉴定事项，地方通过试点或向民众、专家征集解决方案，最终出台适合本地的司法鉴定管理条例，这本质上是对《决定》的

---

① 郑谊英：《构建规范法官裁判行为的司法鉴定规则体系》，《甘肃社会科学》2015年第6期。

有益突破，推动了我国司法鉴定制度的高质量发展。但是，从法律位阶角度而言，有些司法鉴定事项应当由法律规定，而不能由地方司法鉴定管理进行规定，否则将违反《立法法》，不利于我国法律体系的统一。同时，地方司法鉴定管理条例对更高位阶的《决定》的突破也不符合法治要求，尽管《决定》确实已颁布17年之久，很多制度规定与现如今司法鉴定实践发展产生矛盾，但是《决定》仍然是我国位阶最高的司法鉴定规范。在面对上述问题时，司法鉴定立法显得极为迫切，上文我们已经详细列举分散式司法鉴定立法所存在的问题和阻碍，因此我国应当尽快制定统一司法鉴定法，提升司法鉴定规范的法律位阶，并相应制定配套的司法鉴定程序性规范和司法鉴定技术规范、标准，实现司法鉴定合理的法律结构层级体系。"将司法鉴定问题以法的形式出现，对司法鉴定的原则、制度等重大问题作出规定，成为其他有关司法鉴定立法的根据或指导思想。"[1] 由全国人大常委会制定具有司法鉴定"组织法"性质的"司法鉴定法"，通过规定司法鉴定的基本性问题，为其他有关规章、司法解释、规范性文件等提供立法依据，尤其是为地方立法提供统一立法思想。

统一司法鉴定法并不能对司法鉴定所涉及的所有内容都予以规定，一部法律的范围和体量是有限的，不可能包罗万象；同时全国人大常委会所颁布的法律由于法律层级较高，会对其他的法规、规章、司法解释、规范性文件产生约束作用，即高位阶的法律效力优于低位阶的法律效力，若"司法鉴定法"对司法鉴定制度全部都予以规定，则影响到其他法规、规章、司法解释、规范性文件的积极性。有学者提出，"做到'行业的归行业''政府的归政府''地方的归地方'，不同地区资源发展不平衡，立法活动也不应当'一刀切'"[2]，统一司法鉴定法也不应当采用"一刀切"的立法技术，应对司法鉴定原则性问题和共性问题进行规定，做好其与诉讼法的相互衔接与配合。对于应当由地方司法鉴定管理条例予以规定的内容，统一司法鉴定法应当为其提供统一立法思想，把握地

---

[1] 郭华：《论司法鉴定统一管理的困境症结及破解路向——以全国人大常委会〈关于司法鉴定管理问题的决定〉为中心》，《中国司法》2007年第3期。

[2] 潘溪：《我国司法鉴定的法治化研究》，《中国司法鉴定》2014年第1期。

方立法的大方向，防止地方立法与中央立法发生偏差，产生体系化要求的立法合力。

司法鉴定法作为一部统领司法鉴定活动的纲领性法律文件，应当尽量避免内容原则性较强、覆盖面有限和可操作性不强等疏漏，减少立法中较为原则的规范表达，增强法律适用的针对性。对于统一司法鉴定事项的鉴定次数问题，应当由统一司法鉴定法进行规定，体现出中央立法对该问题的重视和处理态度，不能放任不同地方通过司法鉴定管理条例实行不同的规定，造成不同地区在该问题上处理态度的不同，引起诉讼当事人的不满和对司法鉴定法规的不信任。还有例如某些地区通过司法鉴定管理条例赋予诉讼当事人部分司法鉴定启动权，实际上将会对国家统一司法鉴定制度产生影响，司法鉴定启动权属于诉讼制度，理应由全国人大或全国人大常委会所制定的法律进行规定，而不是由地方司法鉴定管理条例规定。理论上，应当由国家统一立法对司法鉴定基本性问题进行规定，做到国家立法和地方立法各司其职，相互配合，推动司法鉴定法律体系的完善。综上所述，统一司法鉴定法适合我国国情，对解决我国司法鉴定所面临的困境具有极大优势，我国应当在坚持科学立法、民主立法原则的基础上，尽快出台统一的"司法鉴定法"，以形成适应我国特色社会主义制度的司法鉴定法律体系。

第六章

司法鉴定立法体系化的立法技术

司法鉴定统一立法工作不能和当前的司法体制改革、诉讼程序修改割裂开来，而应该紧密对接司法鉴定制度、诉讼程序、证据规则的最新发展。严格说来，司法鉴定立法除了规制司法鉴定活动之外，更多的是服务诉讼程序，因而必须做好司法鉴定立法和诉讼法之间的融通。受我国司法鉴定领域相对自封的立法局面与统一立法需求之间的矛盾及对司法鉴定所存在的诸多现实问题破解的需要两大因素的影响，司法鉴定统一立法已经成为大势所趋。① 推进和深化统一司法鉴定管理体制改革及其建立与诉讼制度、证据制度有机衔接机制，还需要在观念、体制、机制等方面消除一些不应存在以及不该存在的障碍。需要通过不断完善司法鉴定法律制度，以及推进"司法鉴定法"立法来保障司法鉴定体制改革真正步入法治化、科学化的轨道。② 充分发挥司法鉴定在解决案件专门性问题的作用，主要是通过鉴定意见认定案件事实，维护司法裁判的权威性和公信力。就已经梳理的司法鉴定法立法中需要协调的司法鉴定制度与三大诉讼法的关系和内容来看，将来的司法鉴定法统一立法应该涉及实体和程序规范两个方面内容。因此，应密切关注司法鉴定机构和司法鉴定人的设置、管理体制、运行机制，以及相关主体之间的权利、

---

① 邱丙辉、孙涓、付广芬、易旻：《我国司法鉴定立法现状及展望》，《中国司法鉴定》2011年第6期。

② 霍宪丹、郭华：《建设中国特色司法鉴定制度的理性思考》，《中国司法鉴定》2011年第1期。

义务、责任关系。同时，还应结合国家决策层关于司法体制改革的一系列文件精神和诉讼制度的改革成果来全面审视已有司法鉴定制度，创新思路进行司法鉴定立法。

第一节 司法鉴定法立法中的体系化应注意的问题

一 法律是使人类行为服从于规则之治的事业

因为"其成功取决于那些从事这项事业的人们的能量、见识、智力和良知，也正是由于这种依赖性，它注定永远无法实现其目标。"[①] 虽然司法鉴定统一立法是司法鉴定法立法形式的最优选项，但基于我国法律渊源的特殊性，并不能由此否认其他法律、法规、规章、司法解释、规范性文件存在的作用和必要性，考虑到司法鉴定活动的特殊性和复杂性，统一司法鉴定立法并不能完全替代现有法律、法规、规章、司法解释、规范性文件，但是也能将司法鉴定统一立法应承担的立法内容由这立法形式完成。因此，如何统筹安排统一司法鉴定立法和其他立法形式的规定范围就成为司法鉴定立法体系化的重要内容。司法鉴定统一立法解决的是司法鉴定活动中普通适用的一般性规则，具有最高稳定性，不能随意修改或者废弃。

（一）立法内容

司法鉴定统一立法包含所要规范的相关原则、规则、制度，促进司法鉴定法立法过程中确立的基本概念的属性和外延、基本原则、制度形成统一整体，使司法鉴定活动需要制定的各种制度和规范准确适用，既不冲突，也不重叠。只有立法对司法鉴定的各项制度和规范作出清晰明确的规定，才能保证司法鉴定相关法律得到普遍认同和遵守。为了司法鉴定统一立法获得普遍服从，除了要求法律条文本身必须明确易懂之外，还要求法律具有实效性。逻辑结构不完整，法的完备性程度有所欠缺，导致法律规范仅停留在纸面，很难取得实效性。此外，法的实效性与法

---

① [美]富勒：《法律的道德性》，郑戈译，商务印书馆2005年版，第169页。

律规范的现实基础密切相关。如果法律规范没有立足于本国国情，与已经形成的习惯和传统相悖，则法取得实效性的可能程度较低。因此，我国司法鉴定统一立法在借鉴国外现实经验时，必须坚持从我国实际出发，充分考虑我国司法鉴定以往的经验和做法，避免盲目移植国外制度。

（二）立法目的

目的主要是指人们意欲实施某种外部行为之前或者行为实施过程中仍然存续的处于内心当中的某种状态，对外部的行为表现具有引起、指导和控制作用。在立法活动的框架中，立法目的往往是一部法律规范基本论调的真实反映。作为立法过程中的核心环节，立法目的直接影响着一项制度的实际运行效果和理论研究程度，并且贯穿于原则、规则、制度设计中。立法目的作为内因，实际上引导、规范和调整主体的一切活动，为法律的实施提供内在动力。法律原则与法律规则的制定都必须以立法目的为制度基础。法律原则是对立法目的的具体凝练和总结，立法目的是法律原则的出发点和落脚点。立法主体将立法目的融入法律原则的制定过程中，并为法律的实施指明方向。法律规则将立法目的进一步细化，立法目的为法律规则的制定提供内在驱动力，法律规则为立法目的的实现建立牢固的制度支撑，保证立法目的不是空中楼阁，而是真正落实在法律实施的过程中。司法鉴定统一立法有利于通过整合、协调、厘清司法鉴定中不同主体的利益，发挥立法正向引导作用，统一不同主体对司法鉴定法律规范的理解与适用，保证司法鉴定工作合法有序进行，促进鉴定意见尽可能还原案件事实，保证诉讼活动与审判结果的公平正义。此外，司法鉴定立法目的的统一，有助于弥补司法鉴定制度与证据制度、诉讼制度在衔接过程中存在的立法疏漏，在一定程度上解决其他相关法律规范在适用过程中存在的冲突与矛盾。

（三）立法逻辑

司法鉴定统一立法，从微观层面能够帮助立法机关在对相关法律规范所调整法律关系和范围进行细致的分析和梳理的基础上，对重复的立法事项进行合理删减或者合并，对存在立法漏洞的事项积极纳入立法规划，尽快弥补立法空白。从宏观层面能够促进司法鉴定立法事项在不同法律部门之间进行科学划分。司法鉴定立法不仅涉及法律规范本身的制定与实施，而且包含技术操作规范，横跨三大诉讼法，存在法学与其他学科的交叉。司法鉴定统一立法有利于立法机关对司法鉴定立法事项进行合理规划和分类，发现不同类型法律存在的相似性与差异性，为今后司法鉴定立法规划指明具体的立法方向，处理好司法鉴定立法所涵盖的不同法律部门之间法法衔接的逻辑关系，增强司法鉴定统一立法的逻辑性与体系化。

二 整合有关司法鉴定活动的现有相关法律规范

在统一司法鉴定立法过程中，应该首先梳理现有立法，按照立法体系化的基本要求，将现有立法能够纳入统一司法鉴定立法的，应尽量纳入，不宜纳入，也应做好衔接。之所以要加强司法鉴定统一立法，是因为我国司法鉴定相关法律规范存在以下几方面的情况。

（一）司法鉴定中冲突现象频发，影响司法鉴定的公正和效率

目前我国司法鉴定法律规范在法律法规方面较少，甚至处于匮乏状态，部门规章和规范性文件数量处于高位，规范内容繁多，表现形式参差不齐，导致实践中重复鉴定、久鉴不决的问题层出不穷，既浪费司法鉴定资源，影响司法鉴定服务质量，导致鉴定意见的客观性和科学性受到质疑，而且降低了司法鉴定活动的效率，甚至对诉讼活动的效率产生消极影响。

（二）司法鉴定实施过程多变，阻碍司法鉴定活动的连贯性

2005年发布的《决定》集中对司法鉴定管理制度进行规范，在一定程度上忽略了司法鉴定实施制度。作为司法鉴定活动的重要环节，司法鉴定实施制度直接影响鉴定意见的客观性和可采性。由于司法鉴定法律规范层面缺乏统领性的司法鉴定实施制度相关的法律规范以及统一的司法鉴定实施原则，导致目前的司法鉴定实施制度主要根据不同的鉴定事项而加以改变，这一现状固然能够针对性解决不同司法鉴定事项面临的具体问题，但在一定程度上导致司法鉴定实施制度缺乏连贯性和完整性，不利于司法鉴定实施制度的法治化发展以及与其他法律规范的有效衔接。

（三）对司法鉴定的监督不够，容易导致权力的腐败

无数实践证明，没有约束的权力必然滋生腐败。由于司法鉴定活动

本身的专业性和技术性，导致监督主体缺乏对其进行知悉和了解的知识基础和公开渠道，对于鉴定人以及鉴定机构产生的虚假鉴定等腐败现象，缺少全过程和多角度的监督，只能通过事后追责的方式加以弥补。然而，基于司法鉴定领域腐败问题具有极强的隐蔽性，往往很难将出现的错误判断与鉴定人以及鉴定机构的腐败相联系，因此仅凭现有分散在各处的司法鉴定法律规范以及其他法律法规，很难对司法鉴定领域的腐败问题进行有效的制约和控制，可能对鉴定意见的客观性和科学性造成严重破坏，甚至影响审判结果的公平正义。

（四）民主参与度不高，影响司法鉴定法律规范运行的实效性

司法鉴定法律法规制定、修改或者废止过程中涉及重大问题的决策应当向社会公众公开、征求公众意见。司法鉴定立法主体应当对所涉及的主要问题进行实际调查，并积极听取基层组织和基层群众的意见。如果涉及部分直接关系到公民、法人或者其他组织的重大利益，法制机构可以通过举办听证会的方式征询相关机构、组织和公民的意见。如果对决策内容存在重大分歧时，法制机构应当通过召开座谈会、论证会的方式，听取司法鉴定机构以及相关专业技术人的意见。然而，按照我国的立法惯例，在立法完成阶段，社会公众提出的有关意见与建议只能成为立法主体立法时的参考，很难对决策内容产生实际影响，更无法对立法主体产生强制拘束力或者排他效力，立法主体也一般不会在立法过程中根据社会公众所表达的意见制定相关法律法规。如果对司法鉴定立法有关事项的社会参与程度不高，必然会对司法鉴定法律规范的实效性产生不利影响。因此，司法鉴定统一立法体系的进程中，必须密切关注司法鉴定领域存在的突出问题，必须认真考虑司法鉴定法统一立法后和其他法律、法规、规章、司法解释、规范性文件在规制内容和范围的分工与配合。而同时，按照司法鉴定法统一立法体系化的要求，应该避免制定不符合司法鉴定法体系的法律、法规等，注意两者的一致性。对不宜纳入司法鉴定统一立法体系的法律规定，要发挥其灵活性与实用性。分散式司法鉴定立法模式虽然在立法的抽象性与体系性方面存在缺陷，但其实用主义的色彩更加强烈。随着科技的飞速发展，诉讼活动中能够纳入司法鉴定的事项日益增多，包括法医类鉴定、物证类鉴定、声音图像资

料鉴定等各个领域。上述鉴定事项具体操作规范、鉴定设备以及鉴定标准具有较强的专业性，某些事项难以从立法层面提取公因式，因此采用分散式立法模式往往能够更好地实现对司法鉴定的规制。

第二节　司法鉴定法立法需要重点关注的立法质量问题

党的十九大报告明确提出新的立法理念："推进科学立法、民主立法、依法立法，以良法促进发展、保障善治。"其中，科学立法原则强调立法活动应当尊重自然规律、社会发展规律以及立法活动本身的运行规律，立法活动要合乎中国国情，即立法活动的本质是一种科学活动。[①] 民主立法原则是指立法活动应当体现人民的意志，巩固和促进人民当家作主的主体地位，通过多种途径和渠道保障人民参与到立法活动当中。[②] 而依法立法原则是"法治原则"在立法方面的集中体现，强调立法主体应当严格依照法定程序和法定权限实施立法活动。科学立法、民主立法、依法立法共同构成我国立法理念的三个基本要素，三者是辩证统一、相互促进、相互依赖、密不可分的关系。其中科学立法是基本前提，民主立法是本质所在，依法立法是基本途径，三者相互联系、有机结合。

在推进司法鉴定立法体系化建设与司法鉴定立法质量提升的过程中，应当以立法理念为根本指引，在一步步积累和尝试中，不断丰富和深化立法理念的内涵，顺应我国国情以及时代发展潮流，将立法理念贯彻到司法鉴定立法的各个阶段，促进司法鉴定在法治轨道上运行，维护社会公平正义。我国的这种特殊司法鉴定体制既无法完全参考大陆法系立法，也无法参照英美法系立法，只能在逐步修正现行司法鉴定体制基础上，适度借鉴和参考域外立法，以形成适应我国特色社会主义制度的法律。根据改革开放四十年来的立法工作，全国人大常委会、司法部、公安部、

[①] 陈俊：《依法立法的理念与制度设计》，《政治与法律》2018年第12期。
[②] 朱力宇、张曙光：《立法学》，中国人民大学出版社2009年版，第66—67页。

最高人民法院、最高人民检察院均在各自立法取证范围内对司法鉴定制定了相关法律规范，已有很多立法经验可以总结，这对于司法鉴定法的立法意义重大。司法鉴定立法的过程中，要发挥立法对司法鉴定有关制度的引领和推动作用，促进高质量的司法鉴定立法，确保司法鉴定统一立法能够切实解决因分散立法而造成与司法鉴定活动有关的各项制度与规范之间存在的不协调、相冲突问题，促进司法鉴定制度与证据制度、诉讼制度等其他制度之间相衔接，最终实现每一个案件在事实认定方面的公平正义。总体来看，司法鉴定法立法中应重点关注以下几个问题。

一　科学立法

立法本身是一项关于社会发展的系统性工作，为保证法律制定后的适用有效性和权威性，立法机关都慎之又慎对待立法步骤。因此，立法并非仅仅是立法部门唱独角戏，严格说来是一项全社会广泛参与的整体性工作，目的是保障立法的科学性、合法性和民主性，这三项基本要求互为补充、缺一不可，只有完美结合三项要求才能使立法工作充分体现立法目的所要求的调整特定社会关系的功能。科学立法要求立法部门立法过程中充分尊重和体现法律精神和内在逻辑，合理界定权利边界，规范权利范畴，准确设定义务类型，使权力、权利、义务之间对等、有效。这些年来，从全国人大常委会到地方各级人大，立法过程中都注意提升立法的协调性、系统性、针对性，立法技术水平提升很快，人民群众满意度也逐步提升。对于司法鉴定的立法工作，需要更加注重立法的科学性，除上述司法鉴定法立法本身的技术方案以外，民主立法也是保障立法科学性的刚性要求。

（一）坚持司法鉴定立法的立改废释并举

司法鉴定立法应当根据我国国情，汇集各方智慧，拓宽建言渠道，积极召集立法、实务、理论等多方面专家的意见和建议，充分听取各方面意见基础上坚持立改废释并举。

1. 整合现有司法鉴定相关法律规范，实现司法鉴定法体系化

《全国人民代表大会常务委员会关于司法鉴定管理问题的决定》作为我国目前公布的法律地位最高的专门的司法鉴定规范性文件，对我国

司法鉴定立法工作的推进产生划时代的意义。其他散见于三大诉讼法及相关法律，司法机关、国务院相关部门等颁布的行政法规、部门规章，以及部分省（市）就司法鉴定问题颁布的一批地方法规中有关司法鉴定的法律规范，对司法鉴定活动进行规范管理，发挥了应有作用。司法鉴定立法应当对现有法律规范进行科学梳理和细致整合，尤其对存在矛盾和争议的法律规范予以重视，同时要积极回应社会发展过程中司法鉴定面临的新问题和新挑战，重点关注司法鉴定立法与三大诉讼法之间的衔接问题，实现司法鉴定立法形式的一致性。

2. 对不合理的司法鉴定法律规范要进行解释修改

司法鉴定统一立法工作推进的同时，不应当忽视对一些不合理法律规范的修改。比如指定鉴定存在鉴定标准不统一的问题。以医疗损害鉴定中伤残等级评定为例，基于相同鉴定事项的情形下，根据《医疗事故分级标准》伤者评定伤残等级的标准较高，然而依照两高三部联合发布的《人体损伤致残程度分级》能够被评定为伤残等级十级。依据不同鉴定标准得出的鉴定意见，往往会对审判结果造成巨大影响，直接关系到当事人的切身利益。缺乏科学性与合理性的鉴定标准容易导致案件审理结果的不公平，应当及时予以修改和调整。

3. 对不使用的司法鉴定法律规范要及时进行废除，避免出现僵尸条款，影响立法质量的提升

比如根据《司法鉴定机构登记管理办法》相关规定，司法鉴定行业协会依法进行自律管理，而《决定》规定鉴定人与鉴定机构的登记管理机关为司法行政部门，即我国目前仍在实行司法行政机关为主，行业协会为辅的混合管理体制。然而，实践中司法行政机关某些部门领导兼任司法鉴定行业协会负责人的现象依然存在，司法鉴定行业自律相关规定实际上成为一纸空文。① 司法鉴定立法应当对司法行政机关与司法鉴定行业协会的职责权限进行合理划分，对仅具有原则性，缺乏操作性的规范予以废止。

---

① 叶靖：《我国司法鉴定管理体制的完善路径——以域外比较为分析视角》，《郑州航空工业管理学院学报》（社会科学版）2019年第2期。

4. 对不明确的司法鉴定法律规范要及时进行解释

正确运用立法解释和司法解释，有助于解决司法实践过程中对法律条文理解与适用的分歧，避免动辄通过颁布新的法律或者修改现有法律规范解决现实中存在的争议，推动司法鉴定高质量立法。

（二）应当保证司法鉴定立法具有实效性

如果司法鉴定立法逻辑结构不完整，法的完备性程度有所欠缺，法律规范仅停留在纸面，很难取得实效性。此外，法的实效性与法律规范的现实基础密切相关。如果法律规范没有立足于本国国情，与已经形成的习惯和传统相悖，则法取得实效性的可能程度较低。因此，我国司法鉴定统一立法在借鉴国外现实经验时，必须坚持从我国实际出发，充分考虑我国司法鉴定以往的经验和做法，避免盲目移植国外制度。鉴于已有《司法程序鉴定通则》和全国人大《决定》内容原则性较强，覆盖面有限，可操作性不强，司法鉴定法的立法应当尽量避免这些疏漏，减少立法中较为原则的规范表达，实体性规范尽量充实、细化，增强法律适用的针对性。另外，更为重要的是，司法鉴定法应该是一部实体和程序兼备的法律，因此，对于具体法律关系的主体、客体程序性规范一定要明确和具体。

二 民主立法

公众参与立法是科学立法的一项基本要求，这在近年来全国人大常委会主持的各项立法过程中得到充分体现，而且取得良好效果。因而，在司法鉴定法立法中也应回应各方诉求，引导社会各界公众参与的积极性和主动性。党的十八大报告首次将依法立法与科学立法、民主立法并列，这体现了党对立法工作基本原则的重要意见，新时代对立法工作提出更高要求，如果说科学立法体现在立法谋划和内容方面，那么民主立法就体现在立法过程中，而座谈、听证、评估、公布法律草案广泛听取意见、汇集民意就是公众参与立法的重要途径。近年来，社会公众对于公开发布征求意见的法律草案，一改过去漠不关心的态度，转而广泛关注并积极参与发表意见。更为重要的是，对于所提意见是否得到采纳极为关切，这也表明，现在的立法已经引起公众广泛关注并积极参与，由国家机关的立法任务演变为利益主体各方充分博弈的场景。司法鉴定法的立法工作也应顺应这种趋势，在法律制定过程中使公众参与的民主立法体现得更加富有意义，充分展示这种立法转型和应对各种影响因素。公众参与司法鉴定法立法，虽然在法律某些条款可能会引发激烈讨论，甚至争执，导致意见针锋对立，但不同观点的充分释放，正说明民主立法、开放立法的重要性。这既是公民参与国家立法权利变现的萌芽，也是党和国家引导立法机关立法工作透明、科学的重要方式，将民主立法贯穿到司法鉴定立法的各个阶段。

（一）司法鉴定立法规划阶段要坚持民主立法

司法鉴定立法规划反映了司法鉴定立法主体对未来一段时间内将要完成的立法项目的宏观部署和计划。科学合理的司法鉴定立法规划将在确保司法鉴定立法工作有序进行、避免司法鉴定立法的随意性方面发挥不可替代的重要作用。司法鉴定立法体系化看似属于立法机关的内部行为，但实际上与社会主体具有密不可分的联系。在立法规划阶段，公众参与司法鉴定立法活动主要是通过行使立法建议的权利，从社会不同群体的利益出发，就自身相关司法鉴定问题提出各种建议并期望得到立法机关的重视。例如，在司法鉴定管理制度中，关于鉴定人的准入制度、鉴定机构的资格认定、鉴定仪器的标准等应当征求司法鉴定专业技术人员和鉴定机构的意见。立法机关应当听取社会各主体的建议和诉求，以便对重大问题作出正确的判断。由于社会利益往往包含来自各方的声音，应该对讨论尤其热烈的部分给予积极回应，如果有意义的公众舆论可以在立法活动的初期就被广泛吸收，那么就能更好确保公众对后续环节的广泛参与。

（二）司法鉴定立法起草阶段要坚持民主立法

司法鉴定立法的核心环节是司法鉴定立法的起草阶段，起草阶段成果直接关系到司法鉴定立法的最终质量。在司法鉴定立法起草阶段，公众主要通过法定方式和渠道行使立法意见表达权。公众对司法鉴定立法的意见和建议能否得到充分表达，科学合理的意见和建议能否被立法机关积极有效地采纳，对保障司法鉴定立法的公开与民主具有十分重要的制度价值。法治国家经常通过举行立法听证会，并在网上征求意见的方式，以确保公众表达立法意见的权利得到有效行使。为更好地保障司法鉴定民主立法，应从以下几个方面出发：

其一，应当对社会公众尤其是利害关系人参与并提出意见与建议的具体程序进行细化，对社会公众提出的意见是否采纳给予积极的回应，对社会公众普遍关注、反映强烈的重大意见如果不予采纳，应当说明不予采纳的理由，进行合理的答复。

其二，应当重视邀请有关专家与组织参与司法鉴定立法的起草工作。由于司法鉴定活动具有极强的科学性与专业性，不同鉴定事项的实施活动大相径庭，是涉及法学与其学科交叉应用的综合类活动，为保证司法鉴定立法能够有效促进鉴定意见的客观性与公正性，保障司法鉴定与证据制度以及诉讼制度的顺利衔接，司法鉴定立法起草工作应当建立在广泛详尽的调查研究基础之上，并且吸收相关领域的专业技术人员参与立法起草的工作中来，以立法形式实现司法鉴定的科学性与独立性。

其三，应当完善社会公众参与司法鉴定立法起草阶段的具体形式。根据《立法法》等相关法律规范的规定，立法起草主体可以选择多种形式中的一种或者全部，例如研讨会、听证会、座谈会等形式。这种参与形式给立法起草主体留下选择空间的同时，造成形式选择与参与人员选拔存在任意性，甚至流于形式，难以保证公众参与并发表意见的科学性与有效性。

（三）司法鉴定立法完成阶段要坚持民主立法

保障公民对司法鉴定立法发表意见并不等于立法要一味迎合或者顺从民意，但司法鉴定法律法规中涉及重大问题的送审稿可以向社会公众公开、征求公众意见。法制机构应当对提交送审稿所涉及的主要问题进行实际调查，并积极听取基层组织和基层群众的意见。如果提交的送审稿直接关系到公民、法人或者其他组织的重大利益，法制机构可以通过举办听证会的方式征询相关机构、组织和公民的意见。如果送审稿存在重大分歧时，法制机构应当通过召开座谈会、论证会的方式，听取司法鉴定机构以及相关专业技术人的意见。按照我国的立法惯例，在立法完成阶段，社会公众提出的有关意见与建议只能成为立法主体立法时的参考，很难对提交的送审稿产生实际影响，更无法对立法主体产生强制拘束力或者排他效力，立法主体也一般不会在立法过程中根据社会公众所表达的意见制定相关法律法规。因此，保障社会公众在司法鉴定立法活动中参与性原则的有关制度还存在诸多改进和完善的空间，促进社会公众对司法鉴定立法能够产生实质性影响，将民主立法贯穿到司法鉴定立法活动的各个阶段，从立法层面更好地维护社会公平正义。

三 依法立法

依法立法之所以能够与科学立法、民主立法相提并论，共同作为我国新时代立法理念的重要组成部分，是因为依法立法在全面推进依法治国的过程中具有十分重要的地位。

（一）依法立法是构建中国特色社会主义法律体系，全面推进依法治国的题中应有之义

随着中国特色社会主义法律体系的不断完善，我国正在逐步形成以宪法为核心的法律体系。坚持依法立法，必须要严格按照宪法、法律等上位法的相关规定进行其他各立法层级的立法活动，保证整个法律体系内在一致、协调统一。由于法律规范之间存在着从属的等级关系，所以效力等级较低的规范不得与效力等级较高的规范相矛盾、相抵触，属于同一法律部门中的法律规范要层次分明、位阶有序，实现法法衔接、配合紧密。① 推进司法鉴定立法体系的建设和完善，提高司法鉴定立法质量，最重要的是司法鉴定立法主体对现有司法鉴定相关法律规范所调整法律关系和范围进行细致的分析和梳理，对与宪法或者上位法相抵触的司法鉴定法律条文进行修改或废止，对重复司法鉴定立法事项进行合理删减或者合并，对存在司法鉴定立法漏洞的事项积极纳入立法规划，尽快弥补立法空白。比如最高人民法院发布的《人民法院司法鉴定工作暂行规定》等，最高人民检察院发布的《人民检察院鉴定规则（试行）》《人民检察院鉴定机构登记管理办法》和《人民检察院鉴定人登记管理

---

① 朱景文：《中国特色社会主义法律体系的形成与完善——结构、原则和制度阐释》，中国人民大学出版社2013年版，第3页。

办法》，不得与宪法或者我国目前公布的法律地位最高的专门的司法鉴定规范性文件《全国人民代表大会常务委员会关于司法鉴定管理问题的决定》相抵触、相矛盾。

（二）依法立法是构建和完善我国立法体制的基本指向和制度指引

我国正处在全面推进依法治国的关键时期，拥有立法权的主体迅速增加，立法活动前所未有地频繁进行，涉及国家、社会、个人的法律、法规以及其他规范性文件层出不穷。对不同立法主体来说，能否严格按照依法立法的新的立法理念及其具体要求来推进立法工作，能否有序地实现地方立法真正保障不同地区、不同领域的社会关系平稳运行，直接关系到我国立法体制内部是否协调一致。我国立法体制的构建，主要包括同一效力层级法律规范之间的顺利衔接以及不同效力层间法律规范之间的和谐统一。

以司法鉴定立法体系为例，对于前者立法工作的重点在于法法衔接。法法衔接应当以立法主体对以往司法鉴定相关的所有法律以及其他规范性文件进行系统梳理为基础，以明确不同规范所具体指向的法律关系、调整范围为前提，以修改或者废止司法鉴定立法存在的矛盾、解决司法鉴定立法事项重复问题以及弥补司法鉴定立法空白为重点，保证每一项司法鉴定立法均有专门调整对象和价值取向的同时，与其他法律法规所规定的相关法律制度相互衔接、协调一致，形成富有逻辑的司法鉴定法律法规体系。对于后者立法工作的重点在于明确不同效力层级的立法权限，保证法律规范之间层次分明、位阶有序。不同层级立法主体所具有的立法权限不同，所制定法律规范的效力层级也存在差异。司法鉴定中不同效力层级的立法主体应当严格依照法定权限和法定程序实施立法活动，不得越权立法，下位法不得与上位法相抵触、相冲突，应当保持整个司法鉴定立法体系的和谐统一。

（三）依法立法是推进司法鉴定立法高质量迈进的重要路径

"良法是善治之前提"。依法立法是促进良法得以制定的重要基础，是良法善治得以实现的必要条件，是发挥法律指引作用和规范作用，促进社会关系有序运转的制度基础。对法律而言，法律不断完善的过程，就是法律的道德性逐渐与道德标尺重合的过程。例如司法鉴定适用制度中，法官并不是接收鉴定意见后不加甄别，而是根据证据规则对鉴定意见进行核实并查明案件事实，结合个人的知识和经验，对鉴定意见的客观性和科学性进行判断，形成自由心证并最终作出相应的判决结果。可以说这个阶段不仅需要法律对司法鉴定过程的指导，更需要司法阶段的实践工作对司法鉴定有关法律规范进行道德性纠正，以保证司法鉴定法律规范始终在道德标尺上稳定地运动。因此，依法立法对提升司法鉴定立法质量并更加有效地调节法律关系，维护司法秩序和社会公平正义，均具有至关重要的时代价值。

1. 立法主体应当贯彻司法鉴定法律规范"立改废释并举"，丰富"立法"的内涵

我国以往的立法理论研究和立法实践中，对概念的使用往往不够严格。其中，关于"立法"这一概念，存在着从形式到内涵的误解。比如，一些学者在解释"立法"时，将其片面地理解为"制定法律或者是法律的创制"。如果立法仅仅指确立法律制度、行政法规或者规章，进而将立法等同于法律的制定，这样解释的后果是立法工作中强调法律的制定，轻视法律的修改、废止和解释。严格来说，"立法"不仅包括法律的制定，还包括对法律的补充、修改、废除、解释等，是一个非常广泛的概念。法律的修改和废除都是立法行为，法律的修改和废除与法律的制定同等重要。及时修改法律有利于弥补法律本身的滞后性，使法律保持相对稳定的情况下及时回应社会的迅速变化，降低立法成本，促进整个法律体系协调统一，充满活力。

（1）司法鉴定的"改"主要是针对不合理的司法鉴定法律规范要进行及时修改。司法鉴定立法体系建设的过程中，我国曾因为司法鉴定法律制度极其不健全而制定了大量司法鉴定相关的法律规范，这些法律规范为推进司法鉴定法治化进程，还原案件事实真相，维护司法判决的公平正义发挥了不可磨灭的作用。然而，随着法治国家建设的不断进步与完善，应当及时转换为应对实务中出现的新问题而不断制定新的法律规范的习惯性思维。面对目前司法鉴定面临的新的制度难题，司法鉴定立法机关不仅不应花费大量的时间和精力在新的司法鉴定法律规范制定方

面，而且不应当忽视对一些不合理法律规范的修改。我国司法鉴定法的立法与现实需求相比，有相当的理论发展和提升空间，必须在立法中充分整合诉讼法发展，才能及时适应广大公众对于司法鉴定活动取证需要。比如《决定》中已经规定了鉴定人或者鉴定机构违反法律或者行政法规，情节严重时应当承担的法律责任。这说明有关鉴定人与鉴定机构的法律责任问题，司法鉴定立法机关早已意识到，并对前述问题进行了一定程度的回应。但由于该条规定并没有就"因严重不负责任"的具体情形或者严重程度进行列举或者释明，也没有对第 4 款"法律、行政法规规定的其他情形"的兜底条款进行进一步的解释，因此实务中在具体应用该规定时存在诸多障碍。所以，后续司法鉴定立法有关鉴定人或者鉴定机构违反法律或者行政法规，乃至违反《刑法》时应当承担的法律责任问题之规定并不是一片空白，需要借助制定新的法律规范加以规制，并且应当以该条规定为基础进行修改，以充分适用司法鉴定在新时代的发展需求。

（2）司法鉴定的"废"是对不使用的司法鉴定法律规范要及时进行废除，避免出现僵尸条款，影响立法质量的提升。此外，为实现法律规范的有序废止，应当不断建立和完善法律规范法治的专门程序。但由于不同法律规范的废止面临的诸多问题具有其自身的特殊性，设立统一的废止程序存在现实的难度，应当由国务院制定行政法规或者专门性行政法规的方式对相关法律规范进行废止。比如《决定》规定鉴定人与鉴定机构的登记管理机关为司法行政部门，同时又在第 2 条第 4 款规定了由国务院行政部门商情最高人民法院、最高人民检察院确定的其他实行登记管理的鉴定事项，导致司法鉴定管理存在冲突。司法鉴定立法应当对需要商情的事项进行明确规定，如果确无商情必要，由司法行政部门对鉴定人与鉴定机构实行统一登记管理，应当对该款规定予以废除。

（3）司法鉴定的"释"是指对不明确的司法鉴定法律规范要及时进行解释。正确运用立法解释和司法解释，有助于解决司法实践过程中对法律条文理解与适用的分歧，避免动辄通过颁布新的法律或者修改现有法律规范解决现实中存在的争议，应当及时转变以往"重新法制定，轻修改和废止"的陈旧观念，推动司法鉴定高质量立法。①

2. 立法主体不能制定与法律、行政法规等相抵触的制度，也不能越权制定相关法律规范

越权立法不仅会导致有关立法主体基于部门利益滋生权力寻租问题，而且会对司法鉴定法律体系造成不可磨灭的危害。总体来说，立法主体一般不敢明目张胆地逾越立法权限，因此越权立法在实践中导致的最显著问题就是立法抄袭问题，立法抄袭问题的本质就是立法主体忽视法定的立法权限。这不仅会降低法律规范的权威性，而且对立法资源造成了极大的浪费，阻碍司法鉴定的法治化进程。为解决上述立法过程中违背依法立法原则而产生的问题，应当从以下几个角度进行思考。

（1）司法鉴定立法主体应当遵循立法的基本原则和具体规定设置司法鉴定相关的法律制度，不能为了谋取部门利益或者方便自身管理而直接或者间接地与依法立法的立法理念相抵触，违背法治原则的精神恣意制定缺乏科学性、违反上位法规定的司法鉴定法律制度，使得"恶法""劣法""闲法"阻碍司法鉴定的法治化进程。为避免立法主体谋取部门利益，将立法异化为权力寻租的工具，关键要坚持人大及其常委会在立法工作中的主导作用。人大不仅要严格遵循"科学立法、民主立法、依法立法"的新时代立法理念，而且要积极作为，推进司法鉴定的制度设计，完善司法鉴定法律体系，以良法促进司法鉴定的健康发展，以良法保障司法鉴定活动的科学与客观。②

（2）司法鉴定立法主体实施立法活动不得违背现行法体系中所有的实在法。司法鉴定立法中的依法立法不仅包括《立法法》等法律规范中所规定的立法权限与立法程序，还应当包括现行法律体系当中所有的实在法，强调司法鉴定立法不仅仅局限于消极层面上的上下位阶之间法律规范不相抵触或者不相矛盾，更应当将司法鉴定立法放在现行实在法的视阈下进行评价，在此基础上实现司法鉴定立法与现行实在法的融会贯通，即在逻辑层面不存在矛盾或者冲突，更重要的是法

---

① 孙波：《论依法立法原则的实现》，《社会科学战线》2018年第12期。
② 陈俊：《依法立法的理念与制度设计》，《政治与法律》2018年第12期。

律在实施过程中具有积极的关联性和流畅性,甚至是在法律理念层面相契合①,增强司法鉴定法律规范在实践中的活力,融合司法过程中的经验材料成为一个科学意义上的司法鉴定法律体系。

(3)司法鉴定立法主体实施立法活动需要不断健全立法体制机制。目前我国司法鉴定相关的法律规范众多,在推进司法鉴定立法体系化过程中必须分清轻重缓急,考虑哪些司法鉴定立法事项应当及时纳入立法规划,哪些事项有待商榷。上述问题需要通过司法鉴定立法项目论证制度加以规范。司法鉴定立法项目论证制度的完善与健全,对贯彻依法立法的理念具有十分重要的意义。司法鉴定立法项目论证制度是制定立法规划的先决条件。司法鉴定立法规划的正式确定,需要以对诸多司法鉴定立法建议进行系统和认真的筛选,为社会公众发表自己的利益诉求提供有效的途径,保障社会公众的知情权和参与权,回应实践中司法鉴定存在的亟须制度予以支撑和解决的问题。然而,并非所有的司法鉴定立法建议均能够被采纳,也要综合评估立法条件以及法律正式颁布后的实际效果。因此,应当对司法鉴定立法项目论证制度进行细致的完善,以提高司法鉴定立法质量和司法鉴定立法效率。②

此外,司法鉴定立法还需要完善公开征求意见制度。目前我国的司法鉴定立法公开征求意见制度还有待完善,实践中对如何收集立法意见或者建议已经探索出诸多卓有成效的方式,例如举行听证会、座谈会等,关键在于司法鉴定立法机关如何对各类立法意见与建议给予积极的回应和反馈,从而建立完善的司法鉴定公开征求意见回应机制。在今后司法鉴定立法过程中,应当建立更加多元化的反馈机制,比如通过社交媒体等方式转载司法鉴定立法审查报告,对社会公众意见的采纳程度进行说明,尤其要对社会公众普遍关心、反映强烈的意见,如果不予采纳的,应当说明不采纳的理由。在建立健全司法鉴定立法项目论证制度和司法鉴定公开征求意见制度的基础上,更应当完善司法鉴定立法后的评估制度。司法鉴定评估制度的重点是对司法鉴定相关法律文件,按照特定的

---

① 雷磊:《融贯性与法律体系的建构——兼论当代中国法律体系的融贯化》,《法学家》2012年第2期。

② 周伟:《立法项目论证制度研究》,《甘肃政法学院学报》2017年第2期。

评估程序，由立法机关委托法定主体就法律文件的合法性、正当性以及立法技术性等因素进行评估，提出一系列的修改或者废止等意见。[①] 由于司法鉴定本身具有极强的专业技术性和科学性，属于法学与其他自然科学或者社会科学的交叉性学科，对于司法鉴定相关法律规范实施后效果的评估具有至关重要的作用。如果司法鉴定相关法律文件符合法律规范的逻辑性，但在实践中影响鉴定意见的客观性和独立性，反而会适得其反，阻碍司法的公正和效率。因此，司法鉴定立法主体应当采用研讨会、实地调研、数据分析等多种方式，听取司法鉴定专业技术人员、有关专家、司法工作人员以及其他社会公众的意见和建议，全面了解和掌握司法鉴定法律规范在实际运行过程中存在的问题，积极开展司法鉴定立法后的评估工作，对不合理的司法鉴定法律规范要进行及时修改，对不使用的司法鉴定法律规范要及时进行废除，避免出现僵尸条款，影响立法质量的提升，对不明确的司法鉴定法律规范要及时进行解释，推动司法鉴定立法质量的提升和司法鉴定法律实效的提高。

3. 立法主体要自觉加强立法监督，防止立法权滥用

提高司法鉴定立法质量，既要发挥立法的引领和规范作用，促进司法鉴定制度健康有序发展，也要防止司法鉴定立法主体乱作为，产生立法越权影响司法鉴定制度运行实效等问题。实践中，加强司法鉴定立法监督最有效的途径就是加强司法鉴定立法公开。阳光是最好的防腐剂，只有保持权力在阳光下运行，才能达到限制权力的最终目的。因此，民主程度越高的国家，立法公开的程度也越高。没有社会公众对立法主体立法活动的监督，立法权会因为利益驱使而滋生腐败，严重影响社会公平正义。因此，为了防止司法鉴定立法主体的权力异化，使司法鉴定立法不脱离并尽可能还原案件事实真相，维护司法权威的目标，实现公共利益，必须对司法鉴定立法权进行监督。作为立法监督的重要前提，只有司法鉴定立法主体将司法鉴定立法的动机、立法目的、立法规划以及立法过程进行全方位、多角度的公开，社会公众才能对司法鉴定立法进

---

① 刘平：《"恶法"的矫正：立法后评估指标体系的构建》，《探索与争鸣》2013年第10期。

行有效和明确的监督。

（1）对司法鉴定管理制度立法予以公开。比如对鉴定人的资格审查标准不仅要包括鉴定人的专业技术水平，而且要对鉴定人的身体健康状况具有一定程度的要求，保证鉴定人能够符合某些野外采样、鉴定的条件以及出庭作证等工作义务。此外，鉴定机构的登记管理标准应当具有专业检测机构认证的检测或者鉴定标准作为必备条件等。

（2）对司法鉴定实施制度立法予以公开。例如鉴定人回避制度建立和完善的听证记录，社会公众对鉴定人回避制度普遍存在的疑问等。

（3）对司法鉴定适用制度立法予以公开。尤其是对鉴定意见的举证、质证过程的完善进行积极回应。此外，为保证当事人对鉴定意见进行质证的有效性和实质性，应当对当事人聘请有专门知识的人出庭相应制度进行同步调整和完善，确保司法鉴定制度与证据制度、诉讼制度有效衔接，促进司法鉴定立法体系的统一。因此，只有实行司法鉴定立法公开，机关、组织和个人才能对司法鉴定立法有更加全面和细致的了解，才能提出尽可能充分的立法建议，才能防止司法鉴定立法机关擅自扩权、肆意用权，在司法鉴定立法中追求部门利益，导致"部门利益法制化"问题的蔓延。

（4）还要加强法官的职业道德教育。如果说"良法是善治之前提"，那么法官是激发良法生命力的总舵手。一方面，法官要在中国特色社会主义法治思想的指导下，坚持以事实为依据，以法律为准绳的红线，站在中立的立场审视鉴定意见，树立正确的法律价值观，将公平正义、科学合理等价值贯彻到每一个案件的办理过程中，守护好社会公平正义的最后一道防线。另一方面，法官要强化责任意识，适用鉴定意见并不是简单地"拿来用"，而是应当平等客观地对待鉴定意见与其他法定证据，这背后需要承担一定的职业风险和社会道德评价风险，因此法官应当在诉讼活动中保持被动性和中立性，不得与司法鉴定机构产生利益关系，也不得盲目地、不加鉴别地采纳司法鉴定机构出具的鉴定意见。①

---

① 汪全胜、黄兰松：《我国法案公开征求意见回应机制的建立与完善》，《南通大学学报》（社会科学版）2015年第2期。

四　法法衔接

（一）从司法鉴定制度运行机制的角度来看

司法鉴定法律规范的调整和统一需要鉴定人与司法鉴定机构、审判机关、检察机关、侦查机关以及司法行政机关之间密切配合。司法鉴定管理制度、司法鉴定实施制度、司法鉴定适用制度之间相互联结和相互促进，从而实现司法鉴定制度与证据制度的有效衔接，体现鉴定意见的客观性和科学性，最终达成司法鉴定制度与不同诉讼制度的融通，发挥鉴定意见对司法公正的积极作用，是法法衔接必须关注的重点问题。法法衔接是理论研究领域的核心，对完善法律制度具有重要的指导意义。只有在法法衔接理论的指导下，将司法鉴定制度中零散法律规范相互衔接，司法鉴定立法体系才能真正发挥其应有的作用，最终实现司法鉴定立法统一。法律制度是一个要素相互联系、相互限制、不可分割的有机系统。法律制度所包含的要素不能单独存在，只有与整个法律制度相统一，才能发挥其应有的价值和作用。因此，法律制度最重要的特征是它的完整性。法律制度的完整性并不是单纯指要素的总和，而是强调各要素在法律制度的框架内有组织地发挥作用，最终达到整体大于要素总和的实际效果。法法衔接视野下司法鉴定制度的衔接和融通，不仅强调司法鉴定制度内部的凝聚力和一致性，而且强调司法鉴定制度与外部体系的协调统一。司法鉴定法律规范的内部衔接以及与其他法律规范的衔接是动态的和整体的，而不是静态的或部分的，这强调司法鉴定制度的完整性，并通过部分法律规范达到调整形成正面效果，促进整个法律制度的良性循环。

（二）从法律制度各种要素的关系来看

法律制度的各种要素有机地联系在一起之后，就不是线性关系，而是各种要素之间、部分与部分之间、部分与整体之间平稳的相互关系。如果法律制度的某些部分不能与其他部分或整体相协调，就会妨碍整个法律制度的共同发展和进步。由于司法鉴定立法技术尚处于探索阶段，立法技术与其他相关法律规范相比尚不成熟。在立法技术和立法理念存在较大差距的情况下，司法鉴定的法律规范与诉讼法和证据制度相比存在框架性的问题，特别是立法的精细化不足是导致法律规范产生上述问题的重要原因，与其他法律相关的司法鉴定会产生混乱和冲突。实现司法鉴定法律规范与其他法律的积极互动，关键在于提高司法鉴定立法技术、完善司法鉴定立法理念、明确司法鉴定法律规范的具体内容。为了实现法法衔接最终效果，需要与其他法律规范进行联结。

此外，法律制度本身不是一个封闭的整体，要实现法律制度的内部因素和整个法律制度的健康有序发展，必须考虑外部环境因素，以开放的态度和敏锐的洞察力正确对待外部环境。在推进司法鉴定统一立法的过程中，需要以开放的姿态应对司法鉴定市场化过程中的供需关系、市场竞争带来的影响和变化。司法鉴定活动法律规范的制定必须符合市场经济发展的规律，如果违背市场竞争的趋势，将对司法鉴定的实施和发展产生不利影响。但在关注外部环境变化的同时，司法鉴定的主要矛盾仍是鉴定人和鉴定机构的独立性问题、鉴定意见的科学性和专业化问题。在这个过程中，要保障社会公平正义，必须从诸多矛盾中把握事物发展的主要矛盾，真正实现良性循环，促进司法鉴定与外部环境因素的协调发展。司法鉴定法律体系本身是一个十分开放且复杂的研究对象，集中表现为部分与部分以及各部分与整体之间的复杂关系。各要素之间相互联结所产生的反馈效果并不是各要素效应的简单叠加，而是相互产生、相互支配的复杂关系。为了实现司法鉴定法律体系与其他法律规范的顺利衔接，需要从以下几个方面进行考虑：

其一，通过分析和梳理已有法法衔接的研究内容，总体上是使人大常委会在立法过程中，将拟制定的法律和已生效法律在适用中实现协调、配合，而不是相互抵牾。因此，法法衔接的提出就给人大常委会立法提出更高要求，给科学立法提出了新内容，预防法律制定后产生适用衔接不畅或重复规定。法法衔接是对司法鉴定法的立法工作提出的高标准和严要求，防止立法机关立法中与其他法律内容过度重复，或者残留立法空白，无法为司法鉴定活动提供必需的可操作性规定，这是法法衔接基本的制度要求。

其二，法法衔接从微观层面出发，更加关注立法事项的细节，特别是对法律调整事项的范围之间的逻辑关系予以足够重视。这就要求法法衔接问题的研究与解决必须建立在立法主体对相关法律规范所调整法律关系和范围进行细致的分析和梳理的基础上，对重复的立法事项进行合理删减或者合并，对存在立法漏洞的事项积极纳入立法规划，尽快弥补立法空白。然而，不同层级立法主体所具有的立法权限不同，所制定法律规范的效力层级也存在差异。不同层级立法主体难以在立法活动中对其他立法主体所制定的法律规范进行细致入微的分析，更难以实现自己制定的法律规范与其他主体制定的法律规范保持高度的协调、统一。我国正处在全面推进依法治国的关键时期，立法活动前所未有地频繁进行，涉及国家、社会、个人的法律、法规以及其他规范性文件层出不穷，立法出现交叉与重叠现象也在所难免。因此，法法衔接主要约束的对象是同一层级立法主体的立法行为。在统一司法鉴定立法过程中，应该首先对上述立法进行梳理，按照立法体系化的基本要求，现有立法能够纳入统一司法鉴定立法的，应当尽量纳入，如果无法纳入的，也应当彻底解决上诉立法中存在的"法法不衔接"的问题。

其三，法法衔接既包括从微观层面保证具体立法事项之间的衔接问题，也包括宏观层面不同法律部门之间的衔接问题。由于不同部门法调整的法律关系不同，立法价值导向也存在巨大差异，很容易导致立法政策方面出现分歧。因此，法法衔接更要考虑某项制度涉及不同法律部门时，如何进行科学划分和协调一致的问题。司法鉴定立法不仅涉及法律规范本身的制定与实施，而且包含技术操作规范，横跨三大诉讼法，存在法学与其他学科的交叉。因此，如何对司法鉴定立法事项进行合理规划和分类，发现不同类型法律存在的相似性与差异性，为今后司法鉴定立法规划指明具体的立法方向，必须处理好司法鉴定立法所涵盖的不同法律部门之间法法衔接的逻辑关系，既要避免不同部门法之间的司法鉴定立法事项产生交叉与重叠，也要防止出现立法空白。这就要求司法鉴定立法不仅要坚持科学立法，合理规划和安排不同部门法之间的立法事项，而且要在充分发挥民主立法功能的基础上，综合立法、实务、理论各方意见，对照三大诉讼法、人民法院和人民检察院组织法、司法解释、司法改革理念和要求、任务，系统、明确地安排立法内容。

第三节　司法鉴定法立法中的刚性与柔性

我国在法律制度和政策的制定和执行中秉持了大陆法系国家的传统，那就是在制定法律的过程中，要求成文化法条内容一定要具体、明确、精准，如果还达不到要求，就用司法解释进行配套。之所以形成这样思维方式，主要是因为我国的立法机构和实际执法机关总是希望成文法能够包罗所有可能在实际中出现的问题，立法者也尽力对可能出现的问题进行穷尽，以使法律具备可操作性，但如此一来，立法者给实际执法者的空间裁量权就会收窄，造成法律执行中的刚性有余，柔性不足。从执法者和立法者的互动来看，立法机构总是希望执法更加规范、明确，执法者则对立法更加依赖，能动性表现不足，但现实执法中执法者面对纷繁多样的宏观世界又难以充分应对。在司法鉴定法的立法中，法律制定的柔性与刚性可以从如下几个方面考虑。

一　鉴定人出庭作证

（一）权利与义务的关系

为了更好地理解鉴定人出庭作证的义务，首先要厘清法律规范中权利与义务之间的关系。法律规范中的"权利"一词蕴含着丰富的内容，从不同层面去探讨会得出不同的理解，简而言之就是法律所承认和保障的特定利益，利益主体可以按照法律规定要求他人为或不为某种行为以及请求国家强制力量予以协助。权利与人的社会性相关，一方面绝大多数权利的实现不能仅依靠权利主体个人的力量，而是通过对他人提出某种要求从而达到相应的效果。例如每个人的诞生从生理上来讲是经过母体的孕育，从受精卵成为发育完全的个体，最终脱离母体，呱呱坠地，即使没有法律的规定，从这一刻开始一个新的生命也由此独立存在于世间。因此法律之所以规定自然人享有生命权，并不是赋予人生命，而是为人的生命提供权利意义上的保护，即禁止非法侵害或者剥夺他人生命，否则将承担一定的法律后果。另一方面某种利益能否成为法律规范中所称的"权利"与一定的经济社会发展水平息息相关。比如作为著作权客体之一的美术作品，古往今来无数大师之作闪耀在历史长河中，记录着岁月流转。尽管在古代没有"著作权"这一概念，也并未影响美术作品的创作与传承，然而随着生产力的发展和技术水平的提高，剽窃、篡改他人作品等行为严重损害作者的创作热情，严重影响了文化的创新和繁荣，"著作权"保护极具必要性和紧迫性。随着文化的传播和交流，著作权保护开始扩展到国际范围，《伯尔尼保护文学和艺术作品公约》《视听表演北京条约》等国际条约被我国《著作权法》并入，对符合规定的外国人、无国籍人的作品也给予著作权保护。

　　法律规范中与权利相对应的是义务。在我国古代思想史中，由于缺乏权利观念，义务显然占据着举足轻重地位。尽管封建统治时期的"义务"并非现代意义上的法定义务，而是一种儒家文化中的道德义务，但在以德治国的历史阶段，这种道德义务也彰显出一定程度的强制色彩。这种义务与人的社会性的相关性，首先体现在义务本身就是基于社会生活而形成的。封建君主为维护统治，构建起以"三纲五常"为主要内容的道德标准，小到齐家大到治国，人们在不同社会生活中因扮演的角色不同而承担各自的义务，同时又通过承担义务来维持自身在社会生活中的地位。现代社会中的法定权利和法定义务是通过实在法律规定或者通过立法纲领、法律原则加以宣布的，这种权利和义务的存在也必须以社会关系的维系为重要前提，大多数情况下，一个人权利的实现必须依靠他人履行义务，一个人之所以要履行义务是因为他通过一定手段获得了某种权利，正如马克思所说，"没有无义务的权利，也没有无权利的义务"[①]。比如缔结买卖合同的双方，买受人既有请求出卖人按照合同约定的数量交付货物的权利，也有支付价款的义务，相应地出卖人有交付货物的义务也有获得价款的权利，两者相互关联、对立统一。

　　现代意义上的法治以权利的确认和保护为宗旨去设定义务，即确立了权利本位的理念，在此基础上鉴定人的权利和义务亦是相辅相成、不可分离的关系。鉴定人最重要的义务之一就是出庭作证。鉴定人之所以

---

① 《马克思恩格斯文集》第3卷，人民出版社2009年版，第227页。

具有出庭作证的义务，是因为一方面鉴定人作为社会成员的一部分，享受国家的保护，享有法律赋予公民的基本权利，在安定有序的社会秩序中才能实现个人的发展，在公平正义的法治环境中才能维护个人的合法权益。因此当国家惩罚犯罪行为的时候，凭借专业知识和技能，借助专门仪器设备，对案件作出事实性判断从而得出鉴定意见的鉴定人应当履行出庭作证的义务，这种义务看似是一种利他性的义务，实质上是为生活在社会中的成员拥有良好的社会秩序所承担的一份责任。不可否认的是没有权利作为后盾和保障，鉴定人出庭作证的义务也无法有效履行。鉴定人出庭作证率低、出庭作证效果欠佳是我国刑事诉讼中面临的一大难题，甚至已经影响到刑事案件审判结果的公正性。在思考如何解决这一问题时，不能仅仅将目光聚集在如何督促证人履行出庭作证的义务，应当基于法律对人社会性的基本预设探寻鉴定人不愿出庭作证的根源，贯彻权利本位的理念，以保障鉴定人的权利为出发点为鉴定人履行出庭作证的义务尽可能解决一切后顾之忧。因此法律应当充分保障鉴定人的权利，才能更好地激发鉴定人出庭作证的积极性，使鉴定意见在刑事案件中充分发挥其功能和价值，不仅有助于实现审判结果的公平正义，而且对提高诉讼效率也有不可忽视的作用。

（二）鉴定人出庭作证的义务

在诉讼程序中，鉴定意见是鉴定人就案件中的某些专门问题进行科学缜密的鉴别后作出的事实性判断，对认定案件中的关键事实发挥着不可替代的重要作用。然而，实践中因鉴定意见存在瑕疵，导致案件事实认定出现偏差，进而造成冤假错案的问题层出不穷。为进一步增强鉴定意见的客观性和科学性，保证司法鉴定活动合法有序进行，实现案件审判结果的公平正义，《刑事诉讼法》等相关法律进一步完善鉴定人出庭作证制度，并对鉴定人出庭作证的相关程序性事项作证新的制度安排，强化对鉴定意见质证的实际效果。鉴定人出庭作证的重要性主要体现在以下几方面：

1. 鉴定人出庭作证是直接言词原则的集中体现

直接言词原则是指在庭审过程中，法官、当事人以及其他诉讼参与人均应到场参与案件的审理，尤其是法官应当对证据具有亲历性，并且审判活动应当以言语表达的方式进行。因此，鉴定人应当出庭作证，接受控辩双方的询问，特别是与可能因鉴定意见而承担不利后果的一方当事人进行对质，从而使法官形成自由心证，防止冤假错案的出现。

2. 鉴定人出庭作证是实现庭审实质化的重要路径

长期以来我国刑事庭审存在着形式化、虚化的现象，证据的审查和案件事实的认定主要由法官在审查、研读控诉方移送的案卷笔录的基础上完成，控辩双方在庭审中的举证、质证活动并没有对法官心证的形成起到实质性作用。① 这使得原本处于诉讼程序核心阶段的审判程序流于形式，严重影响司法的权威性与公正性。为进一步实现庭审实质化，应当推进证据质证在法庭进行，案件事实认定由法官完成。作为认定案件事实重要证据的鉴定意见，在鉴定人不出庭作证的情况下，往往以书面形式提交或者移送到法院，无法进行举证与质证，仅仅在法庭上进行展示，容易使法官对未经当事人双方辩论的鉴定意见产生天然的信任，对案件事实产生预断，最后因对事实认定产生误判而造成冤假错案。因此，鉴定人出庭作证，接受双方当事人的质疑，才能帮助法官在来回交锋中形成自由心证，防止鉴定意见成为"鉴定结果"，发挥庭审的实质作用，实现审判结果的公平正义。

3. 鉴定人出庭作证是证据制度的必然要求

证据是按照法定程序收集和认定的，用以确定一切实体事实和程序事实的基础。未经庭审程序中举证、质证的证据不得作为定案的依据。鉴定意见作为法定证据的一种，并不享有与其他法定证据相比更强的证明力，仍需经过质证、认证才能决定其能否作为认定案件事实的依据。鉴定意见虽然是借助先进的仪器设备，由鉴定人按照相应的科学原理得出的事实性判断，但基于不同的操作方法或者鉴定标准，同样会得出不一致甚至是真假难辨的结果。因此，鉴定意见是否具有证明力，不能仅凭书面审查即得出精确的判断，更不能不加分辨地直接将鉴定意见作为案件事实认定的最终结论。所以，鉴定人应当在诉讼双方有异议的情况下出庭作证，由法官最终认定鉴定意见是否能够作为认定案件事实的

---

① 何家弘：《刑事庭审虚化的实证研究》，《法学家》2011 年第 6 期。

依据。

(三) 鉴定人出庭作证的困境

但是在实际司法运行中,鉴定人出庭作证困难的问题仍未得到解决。在思考如何彻底突破这一困境时,不能仅仅将目光聚集在如何督促鉴定人履行出庭作证的义务,而是应当探寻鉴定人不愿出庭作证的根源,贯彻权利本位的理念,以保障鉴定人的权利为出发点为鉴定人履行出庭作证的义务尽可能解决一切后顾之忧。

1. 鉴定人出庭作证的费用问题

"人类的一切行动都有其内在的经济逻辑。"为履行作证义务,鉴定人需要付出一定的时间成本、经济成本等,他们不得不在内心衡量履行作证义务所需成本与拒绝履行作证义务受到法律否定评价之间孰轻孰重。我国《刑事诉讼法》仅规定了证人出庭作证时给予一定的交通、住宿、就餐等费用补助,而对鉴定人出庭作证的费用没有相应的补助。对于鉴定人出庭作证产生的费用由谁来承担的问题,一种观点认为,如果是公诉方为承担举证责任而申请鉴定人出庭作证的,则由国家来支付鉴定人出庭作证产生的费用。还有观点认为,鉴定人是否应当出庭作证一般是由法院根据案件审理情况决定的,应当由法院承担鉴定人出庭作证的费用。由于法律存在空白,实践中对鉴定人出庭作证费用的处理存在争议,实际上无法激发鉴定人出庭作证的积极性。

此外,如果鉴定人无正当理由拒绝出庭作证的,根据《刑事诉讼法》的相关规定,经人民法院通知,鉴定人拒不出庭作证的,鉴定意见不得作为定案的根据。一方面鉴定人拒不出庭导致的不利后果实际上并不周密,实践中也极少由鉴定人因不出庭作证而承担相应的法律责任。另一方面法院为提高诉讼效率,节约司法成本,也对鉴定人出庭作证持消极的态度,从而使得鉴定人拒不出庭作证的惩罚"束之高阁",而不会把时间和精力倾注在和鉴定人"周旋"之中。综上所述,鉴定人履行作证义务所需成本远大于拒绝履行作证义务受到法律否定评价的代价,因此鉴定人自然选择不出庭作证。

2. 鉴定人出庭作证的人身安全问题

作为社会成员,安全是我们对社会最基本的要求,只有在安全的社会环境中,才能实现自身的发展。刑事鉴定人在履行作证义务时,总会因为自己的陈述而造成其他社会成员切身利益的减损。与英美法系的当事人主义刑事诉讼模式不同,我国目前采用的仍是倾向于职权主义刑事诉讼模式,法院在刑事诉讼中并不是处于消极被动的地位,而是拥有一定的调查取证权,加之刑事被告人无须承担定罪方面的举证责任,鉴定人往往由控方聘请的,用来证明被告人有罪或者应当承担刑事责任,这导致鉴定意见对被告人的不利影响更大,也更容易引发对鉴定人的打击报复行为。因此从鉴定人的角度出发,一方面他们认为自己面对的是"穷凶极恶"的犯罪分子,出庭作证行为会对自身安全产生重大威胁,出于内心的畏惧,往往不愿意出庭作证;另一方面是我国自古以来"厌讼"的观念深入人心,鉴定人对法庭本身也避之不及,所以很难出庭作证。

(四) 鉴定人出庭作证的实现路径

综上所述,为实现鉴定人出庭作证的真正意义,发挥鉴定人出庭作证的实际效果,主要有以下解决路径。

其一,应当采取措施降低鉴定人需要出庭案件的数量,在不影响案件事实发现的同时,不让鉴定问题成为诉讼的核心,保证诉讼的效率,减少诉讼资源的耗费。

其二,司法鉴定法立法中应该努力解决好鉴定人员的出庭作证的费用承担机制。除此之外,兼职鉴定人的时间成本也应考虑在内,应给予适当补偿。一方面,应当理解鉴定人因出庭作证所需成本过高而拒绝出庭作证的现状,利用现代科技手段,采用网络视频传输手段解决鉴定人因交通不便、路途遥远而不愿出庭的问题,这也是在当前疫情防控关键时期为刑事诉讼各方以及其他社会成员生命健康考量的重要措施。另一方面,应当给予司法机关尤其是法院一定程度的经费补助,通过内部和外部双重监督确保专款专用,并且细化对鉴定人予以补助的有关标准,保障鉴定人的经济补偿权,使鉴定人出庭作证再无经济上的后顾之忧。

其三,解决鉴定人本人,包括其利害关系人的人身保护问题,这在暴力类型案件中尤为重要。对此我国《刑事诉讼法》第64条规定:"对于危害国家安全犯罪、恐怖活动犯罪、黑社会性质的组织犯罪、毒品犯罪等案件，鉴定人因在诉讼中作证，本人或者其近亲属的人身安全面临危险的，人民法院、人民检察院和公安机关应当采取以下一项或者多项保护措施：（一）不公开真实姓名、住址和工作单位等个人信息；（二）采取不暴露外貌、真实声音等出庭作证措施；（三）禁止特定的人员接触证人、鉴定人、被害人及其近亲属；（四）对人身和住宅采取专门性保护措施。"为进一步消除鉴定人出庭作证的后顾之忧，体现国家惩罚犯罪的决心，维护法律及司法机关的尊严，应当从以下几个方面加强对鉴定人及其近亲属的安全保护程度：

（1）增列安全保护的犯罪案件。目前我国仅针对危害国家安全犯罪、恐怖活动犯罪、黑社会性质的组织犯罪、毒品犯罪等案件的鉴定人及其近亲属采取安全保护措施，诚然此种规定是出于我国司法资源紧张现状的考量，但有针对性地适度增列提供安全保护的罪名不仅不会造成诉讼资源的配置失衡，而有利于在促进鉴定人履行作证义务的同时防止犯罪行为的再发生，以强有力的手段对干扰鉴定人出庭作证的行为予以回击，维护社会的长治久安。因此，应当对犯罪情节恶劣、具有主观恶性或者再犯可能性、可能被判处10年有期徒刑以上刑罚的侵犯人身权利犯罪的有关鉴定人及其近亲属纳入提供安全保护措施的范围，切实保障鉴定人及其近亲属的人身安全不受侵害。

（2）建立安全措施的分级制度。随着5G时代的到来，互联网技术应用领域进一步扩大，在这个万物互联的时代，社会成员在享受由此带来信息传播便利的同时，也将个人信息暴露在公共领域，诸多数据和个人信息安全面临严峻挑战，鉴定人的个人信息安全也不例外。为了在大数据时代优化诉讼资源配置，尽可能实现对鉴定人安全保护的最大化，可以尝试建立安全措施分级制度。比如运用计算机技术对鉴定人可能遭受打击报复的风险等级进行评估，根据不同等级采取不同保护措施，例如对鉴定人的声音、外貌进行处理，对鉴定人及其近亲属的住所、工作单位等信息在一定时期内进行加密保护。如果风险等级很高，可以由专门机构对其住宅进行专门保护，排除危险，从而实现对鉴定人人身安全的有效保护。

（3）细化安全保护的主体责任。我国《刑事诉讼法》为对鉴定人进行全面保护,规定鉴定人本人或者其近亲属的人身安全面临危险的,可以向人民法院、人民检察院、公安机关请求予以保护。这一规定固然可以为鉴定人请求保护提供多种渠道,但由于承担主体过多且没有明确分工,在实践中难免造成公、检、法三机关相互推诿的局面,不利于鉴定人保护工作的及时性和时效性。因此,国家应当设立专门机构负责鉴定人保护工作,从鉴定人及其近亲属保护名单的审查到安全保护等级的选择和变更,再到安全保护期限的确定,最后到安全保护措施的执行全程进行负责和跟踪,扎实确保鉴定人保护制度保密、有效运行,促进鉴定人更好履行出庭作证义务。

(4)司法鉴定法立法还应该考虑可以不出庭的法定情况,比如庭审各方对鉴定意见无异议的,鉴定人因身体原因无法出庭的,因天灾等不可抗力无法出庭的等情况可以列举明确。正确认识鉴定人权利与义务之间相辅相成、不可分离的关系,在充分保障鉴定人权利的基础上,明确鉴定人出庭作证的义务,并且对恐吓鉴定人、打击报复的行为予以严格规制,切实增强鉴定人出庭作证的实际效果,最后实现刑事案件审判结果的公平正义。以上就是关于鉴定人出庭作证立法的柔性考虑。

二 司法鉴定的费用问题

(一)司法鉴定费用的合理性

作为法定证据种类之一,鉴定意见被我国三大诉讼法作为一个独立证据种类进行明确规定,并在案件中解决专门性问题发挥重要作用。"司法鉴定能够为刑事司法的实体公正提供科学性强、准确性高并具有比其他证据更可信的依据,为司法的实体公正提供保障。"[①] 在诉讼中司法鉴定活动是司法机关查明案件事实、确定案件事实的重要依据,司法鉴定活动产生的鉴定意见也是诉讼请求能否得到支持的前提,鉴定意见在诉讼中除了自身的证明价值之外,也是印证和佐证其他证据种类证明能力和证明力的可靠途径。因此,作为科学证据,司法鉴定活动的鉴定

---

① 王敏远:《略论〈刑事诉讼法〉修改之后鉴定制度的完善——根据司法鉴定的价值和特点进行的分析》,《中国司法鉴定》2013年第4期。

意见通常在诉讼中发挥着其他证据种类不可替代的作用，直接影响到案件事实认定的准确程度。

由于鉴定意见与其他法定证据相比，并非可以直接从诉讼双方当事人或者是案件有关的场所等获取，而是需要相关领域的专业技术人员借助特定的仪器设备，通过知识和经验所得出的证据，因此司法鉴定不可避免地要面临鉴定费用的问题。在推进司法鉴定机构以及相关制度改革之前，我国司法鉴定机构基本均由国家机关或者公立医疗卫生机构设立，基本不存在鉴定费用问题。随着司法鉴定管理改革的深入推进，为防止出现"自侦自鉴""自审自鉴"等严重影响鉴定意见独立性和客观性的问题，《决定》明文指出，法院于司法行政机关不得内设司法鉴定机构，但侦查机关为了避免侦查阶段的某些材料不及时鉴定会造成相应证据的灭失或者日后难以取得，可以保留内设鉴定机构。至此，我国司法鉴定机构的设立与登记逐步由国家垄断向市场化开始推进。

鉴定人依委托合同的约定为当事人提供的服务，鉴定人享有获得合法报酬的权利，鉴定人取得合法报酬是鉴定人职业获得社会认同的正当性根据。鉴定人只有获得适当的报酬，才能够更好地、有效地为当事人服务。鉴定费是鉴定人最为重要的经济来源，属于鉴定机构与其他经营机构一样提供营利的有偿服务，表现出一种等价交换关系。也即，鉴定人通过出售特定的服务来换取一定数额的经济利益，鉴定人提供的服务质量越高，收入自然越多。在市场机制调节下，鉴定人的报酬通过市场竞争拉开鉴定人收入差距，是鉴定人收费的最佳出路。但一方面，市场化在为鉴定机构数量以及鉴定技术发展提供必要竞争环境的同时，也造成了鉴定费用过高，诉讼当事人无法承担的问题。改革和完善后的司法鉴定实施体制使刑事案件和民事案件的鉴定费都有大幅度增长，鉴定收费过高，特别是民事案件中委托鉴定收取数额过大显得尤为突出，因为鉴定意见往往是当事人在民事案件中掌握主动权、提高胜诉可能性的关键证据。另一方面，鉴定费用过高在一定程度上限制了公民寻求司法救济的机会，使公民在民事案件中享有的胜诉权处于不均衡状态，严重影响司法的公正性和权威性。

（二）司法鉴定费用的缺陷

我国现行民事案件鉴定费用比照诉讼费的标准收取，这种收取标准至少存在两方面的缺陷：

其一，面对高额的鉴定费用，当事人不敢充分地提出自己的鉴定请求，能不鉴定的事项尽量不委托司法鉴定机构进行鉴定，降低诉讼成本，最终导致当事人的合法权益无法通过民事诉讼而得到充分的救济。

其二，当事人由于对鉴定知识和技术缺乏认识而提出一些不切实际的鉴定请求，而某些鉴定机构为谋取利益，在明知缺乏鉴定必要的情况下，未及时向当事人予以披露，给当事人增加不必要的鉴定费用负担。在现阶段我国鉴定机构转制的背景下，向当事人收取鉴定费用具有一定必要性，但当事人、鉴定机构与国家对于鉴定成本的分担应随着国家经济的发展和司法鉴定体制的改革逐步调适使其具备合理性。总体来讲，作为社会主义国家随着综合国力的提升，国家承担的鉴定成本应当逐渐增多，当事人承担的诉讼成本应当减少才能确保公民更好地利用司法和接近正义，同时这也是建设现代法治国家的必然要求。同时，司法鉴定具有公益性。鉴定意见不但为诉讼当事人服务，力求还原案件事实，通过法院的判决维护当事人的合法权益，而且为其他社会成员乃至整个社会带来利益。比如刑事诉讼中的鉴定意见，不仅仅为了认定被告人是否有罪以及是否应当承担刑事责任，更重要的是发挥惩罚犯罪、保障人权的诉讼功能，对维护社会公平正义，增强公众的安全感起到积极的促进作用。如何处理鉴定机构市场化与司法鉴定公益性之间的关系，是需要长期考虑的关键问题。

（三）司法鉴定费用的完善机制

1. 规范鉴定费用的收费标准

市场化的司法鉴定机构进行盈利活动是正当的，也是十分必要的，只有良好的竞争环境才能实现司法鉴定的长远发展。但是司法鉴定机构的鉴定活动从根本上来看是为诉讼活动服务的，以保证鉴定意见的客观性和科学性为基本目标，以承担维护公共利益的社会责任为重要基础，必须实现鉴定费用收费标准的规范化与标准化，不得收取高昂的鉴定费用，不得将盈利活动建立在侵犯委托人合法权益的基础之上，影响司法活动的公正性与权威性。因此，在推进司法鉴定立法体系化的进程中，应当由司法行政机关协同司法鉴定行业协会，根据不同鉴定事项的成本、难易程度等，考虑当地的经济发展水平，积极听取司法鉴定专业技术人员、司法鉴定机构以及其他社会成员的意见和建议，综合制定科学合理的收费标准，并且对为谋取不正当利益欺骗委托人、重复鉴定收取高额鉴定费用的行为进行查处，维护司法鉴定的良好秩序。

2. 完善司法鉴定费用的救助机制

随着科技水平的不断发展，司法鉴定是借助科学技术和专门知识，解决与案件有关某些专门技术问题的主要手段，在诉讼中起着其他手段不可替代的作用。鉴定意见一经作出即具有特殊的权威性。因此，司法鉴定已成为当事人取得证据解决争议的重要途径。随着鉴定意见逐渐成为诉讼活动中取得优势的关键证据，司法鉴定费用势必会成为经济困难当事人举证的门槛与障碍，造成贫困的当事人无力进行司法鉴定，获得维护自己合法权益的鉴定意见，而拒绝为贫困当事人提供鉴定服务与司法公正性背道而驰，可能导致强势当事人利用程序上的形式平等而加剧实质上的不平等，使得弱势群体的当事人无法接近司法正义。如何保证当事人因为鉴定费用无法负担而不能获得鉴定意见的情形发生，就成为司法鉴定法立法应当认真考虑的问题。司法鉴定过程中的收费在社会经济调节下，既可以看作国家、社会、个人关于司法鉴定的成本分账，同时，也可以看作为司法鉴定行为的适当成本规制。根据《决定》，各地陆续批准的社会性司法鉴定机构开始负责原由法院系统承担的司法鉴定业务。作为一种市场化的有偿服务，鉴定机构生存的基本条件就是鉴定费用的收取，所以国家一方面要采取政策扶持社会性鉴定机构健康有序发展以培育鉴定市场，另一方面还要努力体现我国社会主义制度的优越性，保障公民参与诉讼的权利，但不能用强制性的行政手段命令鉴定机构履行义务。司法鉴定法律救助制度的完善就是为了保障经济困难弱势群体的诉权，保护弱势群体诉权不仅是建设法治国家的需要，同时也是建设社会主义和谐社会的具体要求。司法鉴定法立法除了确认现有机制外，还应该考虑如何汇集社会各方力量积极创造救助基金用于补偿司法鉴定机构和鉴定人的劳动付出，保障司法鉴定活动的质量。

三　司法鉴定机构和司法鉴定人的法律责任

随着鉴定意见在诉讼程序中对案件事实认定作用的逐步提升，不仅司法鉴定相关制度亟待完善，而且司法鉴定机构与鉴定人的责任制度愈加受到社会公众的密切关注。司法鉴定机构和司法鉴定人在执业过程中，理应遵守国家法律、法规、执业操守和纪律，认真履行法律义务，同时，也需要承担相应法律责任。但由于目前我国司法鉴定立法体系尚未完全建立，有关司法鉴定机构与鉴定人在司法鉴定活动中承担何种法律责任以及相应责任的认定问题，仍然存在诸多争议与分歧。

"法律责任与法律义务是一个相关的概念，一个人在法律上要对一定行为负责，或者他为此承担法律责任，或者说，当他做出相反行为时，他应当受到制裁。"① 鉴定人依法进行司法鉴定活动，享有获得报酬、不因出庭作证而遭受不法侵害等合法权益的同时，如果违反与委托人约定的义务或者违反其他法律规范所规定的义务时，应当承担相应法律责任。目前我国关于鉴定人应当承担的法律责任散见于诸多法律规范中，主要包括刑事责任、行政责任以及民事责任。

（一）鉴定人的刑事责任

鉴定人应当承担的刑事责任主要是指《刑法》所规定的鉴定人故意做虚假鉴定企图陷害被告人以及其他人或者隐藏罪证的行为。根据我国《刑法》第305条规定，鉴定人伪证罪的具体构成要件如下：

1. 鉴定人伪证罪的客体

根据法条规定，鉴定人伪证罪的客体不是单一客体而是复杂客体。鉴定人伪证罪不仅会侵害司法机关的正常活动，妨碍司法秩序，而且会侵犯公民的人身权利以及其他合法权益。

2. 鉴定人伪证罪的客观方面

我国《刑法》第224条中详细具体列举了能够构成鉴定人伪证罪的具体行为模式，即故意作虚假鉴定的行为，规定虚假鉴定事项必须与案件有重要关系，并且阐明鉴定人伪证罪情节严重的法定刑。上述规定存在的问题主要有以下几点：

（1）与案件有重要关系的情节认定问题。我国《刑法》中关于情节犯的规定，不仅存在情节加重的情形，还存在情节减轻的情形。例如

---

① ［日］浦川道太郎：《德国的专家责任》，梁慧星译，法律出版社2006年版，第42页。

《刑法》第151条走私武器、弹药罪规定：走私武器、弹药的，处七年以上有期徒刑，并处罚金或者没收财产；情节较轻的，处三年以上七年以下有期徒刑，并处罚金。相对于该罪的基本犯来说，由于犯罪情节具有不确定性和调节性，情节减轻后，社会危害性随之降低，法定刑档次也降低了。鉴定意见与其他法定证据的重要区别在于，鉴定意见必须由专业技术人员通过专门仪器设备，结合个人的经验，对案件中的专门问题作出事实性判断，鉴定意见的取得需要经过鉴定人一系列专业性的操作，具有一定技术门槛和成本投入，一般而言，鉴定事项均为案件中涉及事实认定的重要事项。加之《刑法》未对"与案件有重要关系的情节"进行明确列举，在司法实践中的举证以及认定便更加困难，因此，鉴定人伪证罪中是否应当要求虚假鉴定事项与案件有重要关系，仍值得商榷。

（2）鉴定人伪证罪情节加重犯的认定问题。情节加重犯的本质是，加重情节与基本情节相比，对法益的侵害程度更高，但并未超出基本犯罪行为罪质的范围，情节加重犯与基本犯符合同一犯罪构成要件，只是情节加重犯具有更大的社会危害性。而情节加重犯的关键问题在于，该行为属于基本情节、情节较轻还是情节严重。由于鉴定人作伪证在认定基本情节时，存在"与案件有重要关系"这一情节规定模糊不清的问题，导致后续情节较轻或者情节严重的判断难上加难，造成司法实践中对该条的理解和适用存在诸多争议和分歧，从而导致鉴定人刑事责任问题认定的困难。为解决这一问题，应当通过对《刑法》进行修订或者颁布相关司法解释的方式，对鉴定人伪证罪上述争议进行回应和明确，确保该条文适用的统一性和一致性。

3. 鉴定人伪证罪的主体

根据刑法条文文本分析，鉴定人伪证罪的主体必须是在刑事诉讼、民事诉讼、行政诉讼中从事具体鉴定工作的鉴定人。但《刑法》中并未对鉴定人的资格认定问题予以明确。鉴定人的资格认定应当与司法鉴定相关法律规范保持一致，即取得国家资格认证的人员为鉴定人，还是依照其从事的具体活动的性质加以判断，尚存在争议。此外，目前司法鉴定机构改革过程中，法院不得内设鉴定机构，但为了防止证据的灭失或者日后难以取得,保证侦查活动的顺利进行和及时开展,侦查机关内部仍保留鉴定机构。如果侦查机关中的鉴定人作出虚假鉴定,其身份应当属于侦查人员还是鉴定人,目前仍不明确,需要《刑法》与司法鉴定相关法律及时修改并顺利衔接。

4. 鉴定人伪证罪的主观方面

根据《刑法》相关规定,鉴定人构成伪证罪的主观方面必须是直接故意,即鉴定人明知自己作虚假鉴定不仅可能会侵害司法机关的正常活动,妨碍司法秩序,而且会侵犯公民的人身权利以及其他合法权益仍希望这种结果发生的心理状态。然而,鉴定人伪证罪还规定鉴定人具有陷害他人或者隐匿罪证的犯罪目的。这种犯罪目的是否属于鉴定人伪证罪的犯罪构成要件,目前还存在分歧。有的学者认为,犯罪目的属于鉴定人伪证罪的构成要件,鉴定人在具有此目的的情况下才有可能构成伪证罪。也有部分学者认为,虚假鉴定本身就是一种伪证行为,至于其具体的犯罪目的为何,并不影响伪证罪的成立。如果鉴定人不是出于上述犯罪目的而实施虚假鉴定行为,无论情节多么严重均不能构成鉴定人伪证罪,这显然不符合该罪的构成要件。此外司法鉴定活动本身具有的专业性,很难证明鉴定人存在陷害他人或者隐藏罪证的故意,最终导致该罪名在司法实践中举证的困难。因此该罪的主观要件只需要鉴定人具有直接故意即可。①

(二) 鉴定人的行政责任

鉴定人应当承担的行政责任主要是指《司法鉴定人登记管理办法》所规定的鉴定人因故意或者重大过失造成当事人遭受损失的情形,由鉴定机构承担赔偿责任,鉴定机构可以向鉴定人进行追偿。由于鉴定机构隶属于国家机关的情形仍然存在,实践中有些法律规范不仅规定鉴定机构的赔偿责任,还对鉴定人进行处罚作出具体规定,导致行政责任承担主体不明确的问题。

(三) 鉴定人的民事责任

鉴定人承担的民事责任主要是指鉴定人与委托人签订合同后可能产

---

① 苏宏峰:《鉴定人执业的刑事责任注意》,《中国司法鉴定》2010年第2期。

生的违约责任以及鉴定人因故意或者重大过失对委托人承担的侵权责任。综上,虽然有关鉴定人法律责任种类繁多,但存在司法鉴定机构与鉴定人责任混同的问题,同时鉴定人的法律责任也并未实现与诉讼法的有效衔接,实践中对司法鉴定机构以及鉴定人法律责任的认定仍存在诸多障碍。

(四) 鉴定人责任的承担

在司法鉴定立法中,对于鉴定机构和鉴定人违反法律、法规规定的,除应有相应刚性处置外,还应考虑到我国具体国情,对行为性质的违法性和后果适当分类,实现承担责任的方式多样化。既要体现法律、法规的严肃性,也给司法鉴定机构和鉴定人适当改正机会。司法鉴定法立法对于鉴定机构和鉴定人法律责任的设定,首先应当确定价值目标,既要严格追究违法责任,维护当事人合法权益,能够起到惩戒教育功能,又要防止出现当事人因对鉴定意见不满而"闹鉴"的行为,保障司法鉴定行业能够健康有序发展,但是法律责任设定中对于刑事责任、民事责任、行政责任划分应坚持比例原则,使法律责任承担起司法鉴定行业风险防控作用,合规开展司法鉴定活动,减少违法违规。同时,司法鉴定法立法中也应对责任主体承担法律责任的追责程序严格规定,防止出现追责的任意性,确保鉴定机构、鉴定人享有充分陈述、申诉权利,拥有复议、申诉途径进行权利救济。对于刑事责任应予以明确规定,遏制司法鉴定领域内的犯罪行为,减少因司法鉴定活动的违法违规造成被鉴定人遭受财产、人身损失。对于民事责任应当作出较为详细的规定,对于因为司法鉴定、违法违规形成的民事责任有充分救济途径,民事赔偿应包括间接损失和精神损失。对于行政责任应作出系统、完整的规定,根据司法实践中的司法鉴定种类规定行政责任承担范围,设定行政责任的承担方式。

第七章

司法鉴定立法体系化内容

　　司法鉴定立法体系化内容是司法鉴定立法的核心，本书主要包括了司法鉴定行业管理中的行政管制和行业管理的职能与关系，司法鉴定制度、诉讼制度和证据制度三者之间的有机联系，试图从多个角度全面探究司法鉴定立法体系化内容。

　　司法鉴定行业管理是司法鉴定管理立法研究的重要内容。在《关于司法体制和工作机制改革的初步意见》中，国家已经提出了对司法鉴定实行行政管理和行业管理相结合的管理体制，后又多次在行政规章中做出规定。随着社会发展，国家出于诉讼职能需要在公安机关、检察机关内部设立的司法鉴定机构已经难以满足现代社会对诉讼活动的需求，由此产生了以社会鉴定资源为主的社会鉴定机构，形成了公检鉴定机构和社会鉴定机构并存的局面，它们各自管理，难以形成统一的司法鉴定管理体系，司法鉴定管理两结合模式应运而生。司法鉴定行政管制和行业管理相结合的制度被称为两结合管理模式，司法鉴定行业管理是司法鉴定管理制度进行规范的重点内容，司法鉴定行政管理与行业管理相互联系、相互影响。司法鉴定行业管理是宏观管理和微观管理之间的中间层次，是适应社会主义司法体制改革的司法鉴定管理模式。作为宏观管理与微观管理之间的中间过渡层次，司法鉴定行业管理成为了连接行政机关、司法鉴定机构和鉴定人的中介。本书通过对司法鉴定行政管理和行业管理概念及内容的阐述，论证了两者的关系，并提出了司法鉴定行业管理的规划，从以审判为中心、直接言词和非法证据排除三大原则对司法鉴定法改革进行深入探讨，厘清司法鉴定法与诉讼法之间的关系，健全司法鉴定制度和司法改革成果的衔接，有助于我国证据规则与诉讼制度、司法鉴定制度协调统一，推动司法鉴定行业管理的发展。

司法鉴定法体系取决于司法鉴定法的性质和结构，司法鉴定法所调整的对象、范围又与证据制度和诉讼制度紧密联系。司法鉴定在一定程度上为诉讼程序服务，促进了诉讼程序公正。诉讼是通过程序正义以达到保护当事人权益目的来完善司法鉴定制度，实现诉讼的科学化，还有助于诉讼程序进一步完善，保障诉讼制度与时俱进的现代化发展。司法鉴定法在与诉讼法紧密联系、相互影响的关系中，又保持着独立性，明确规定划分了两者的合理边界。司法鉴定体系化与我国国情、政策相联系，受国家法律法规以及政策引导，在党的十八大上提出的以审判为中心的改革制度，加强了诉讼程序的实体正义和程序正义，促进了司法公正。

近年来，司法鉴定立法体系化的研究有很多学术成果，但在司法鉴定立法体系化的行业管理方面却很少有研究成果，本书着重阐述了司法鉴定法的体系化、司法鉴定行业管理的模式以及其与诉讼制度、证据制度的联系、司法鉴定如何能更好地为诉讼程序服务等内容。我国在司法鉴定管理体系中创新出了司法鉴定行政管制和行业协会管理相结合的模式，在两者结合的过程中司法行政机关与司法鉴定机构分别起到了重要作用。司法行政部门主管全国范围内司法鉴定行业，对司法鉴定机构和司法鉴定人进行登记注册管理，为建立统一的司法鉴定管理体系奠定基础，形成统一的司法鉴定管理体系有利于形成统一的司法鉴定程序并提高司法鉴定的整体水平和质量。但因为我国法律规定过于抽象和粗略，以及在行政机关内部司法鉴定的管理出现了分歧，统一的司法鉴定管理格局并未完全形成，长期以来不利于司法鉴定的长远发展和管理水平的提高，因此制定统一的司法鉴定管理体制是司法鉴定管理的职能部门未来工作的重心。本书拟初步分析论证我国特殊司法鉴定体制的形成与演进过程，探讨目前司法鉴定法律规定和司法改革、诉讼法修改分离的问题，提出司法鉴定统一立法相应解决对策，实际立法中，可能还需要进一步从实体规制和程序规范两个层面分别论证才能有成效。

第一节　司法鉴定的主体管理

　　鉴于目前我国对司法鉴定机构实行的是一种市场化的运行模式，但就目前现状来看，这种市场化模式结合政府行政管制的模式并未达到预期目标，反而滋生很多问题。因此，以行业协会为代表的第三方治理机制逐渐成为解决问题的重要制度来源。行业协会作为一种政府与民间组织的中间机构而存在，在本质上，既是政府行政管理的部分延伸，也是民间社会组织的组成部分，具备一定程度的自治性质和独立地位。理想的行业协会应该是与国家行政管理之间形成一种互动的功能互补关系，密切合作达到共赢但又适度基于各自保护的利益关系而相互制衡，这种制衡体现了行业协会的设立初衷和目的，良好制衡和合作可以使国家、社会、团体利益协调和平衡发展，确保社会和经济顺利进行。管理模式上，各国通常采用行业管理和政府管理相结合的方式。①

　　改革开放以来，我国政府的行政管理方式和内容均在不同时期有不同程度的变化，这种调整和变革来自政治层面的考量和社会发展的客观需要。随着改革开放的深入，社会经济快速发展，我国政府行政管理内容愈加复杂、扩张，政府权力超载现象愈发严重。在这种压力下，政府机构和职能转变就成为改革必然选项。"司法行政机关在推进实质化统一管理的进程中，应当充分依托司法鉴定行业协会，特别是各个鉴定类别的行业协会的大力协助。就目前来看，我国司法鉴定行业协会还无力担当类似英美德法日等法治发达国家司法鉴定管理的主要责任，采取行政管理为主、行业管理为辅的二元机制，才符合我国司法鉴定管理实践。"② 司法行政机关对司法鉴定行业进行行政管理，即依据法律法规对司法鉴定机构和司法鉴定人的司法鉴定活动进行宏观调控和规制，对违反相关法律法规的司法鉴定机构或鉴定人进行惩罚，引导司法鉴定机构

---

① 裴兆斌：《中国司法鉴定管理制度研究》，法律出版社2015年版，第27—28页。
② 涂舜、陈如超：《司法鉴定管理的体制变迁及其改革方向：1978—2018》，《河北法学》2020年第1期。

和司法鉴定人合法、规范地进行司法鉴定活动。司法鉴定行业管理可以弥补行政管理在范围上的不足，其中根据法律规定从事司法鉴定的鉴定机构和鉴定人需接受司法行政机关的登记注册管理，其他类别的鉴定事项可根据诉讼需要由司法鉴定行业协会进行登记管理。在三大类鉴定机构之外的其他鉴定机构不能加入司法行政部门统一管理中，它们不像三大类司法鉴定活动的专业性和质量都有所保障，如果没有统一登记管理，社会鉴定机构出具的鉴定结论可能会损害诉讼的公平和正义，运用司法鉴定管理模式能够实现职能部门对鉴定机构和鉴定人的统一管理。司法鉴定协会可以设立多个委员会，对全部司法鉴定机构和鉴定人提供指导和引导并进行相应管理，这种做法可以全面提高司法鉴定的质量，更好地促进司法鉴定主体科学、专业地进行司法鉴定活动。此外，司法鉴定相关职能部门将司法鉴定机构和鉴定人的管理纳入协会后，可以加强其与社会的联系，及时获取信息，更能够促使鉴定程序和鉴定标准向统一化的方向发展，更快形成司法鉴定统一管理体系。司法鉴定行业协会管理与行政管理相辅相成，行业协会能够辅助行政管理的进行，司法行政部门主要是制定法律法规与政策，对司法鉴定机构和司法鉴定人进行统一登记注册管理，对相关主体部门进行的司法鉴定活动进行监督，管理和引导以及对鉴定人开展教育培训。司法鉴定行业协会有助于司法鉴定管理中区分不同鉴定类别的不同准入标准，发挥自身社会资源优势，辅助相关"司法行政部门负责对司法鉴定机构和司法鉴定人进行登记管理，这是司法行政部门最重要也是最具体的一项职责"[①]，并严格规定登记管理制度准入资格，提高司法鉴定管理制度专业化水平，同时司法鉴定行业管理可以充分利用行业协会的优势，对司法鉴定进行监督管理。司法鉴定行业管理中，司法行政部门应当把握司法鉴定行业管理的发展趋势，制定相应法律法规，与行业协会形成一种良好互动、相辅相成、互利互补的关系，引导和管理司法鉴定事业的发展。

司法鉴定行业管理体制运行过程中应严格做好司法鉴定管理工作，建立司法鉴定机构的资格认定机制，保障司法鉴定机构的鉴定水平和工

---

① 杜志淳：《司法鉴定法立法研究》，法律出版社 2011 年版，第 249—250 页。

作质量，对司法鉴定主体进行有效规范。根据发展状况和实际鉴定水平，司法鉴定行业对司法鉴定活动进行灵活调整，使其能够更好地服务诉讼活动，根据司法鉴定活动的特征具体划分相关标准，司法鉴定行业指导统一开展司法鉴定机构资格的认定工作。司法鉴定机构的管理机制和司法行政机关内部的鉴定部门管理机制并不相同，机关内部鉴定部门由机关进行监管，而社会司法鉴定机构具有一定的独立性和中立性，具有社会属性，其工作必须要进行严格的规范管理才能更好地为诉讼程序所服务。因此，规范司法鉴定资质认定工作的程序十分必要，司法鉴定机构向有关职能部门提出认定申请，经有关部门严格按照评审要求进行资质审查，对符合标准的鉴定机构授予鉴定资格，对获得认定资格的司法鉴定机构定期开展核查。加强资质认定工作制度建设，由司法行政机关和监管部门研究制定相关政策文件，明确司法鉴定资质认定受理范围、申请条件和工作流程，进一步加强工作衔接，明确管理职责，提高工作效率，持续提高司法鉴定行政许可规范化水平。职能部门发挥司法鉴定监管作用；积极协助开展司法鉴定机构建设的组织和协调工作；组织开展司法鉴定资质认定评审员的推荐报名、日常管理和继续教育培训等工作，不断提高评审专家队伍履职能力和专业水平，进一步发挥行业专家聚集优势；积极协助市场监管部门和司法行政机关开展司法鉴定资质认定技术要求制定、司法鉴定行业检测实验室能力验证等工作，不断提升司法鉴定资质认定工作质量。司法行政机关定期分批次开展司法鉴定机构管理人员、鉴定人全覆盖培训，重点针对司法鉴定机构管理层、质量负责人、技术负责人等关键岗位开展涵盖法律法规、政策要求、技术能力和过程控制等方面的教育培训，持续提高司法鉴定机构质量和内部管理能力，加强司法鉴定实践能力建设，组织专家深入司法鉴定机构，开展实操指导和场景演练，引导司法鉴定机构健全并运行有章可循、系统全面、持续有效的管理体系，全面提升执业能力。[1]

司法鉴定行业管理应当加强管理能力建设，持续加强各级司法行政机关管理干部和行业协会管理人员能力建设，开展资质认定有关理论学

---

[1] 杜志淳：《司法鉴定法立法研究》，法律出版社2011年版，第240—241页。

习、案例剖析、经验交流等活动,加快培养一批熟悉政策,精通业务的高水平管理人才队伍并加强信息化手段在管理工作中的运用,完善司法鉴定管理信息系统,不断丰富行业监管手段,切实提高监管效率和水平。行业管理充分发挥行业协会自律管理职能,完善行政处罚与行业惩戒衔接机制,形成行政管理与行业自律管理良性结合的管理模式,多层次提升行业监管水平。司法行政机关要加强监督管理力度,紧密结合实际,认真调查研究,全面了解司法鉴定机构的工作开展情况,充分发挥指导、协调、监管作用,认真履行工作职责,及时互相沟通,共同推动司法鉴定事业的发展。

司法鉴定行业管理有利于加快政府职能的转变,使政府能够更好更快地发挥调控作用,把握好准确的政策导向,使司法鉴定行业更好更快更健全地发展,将有效、有限的政府公权力资源用于最需要的地方,保证行政权力运行的权威和效率,同时将政府行政权承担管理范围之外的事务交由行业协会自治,发挥社会力量,促进社会资源合理配置,更好地完成行政管理任务,有利于统一我国司法鉴定标准体系,提高有关职能部门司法鉴定规范化水平,有利于实现政府、司法行政机关、司法鉴定机构和司法鉴定人的内部关系的协调,促进行业内部更具有凝聚力,促进我国司法鉴定事业的发展。我国司法鉴定行业为满足诉讼的需要,在公安机关、检察机关内部设立了隶属于各自部门的司法鉴定机关,后随着社会的发展以及对司法鉴定需求的增加,我国司法鉴定事业逐渐完善,蓬勃发展,形成了司法行政机关内部的司法鉴定机构和社会司法鉴定机构两种类型的鉴定机构,两个主体相互协调,共同为诉讼中的司法鉴定活动服务。基于以上思路,截至目前,我国各地在司法部指导下已建立司法鉴定协会。作为行业协会,既要保障协会成员合法权益,同时也要完成政府管理所转移的部分职能。如何发挥行业协会的功能,配合好政府行政管理就成为司法鉴定法立法需要重视的问题。

一 行政管制

"司法行政机关作为国家对司法鉴定事务的直接负责主管部门,承担司法鉴定管理的政府职责,司法行政部门应紧紧把握司法鉴定的发展态势和发展方向,做好宏观管理工作,统一管理社会鉴定机构与鉴定人。"① 在司法鉴定制度发展过程中,司法行政机关起着至关重要的作用。司法行政部门指导司法鉴定管理工作的进行,对司法鉴定的管理是宏观的、本质的、抽象的管理,需要充分实现对司法鉴定行业的管理作用。司法行政部门应当让司法鉴定协会享有自主权和独立权,除制定法律法规指导和管理行业协会外,不过多干涉行业协会的发展,使其有序地进行社会司法鉴定活动。在我国,司法行政机关的管理尚未形成统一司法鉴定管理体系,无法对公检内部的鉴定机构实行实质性管理。因此,为了推进对司法鉴定实质化的统一管理,必须对司法鉴定机构、鉴定人进行登记,加强统一管理与监督,提高管理水平,实现实质化的统一管理。司法鉴定行业协会属于社会性组织,其机构的成立和鉴定事业的发展离不开司法行政部门的支持和引导,司法行政机关应该在一定限度上指导和支持司法鉴定行业协会的建立,指导行业协会组织开展职业道德和教育培训等工作,对有关专业性问题开展相关研讨会议,检查并监督司法鉴定机构的工作,努力提升司法鉴定行业工作的专业性和质量,对行业机构遇到的困难提供帮助。司法行政机关和司法鉴定行业协会应当合理划分管理职责和权限,二者相辅相成、互利互补,共同为司法鉴定事业做出贡献。最终目的是最大限度地节约司法资源,提高司法鉴定管理的效能,尽最大可能调动社会资源参与到司法鉴定事业当中,更好地利用社会力量让司法鉴定行业蓬勃发展。对于行政权的行使应该明确基本思路:提高行政权运行效能,调整行政权分配,使行政管理部门和行业协会职责划分明确。具体地,司法行政部门应该做好宏观规划管理事务,把握司法鉴定行业发展的整体态势,与时俱进,及时关注政策发展动向,积极调整司法鉴定规范,使其与国家法律法规、政策方针紧密联系,而具体事务交由司法鉴定协会办理,职责分工明确,实现政府与行业管理良性互动。因此,作为政府主管部门,司法行政机关应当做好如下几方面工作。

(一) 制定法律、法规和政策

制定法律、法规和政策是政府主管部门主要职责,法律、法规的制

---

① 杜志淳:《司法鉴定法立法研究》,法律出版社 2011 年版,第 249—250 页。

定使司法鉴定活动开展有法可依、执法有据，而政策为配合法律、法规执行，须具备一定灵活性和调整性，无论是法律、法规、政策都要科学、精准，有利于司法鉴定行业发展健康、有序进行。司法行政机关为了统一管理司法鉴定活动，需了解把握国家相关政策导向，以使司法行政机关在指导、管理司法鉴定过程中遵循国家大政方针，做到有法可依、与时俱进、稳步发展。另外，制定法律、法规和政策有助于建立健全司法鉴定制度，对于司法鉴定活动来说，法律法规和政策是司法鉴定机构进行鉴定活动的基础，能够指导司法鉴定机构工作的运行，各地司法鉴定行业在法律法规允许的范围内，制定相应制度规范，有助于鉴定工作进行。法律法规给司法鉴定行业的鉴定活动提供了法律依据，有利于司法鉴定行业形成一致的鉴定标准，统一鉴定结论的真实性、合法性，减少不同鉴定机构对同一问题作出不同鉴定结论的情况，因此，制定法律法规对鉴定行业的发展具有至关重要的作用。我国现有的司法鉴定制度尚不完善，各级司法行政机关在进行司法鉴定管理工作时会面临各种各样纷繁复杂的实际问题，当现行法律法规无法解决新的问题时，管理部门应当积极承担责任、解决问题，并在必要时健全相关部门规章，对出现的新问题新情况及时加以规范。因此，在现行法律规范尚不完备的情况下，健全司法鉴定管理的法律法规是十分必要且迫切的。在司法鉴定行政管理部门不断建立完备的立法体系过程中，司法鉴定的法律制度逐渐发展。

（二）行政许可职能

我国在司法鉴定机构和司法鉴定人管理模式方面，学习和借鉴了大陆法系的鉴定机构和鉴定人名册制，实行核准、登记制度，这也成为司法行政部门管理司法性事务的一项工作职责，司法行政部门的职责之一是对司法鉴定机构和司法鉴定人进行注册登记，对其进行司法鉴定登记管理"不仅可以统一管理司法鉴定主体的准入资格，管控司法鉴定活动的质量，还可以增强司法鉴定管理活动的准确性和独立性"[①]。对于拟申请的司法鉴定机构和司法鉴定人资格的审核批准关乎司法鉴定活动的高

---

① 杜志淳：《司法鉴定法立法研究》，法律出版社2011年版，第249—250页。

质量开展和司法裁判的准确性，直接影响司法公信力。

(三) 规划区域司法鉴定发展

我国现阶段司法鉴定活动正在蓬勃发展，司法鉴定机构愈加完善多样，司法鉴定人员资格完备，经验愈加丰富。但在司法鉴定发展的过程中也存在许多问题，司法鉴定管理机关需密切关注司法鉴定发展动向，科学地评估司法鉴定未来的发展之路，准确地把握司法鉴定管理制度的发展脉络，确保我国司法鉴定事业能够长期稳定发展。具体来说，司法鉴定管理机关应在鉴定机构、专业人员与社会司法鉴定市场等多方面做出合理、完善、准确的规划布局，发挥平衡各方的作用。既然我国已经开始司法鉴定的市场化运营模式，那么全国、各地司法鉴定的市场供给、市场需求、需求内容、需求结构都应该调查、核算，这也是政府在市场经济模式下发挥宏观调控的职责体现。规划一定要精细、有用，对于全国、各地有具体的引导作用。

(四) 监督、监管司法鉴定行业发展和秩序

司法鉴定行业协会是司法行政部门职能的延伸，司法行政部门在做好权限分配的基础上，必须对行业协会的履职进行监督，避免行业协会职能发挥松散。司法行政机关依据法律法规对司法鉴定活动的全过程全方位进行监督管理，以维护司法鉴定事业的健康发展。司法鉴定行业协会在我国的发展逐步稳定，更加成熟，在司法鉴定机构，司法鉴定人以及司法鉴定活动等各方面蓬勃发展，与此同时，司法行政部门也应同步加强对司法鉴定的监督和管理，司法鉴定以其专业性强、社会公信力强的特点，使得司法行政机关更应对司法鉴定行业加以重视、加强规制，以提高社会公信力和司法鉴定活动的规范性与合理性。司法鉴定监管大致可分为三种类型的监督管理机制：司法行政机关监督管理，司法鉴定行业监管和司法鉴定机构内部监管。其中司法行政机关的监管是较为重要且占比较大的，因此，司法行政机关应当努力加强监管，加强与社会及行业协会的联系，关注社会变化，及时发现问题并解决问题，建立健全完备的监管体系。

二 行业协会

司法鉴定行业管理是宏观管理和微观管理之间的中间管理层次，行

业协会是司法鉴定机构和鉴定人的社团自治组织，是鉴定主体自我管理的组织形式，可以充分发挥机构鉴定人主动和积极参与管理。司法鉴定行业管理是宏观管理和微观管理之间的中间管理层次。应将那些直接的、具体的、操作性强的事项交给行业协会去管理。司法鉴定行业协会具有非营利性、自治性、经济互益性等特点，能够独立行使管理职能，行业协会独立于司法行政机关行使管理职能，进行司法鉴定活动。司法鉴定行业管理比司法行政机关管理更有优势，能够降低整体经济运行的交易成本，"发挥司法鉴定行业协会科学性、专业性强的特点，应对其准确定位、明确职能，从而使其发挥自身的作用，以弥补司法鉴定行政管理的不足。"① 除此之外，不论是司法行政机关还是行业协会，都应当接受国家相关职能部门、社会群众以及内部的监督，维护机关和协会的廉洁性，使社会大众相信由鉴定机构做出的司法鉴定意见是科学与公正的，有利于增强司法鉴定的公信力。司法鉴定理想的管理模式是行业协会经过长时间的社会司法鉴定活动积累了丰富的实践经验，自律管理水平和能力有了大幅度提升，使司法鉴定行业自助管理机制得以完善并自主组织具体管理，发挥行业协会应有的作用，此时司法行政机关仅做宏观调控的指引作用。司法鉴定协会的职责应该有如下几个方面。

（一）教育培训

这是司法鉴定协会的主要任务，"司法鉴定活动具有专业性强，公正性，科学性以及社会广泛性等特点，参加从事司法鉴定活动的司法鉴定人必须具有专业资质和经验技能。"② 在新情况新问题不断频繁出现的当今社会，需要教育培训进行统一的培训标准，如果没有统一的鉴定标准，很可能造成同一问题在不同司法鉴定人鉴定后产生不同甚至完全相反的鉴定意见。另外，司法鉴定人的专业水平层次不齐，主观判断标准不同，很难对同一司法鉴定事项形成一致意见，鉴定结果因司法鉴定人水平不同而有参差，因此，对司法鉴定人员进行教育培训是很有必要的，它不

---

① 杜志淳：《司法鉴定法立法研究》，法律出版社2011年版，第251页。
② 杜志淳：《司法鉴定法立法研究》，法律出版社2011年版，第252页。

仅能够针对同一类型的司法鉴定活动作出统一的鉴定意见,而且可以提高司法鉴定活动的专业性、科学性和公正性,以促进司法鉴定行业的发展。从我国现状来看,司法行政管理部门的司法鉴定部门主要为行政部门提供司法鉴定服务,社会中的司法鉴定活动的责任主要由行业协会承担,由此看来,行业协会比司法行政管理部门更适合进行司法鉴定人的教育培训活动。从近年来,各地司法鉴定协会的运行来看,教育培训职能发挥比较突出,尤其是对专业技术性标准的理解、国家政策的解读、出庭作证法律知识的培训等都精心安排学习,在教育培训的过程中,对司法鉴定人的培训可以根据不同的司法鉴定活动种类进行分类培训,也可以根据司法鉴定人不同水平进行初级、中级以及高级培训,细致准确的划分为司法鉴定行业朝着专业性、科学性的方向发展提供了有力保障。

(二) 维护协会成员合法权益

维权是行业协会的一项主要职责,对于司法鉴定机构和个人遭遇的侵权行为应积极提供政策和法律帮助,出面交涉或支持诉讼等。行业协会是鉴定机构和鉴定人的依靠,行业协会应当积极地承担责任,维护司法鉴定机构和鉴定人的合法权益,并积极地提供相关专业问题的咨询和建议,协助鉴定人进行维护权益活动,提出处理意见并支持鉴定人提起和进行诉讼,此举不仅是行业协会职责所在,更能带来司法鉴定行业内部良好的团队凝聚力,从而产生良好的社会效果。

(三) 司法鉴定专业标准制定

我国的司法鉴定标准体系尚不完善,鉴定标准不一致,未形成完整的标准体系,整体质量有待提升,司法鉴定机构和鉴定人处于一线工作,因而对依据各类标准适用体验深刻。根据现行状况存在的情况和问题进行分析和规划,司法鉴定机构制定出适合司法鉴定行业发展的司法鉴定标准,使其能够更好地为司法鉴定工作服务,提高司法鉴定行业的整体水平,由司法鉴定协会组织成员总结经验,提供修改建议是完善相关标准的有利途径,司法鉴定行业协会可以利用自身信息优势、社会资源优势帮助司法行政机关制定完备统一的司法鉴定标准。

第二节　司法改革与司法鉴定立法应答

司法鉴定法相对诉讼法来说具有保障法的性质。[①] 司法鉴定法的立法工作之所以受到广泛关注，是因为我国目前这种特殊司法鉴定体制并无可以借鉴的域外经验，已有的比较法研究成果，只能说明该制度在制度生成地运行良好，但不一定适用我国，对于我国司法鉴定立法则必须立足国内实际情况，对标司法体制领域内所进行的各种形式的全面司法体制改革，满足人民群众对于司法公正的追求。法律的产生和体系结构是由社会关系和处理纠纷对法律规范的诉求和现实物质基础和社会的需求决定的。司法鉴定法所调整的范围及调整对象决定了司法鉴定法的性质以及它与诉讼法之间的关系。因此，司法鉴定法立法应顺应国家司法体制改革的顶层涉及和总体要求，合理安排司法鉴定法与诉讼法之间的调整范围。[②] 当前的审判方式改革和诉讼制度立法修改均对司法鉴定法立法产生了重要影响。

司法鉴定法与诉讼法之间的双向互动关系需要转化为双方的双效机制。司法鉴定立法应该意识到司法鉴定本身已不仅仅限于诉讼取证的视域，诉讼证明仅是其功能行使的一部分，而维护司法公正、提升司法效率和司法公信力才是应对目前司法体制改革的立法面向。司法鉴定与诉讼制度之间的关系十分紧密。司法鉴定在一定情况下为诉讼活动服务，是居中裁判的法官在诉讼中认定案件事实，判断证据真实性，可靠性的方法。诉讼制度是司法鉴定存在的前提和基础，司法鉴定是诉讼法的重要组成部分之一，可以说司法鉴定制度的完备性和体系性影响着诉讼法的完整性。司法鉴定制度是联系诉讼程序和诉讼证据的枢纽。司法鉴定制度在诉讼程序中的鉴定程序问题决定着它在诉讼中的体系和框架，并影响着诉讼程序以及审判程序制度的发展与革新，"使改革后的司法鉴

[①] 杜志淳：《司法鉴定法立法研究》，法律出版社 2011 年版，第 13—14 页。
[②] 杜志淳：《司法鉴定法立法研究》，法律出版社 2011 年版，第 1—2 页。

定体制能够与诉讼制度相适应，保持司法鉴定法律规范与诉讼法之间处于良性的互动双效关系。"①

在诉讼程序中，查明案件事实，认定案件证据并作出合理公正的判决将鉴定意见作为重要的依据，鉴定意见在诉讼中发挥着其他证据难以替代的作用，影响案件事实认定效果，因此诉讼法对司法鉴定法提出了更高标准的要求，为建立司法鉴定统一标准体系奠定了基础。在现代诉讼中，对抗式诉讼程序当事人为了保护自身利益，通过司法鉴定程序来证明相关案件事实，对司法鉴定制度提出了更高的要求，从而促进了司法鉴定立法质量的提高。司法鉴定立法在公正、效率方面应与诉讼制度保持协调一致并能够科学、合理、公正地解决诉讼程序中的专门性问题，诉讼制度对司法鉴定的要求需要司法鉴定立法保障功能的发挥，通过司法鉴定完成诉讼中认定事实和实现司法公正的任务，形成司法鉴定与诉讼法互动关系。

随着社会司法鉴定活动的广泛适用，社会鉴定机构和鉴定人为当事人通过司法鉴定活动维护自身合法权益提供帮助。诉讼制度也发生了相应的变化，例如，诉讼结构的调整和审判模式的变化，在司法实践中许多真实案例的发生，在一定程度上促进了法律法规的革新与发展。"诉讼制度、证据制度、鉴定制度三者紧密相关，它们之间构成一种层次性的结构关系。"② 鉴定制度是由证据制度、诉讼制度决定的，受它们影响，为它们服务，鉴定制度随着它们的改革发展而变化发展。应该在司法鉴定制度改革的基础之上进一步完善司法鉴定立法，提升司法鉴定质量，充分发挥司法鉴定在推动司法公正方面的作用。若司法鉴定立法不随诉讼法的变化而变化，落后的司法鉴定法不仅使司法行政机关，司法鉴定机构与司法鉴定人难以相互配合和互动，还因司法行政机关管理范围过大损害了诉讼的公正。诉讼程序的改革过程中保障了司法鉴定制度改革的成果，保证了程序公正的实现。司法鉴定法和诉讼法的互动为双方提供了发展和进步的基础，共同促进诉讼的民主化和科学化。在司法

---

① 杜志淳：《司法鉴定法立法研究》，法律出版社2011年版，第7页。
② 杜志淳：《司法鉴定法立法研究》，法律出版社2011年版，第6页。

鉴定法不断完善的过程中，需要保障司法鉴定能够更好地为诉讼服务，与诉讼法相互协调同时促进诉讼法的改革与发展。

我国司法鉴定法对从事司法鉴定活动的鉴定机构，鉴定人及司法行政机关的资格条件及职责范围和登记统一司法鉴定管理体系等作出专门规定，在当今社会发展迅速的情况下，出现的新问题新情况的处理需要通过修改诉讼法补充外，还需要通过司法鉴定立法来完善。司法鉴定法应当在我国现有的经济社会情况下体现社会对诉讼的需求，能更好地与诉讼法相契合。因此，需要对司法鉴定法的现实需要和社会需求进行分析，以确定司法鉴定的调整范围并明确其与诉讼法的合理边界。在我国司法实践中，司法鉴定活动因重复鉴定、虚假鉴定等鉴定机构或鉴定人不科学、不公正进行司法鉴定等问题损害了诉讼效率与公平。这类问题需要司法鉴定法依据现实问题完善相关法律法规，如规定司法鉴定机构的设立条件和鉴定人资格条件等以健全司法鉴定制度，提升司法鉴定质量。我国现行法律规范仍不完善，司法鉴定登记管理的范围狭小，未能形成统一司法鉴定管理体系，现行规范的力度和程序存在不足，司法鉴定体制改变后在管理上法律缺失，使以前存在的旧问题未能彻底解决并产生了新的问题，这些问题的产生使社会对司法鉴定高质量的需求难以实现，甚至影响程序公正的实现，因此，需要通过司法坚定改革来弥补法律规范的不足和建立完善应有的法律制度建设。

"司法鉴定是诉讼法的重要组成部分之一，司法鉴定的发展影响着诉讼法的效率与公正。"① 司法鉴定制度在立法规划中不仅需要遵循自身发展的规律，保证司法鉴定的质量，还需要从法律层面保障司法鉴定的科学性和公正性。在诉讼中鉴定意见作为证据种类之一，鉴定源来自其他证据，诉讼程序中需要制定相关制度规范和规则来维护转移其他证据时的客观性和安全性。司法鉴定科学性、专业性是诉讼的保障，是司法鉴定立法要实现的目标。保证鉴定意见的合法性科学性，要加强对司法鉴定行业的监管以及对机构和人员的监管，从法律规范角度对司法鉴定制度做出更高的要求，满足社会对司法鉴定资源的需要，遵守司法鉴定规

---

① 杜志淳：《司法鉴定法立法研究》，法律出版社2011年版，第8页。

定，正确行使权利履行义务保障司法鉴定法在诉讼中有效实施。司法鉴定活动跨越了行政法、诉讼法和侵权法等诸多部门法领域。① 这也充分证明司法鉴定制度在我国特殊司法鉴定体制下，已经和诉讼制度、证据制度并存，三者为司法证明相互依存、相辅相成、不可或缺的部分。在司法鉴定法立法中，厘清司法鉴定法与诉讼法之间的关系，建立健全司法鉴定制度和司法改革成果的衔接制度，有助于我国证据规则与诉讼法、司法鉴定制度的协调统一。重点应从以下两方面考虑。

一 以审判为中心

事实的认定、证据以及法律的适用都需经过开庭审理，才有可能作为案件审判的依据。② 刑事诉讼被告人的辩护权及其他诉讼权利应得到充分保障。通过建立平等、开放和包容的诉讼机制，对证据和案件事实的认定进行严格审查，实现诉讼程序的合法与公正。当前以侦查为中心，使审判中的定罪量刑直接按照侦查活动中形成证据和事实进行裁判，侦查活动形成的案件材料对审判活动不仅直接制约还产生决定作用，侦察机关作为国家机关，从地位上就与诉讼程序中的被告人差距悬殊，侦查机关收集的证据容易使人产生预判，认为侦查机关的证据必然会成为证据。在这种情况下，审判程序并不是最重要的必经程序，甚至形同虚设。从我国长此以往的司法实践看，案件在侦查阶段就已基本成定局，检察机关审查起诉与司法机关审判程序都主要依赖于侦查阶段形成的证据，成为了对侦查阶段工作的认可和确定程序。客观上形成了以侦查为中心或者以案件卷宗为主的审判特征，其实质是由侦查机关掌握案件审判结果，开庭审判已经成为形式，其作用是让侦查机关的证据合法化。

要推进以审判为中心的诉讼制度改革，不能仅依靠司法机关的审判程序单独改革，侦查机关和检察机关同样应当参与推进，从诉讼程序的各角度都开启以审判为中心的改革浪潮。以审判为中心主要是突出司法机关开庭审判的重要性，审判程序是诉讼程序最重要的阶段，其他阶段

---

① 杜志淳：《司法鉴定法立法研究》，法律出版社2011年版，第17—18页。
② 李晓丽：《"以审判为中心"——冲破我国刑事诉讼制度发展瓶颈的改革》，《东岳论丛》2016年第6期。

为审判阶段提供审判的依据和基础。由审判人员通过开庭审理来认定案件事实，独立适用法律，确定案件证据，做出公正的判决，对被告人应负的刑事责任做到罪有所罚。只有庭审才能通过听证与辩论有效实现对不同主张和根据的判断，俗话说偏听则暗，兼听则明，如果放弃了庭审或者视庭审如形式，则会造成一方当事人独大的局面，不经过开庭审理的案件其判决结果很可能是不客观、不公正且片面的。经过开庭审理才能保证诉讼的公正性，从而防止徇私舞弊。开庭审理中为了落实公正审判需要落实回避制度，防止诉讼产生不公正判决，影响司法公平与效率。只有庭审才能集中地、科学地进行严格的程序安排，保证诉讼的公正与效率。而审判程序之外的活动则因缺乏严格程序约束，具有较大的不可靠性和不可信性，很难保障诉讼的公正与效率。以审判为中心，是审判独特性质的必然要求。就事实认定而言，审判程序的特征是在开庭审理现场进行言词质证和辩论，即"庭审可以直接关注案件最关键、最实质的部分，控辩双方对最关键、最实质的部分展开充分的论述和辩论。"① 因此，开庭审理阶段是其他任何阶段所不能代替的，如果放弃了开庭审理就是放弃了事实和证据。以审判为中心，即实现审判实质化，要求控辩双方当事人举证以及质证辩论在法庭展开，法庭审理成为了审判人员心证来源的主要渠道。从现行司法实践情况来看，庭审形式化的情况仍然存在，"法官将案件卷宗或其他诉讼阶段获取的证据作为判决的主要来源和依据，将阅卷作为实质性的审理活动，审理仅是实现裁判正当化的一种必经程序，"② 只能因控辩双方的举证、质证和辩论促使法官关注某些问题。因此，审判仍然以纸质案件卷宗为中心而不是审判为中心，案件卷宗反映的是侦查机关收集的证据和案卷材料，因此实质上为侦查中心主义。

"审判中心主义的提出其用意之一即在于改变以侦查为中心的诉讼特点，平抑侦查的强势地位，"③ 切实保障诉讼程序中公检法职责的实质化

---

① 纪振东：《"以审判为中心"背景下的诉审关系思考》，《法制与社会》2018年第25期。
② 张相军：《顺应以审判为中心的诉讼制度改革，加强和改进公诉工作》，《国家检察官学院学报》2016年第1期。
③ 单民、董坤：《以审判为中心背景下诉审关系探讨》，《人民检察》2015年第12期。

落实。不因侦查机关侦查完毕,其获得的证据就可以为检察机关和司法机关使用,侦查部门严格依法收集、固定、保存、运用证据,仅是其职责所在,并不能在侦查机关就确定被告人为罪犯,确定其罪行,正因为公安机关的强势认定,检察机关和司法机关的诉讼程序难以对侦查阶段形成的证据进行审查或者推翻,才会形成不公正的判决。刑事诉讼程序的主要任务是在法庭上用证据证明被告人有罪,不是在侦查机关认定被告人有罪之后,形成一个侦查机关工作直接适用于审判阶段的合法化加工程序,在侦查机关没有能力或难以侦破案件时,整个诉讼活动也戛然而止。在审判中心原则中,侦查机关应当按照审判时的证据认定规则,去提升自身侦查水平和能力,并指导整个侦查行为的展开。

以审判为中心应该按照诉讼程序进行,立案阶段是诉讼活动的开始,侦查阶段是为审判阶段准备证据的活动,起诉是检察机关开启审判程序的活动,审判中控诉、辩护、审判三方结构成为诉讼的中心以审判为中心对公安机关、检察机关的相互配合提出了更高的要求并通过开庭审判对侦查和起诉质量进行全面评价。司法未能对侦查机关形成有效控制,以审判为中心与专门机关相互配合,相互协作,以审判为中心与公安机关、检察机关和司法机关分工负责、互相配合、互相制约的原则相契合,因为以审判为中心不是简单地以法院为中心,没有改变公安机关、检察机关和司法机关之间的基本地位和相关关系。

以审判为中心,实质是诉讼程序的重心在开庭审理阶段,"庭审前的侦查阶段和审查起诉阶段都应得到实质性的落实,侦查、起诉活动要服从审判要求,"[1] 这种情况下,每一个机关、每一个阶段的工作都在为审判阶段做铺垫,没有经过审判任何人不得被确定有罪。应当将以审判为中心理解为强调刑事诉讼的整个过程都要体现权力的制衡和监督,体现司法机关对刑事诉讼程序的监管。以审判为中心不能理解为仅对案件定罪量刑的证据必须经过审判确定,以审判为中心体现了刑事诉讼的内在规律,它是由审判程序的特点和功能决定。审判程序的特点要求审判程序具有中立性、权威性和公正性,审判的基本功能在于对指控的犯罪事

---

[1] 郭沙沙:《中国侦查预审制度之合理建构》,《行政与法》2022 年第 6 期。

实和证据进行实质审查，并在确保被告人辩护权、接受社会监督的前提下依法作出指控犯罪行为是否成立以及是否需要承担刑事责任、如何承担刑事责任的裁判。只有将审判程序置于刑事诉讼程序的中心地位，才能使侦查、审查起诉程序受到应有的管理和制约，使国家惩罚犯罪的行为取得应有的正当性；才能保护被告人免受缺乏根据的或者非法的刑事追究，避免出现冤假错案。

　　落实直接言词原则，是将审判程序中的审理与判决形成有机联系的整体，实现让审理者裁判，让以审判为中心不再落入虚无，通过开庭审理阶段的言词辩论、调查，将审判程序落到实处。落实直接言词原则也是落实证据裁判规则的体现，确认了证据裁判规则，规定认定案件事实必须以证据为依据。国家提出推进以审判为中心的诉讼制度改革，落实证据裁判规则，加强对认定证据的监管。① "证据裁判原则要求开庭审理过程中重视证据的审查以及严格按照诉讼程序对控辩双方提出的证据进行质证，证据需要经过法官的亲自调查、控辩双方质证才可以作为定案的根据。"② 在庭审过程中充分质证的情况下，需要重视证据适格性的审查，坚决排除非法证据，除法律有特殊规定外，未经过开庭审理以言词的方式进行调查核实的证据不能够成为案件定罪量刑的依据。要保障被告人的诉讼权利，保障被告人能够表达自己的观点与看法，更重要的是对案件事实的认定提供重要的证据，保障被告人的辩论权，促进诉讼程序的公正。认定被告人有罪必须达到法律规定的证明标准，如果证明被告人有罪的证据难以达到法律要求的证明标准，则疑罪从无，证明被告人有罪证据不足的坚决判无罪。在判断证据合法性的过程中司法鉴定人出庭作证十分重要，如果司法鉴定人或证人不出庭作证，以侦查机关取得的难以验证其真实性的书面证言代替证人出庭作证，是我国刑事诉讼突出的弊端之一。刑事诉讼法的修订意在强化证人和司法鉴定人出庭作证，也采取了相应优惠措施鼓励证人出庭和强制证人出庭作证的某些措施，但未能有效限制应出庭而未出庭证人书面证言的使用，即未能确立

---

　　① 樊崇义：《"以审判中心"的概念、目标和实现路径》，《人民法院报》2015年第5期。
　　② 李拥军、董辰：《刑事庭审实质化视角下的法官预断排除研究》，《河北法学》2022年第9期。

传闻排除规则，书面证言仍然代替证人和司法鉴定人出庭，出庭率未能提升，强化证人和司法鉴定人出庭的立法目的基本未能实现。国家提出相关决定完善证人、鉴定人出庭制度，并将其作为前提条件，以确保开庭审理在查明案件事实、认定案件证据、正确适用法律并作出公正判决中发挥了重要的作用。为此，针对对定案有重要作用的证人，必须要求出庭，必要时，法院应当强制其出庭，如果证人和司法鉴定人不出庭，应当采取相应的强制措施，而不能以书面证言蒙混，有特殊情况的应加以核实，必要时可采取书面方式或视听方式进行作证，真正地做到对案件事实和证据的认定，案件中的法律的适用，被告人及公诉方的质证和辩驳及对有关专业问题的提问和询问，确切落实法庭调查和法庭辩论的实质性运用，审判人员在认定事实和证据，正确使用法律的基础之上定罪量刑在诉讼程序中得到全面的完成。① 一改以前形式化、纸质化的审判，保证庭审在查明案件事实、认定案件证据、正确适用法律和做出公正判决中发挥有力的作用。

落实直接言词原则，还要发挥辩护律师的辩护作用，法院应听取律师意见，实现律师的有效辩护。要在充分保障辩护律师庭前会见权、阅卷权、调查权的基础上，注意维护律师在法庭审理中的质证权、辩论权，认真听取律师的辩护意见，这在一定程度上也是保障被告人辩护权的体现，保障了被告人的合法权益，律师的意见应引起审判人员关注，在评议裁判中加以考虑，在裁判文书中加以体现，不仅维护了被告人和律师在诉讼程序中的合法权益，也促进了司法判决的公平正义。落实直接言词原则，要求庭审中各诉讼主体必须到庭，法官和控辩双方直接参与法庭调查和法庭辩论环节，包括证人和司法鉴定人必须出庭作证，以言辞方式进行提问、询问和回答方式所形成的证人证言或者鉴定意见才能被采纳，从多方面充分获取与案件有关的信息，准确地发现争议焦点和掌握案件事实，从而有效推动诉讼进行。② 司法鉴定法立法应当确认以审判为中心的司法改革要求与证据裁判原则和直接言词原则的结合，以保

---

① 杜志淳：《司法鉴定法立法研究》，法律出版社 2011 年版，第 51—57 页。
② 杜志淳：《司法鉴定法立法研究》，法律出版社 2011 年版，第 51—53 页。

障鉴定意见对案件事实的证明作用。刑事审判程序的实质化以及以审判为中心的司法制度改革，强化了控辩双方对鉴定意见证据的质证，鉴定人与专家辅助人出庭率得以提升。

直接言词原则是直接审理原则和言词原则的集合体。直接审理原则是在程序上对审判人员的审判行为作出的外在要求，它要求审判人员必须亲自参加诉讼程序，亲自主持法庭调查、法庭辩论，认真听取控辩双方就案件事实和证据进行的辩论和质证，并且依据法庭上认定的事实和证据进行判决。言词原则又称为口头原则、言词审理原则。言词原则要求法庭的审理应以控辩双方相互进行言辞的形式进行，未以言辞方式提出或者调查的证据不得作为法官判决的依据。强调当事人语言的重要性，也就是说法庭上的诉讼参与人能够及时就案件事实问题或证据问题提出疑问并请求得到解答，而且这些疑问能够得到及时有效的回答，能够在每一份案件的事实和证据上得以体现，展现了开庭审理的公正性。

目前，我国在落实直接言词原则上存在不足。在审判中，书面案件卷宗很大程度上影响了审判结果，法庭审判流于形式，审判阶段之外其他阶段所获得的书面证据材料成为了审判的主要依据，忽略了开庭审理中的控辩双方当事人质证及就案件问题进行的辩论及律师的辩论意见，质证和鉴定意见的真伪判断成为空谈，证人和司法鉴定人出庭率较低，证人和司法鉴定人能够出庭作证是直接言词原则实现的基础，证人和司法鉴定人未能出庭作证以及证人证言以书面形式在法庭的审判中出现是常态，往往也是将书面证人证言和证人出庭作证认为具有相同作证效力。即使法律对证人出庭作证的保护、经济补偿、强制证人出庭做出了规定，但是在司法实践中，证人和司法鉴定人出庭作证制度没有得到改善。证人和鉴定人出庭率过低，影响了审判人员对案件事实认定，不利于案件的公正审判。在这种情况下，法官判案过度依赖案卷材料，使庭审流于形式，案卷材料与法庭审判应当共同为刑事诉讼程序服务，为形成公正的判决做出贡献，应当防止以纸质化的材料成为审判人员定案的依据，这就要求证人应当出席法庭作证，证据应当以言词的形式呈现并接受当事人的直接质证。

"司法鉴定人出庭作证是正当程序的要求，是司法鉴定意见证据质证工作的必然要求，也是司法鉴定人的法定义务之一"①，在不承担义务时应当承担不履行义务的法律责任。在其他国家，证人作证制度较为发达，究其根本原因在于审判机关的命令具有绝对的威慑性，不出庭作证所要承担的后果一般人难以承受，证人和司法鉴定人作证得到了实质性的保证。而我国对拒绝作证行为的惩罚力度显然过轻，应该完善出庭作证的处罚措施。"通过强化证人拒绝作证的处罚，加强证人和司法鉴定人出庭作证的责任感，使证人和司法鉴定人出庭作证深入人心，扩大证人保护的范围。"② 现行的证人保护制度的保护范围主要是证人、鉴定人、被害人及近亲属，还应当包括和证人之间存在赡养、抚养关系的人，其人身财产安全都能很大程度影响证人出庭作证的积极性。证人因出庭履行作证义务而支出的交通、住宿、餐饮费用应给予适当补助，证人作证的补助列入司法机关业务经费，由政府财政予以保障，证人作证所在工作单位不能克扣或者变相克扣证人的工资、奖金，从多方面促进证人出庭作证。

以审判为中心可以有效利用诉讼资源。书面审理程序与开庭审理程序相比较，书面审理可以省略传唤、询问等环节，节约时间成本、经济成本的支出和司法资源的支出，而直接言词原则需要消耗一定的司法诉讼资源，提高了时间和经济成本。由于直接言词原则要求下的刑事判决不能够依据书面案卷材料而作出，所以法庭中的控辩双方质证与辩论就成为检验案件真实的有效途径。因此，法官作为法庭审判的主导者必须对案件事实的查明拥有敏锐的洞察力，也就是说法官必须能够明确了解案件的争议焦点并且判断每一项证据是否具有证明力，从而决定法庭质证的范围。③ 法官在参加主持审判程序过程中的信息筛选能力也是不可或缺的。控辩双方呈现于法庭上的言词往往是纷杂而且相互对立的，如何从中去伪存真，从众多信息中抽丝剥茧，筛选出为案件事实有用的线索，依靠的是法官的素质和能力。审判人员应当依照法定程序，全面、客观地审核证据，依据法律规定，遵循法官职业道德，对证据有无证明

---

① 杜志淳：《司法鉴定法立法研究》，法律出版社 2015 年版，第 60 页。
② 高斌：《以审判为中心背景下鉴定意见研究》，《检察调研与指导》2019 年第 4 期。
③ 高斌：《以审判为中心背景下鉴定意见研究》，《检察调研与指导》2019 年第 4 期。

力和证明力大小独立进行判断,并公开判断的理由和结果。这促进了司法实现公正与效率,具有重大现实意义和深远的历史意义,体现了自由心证原则与法定证据原则的统一,审判人员运用专业知识和丰富的经验,对案件事实和证据进行判断,以确定证据真伪、衡量证据证明力强弱,通过证据所反映出来的事实情况,对案件事实进行认定,从而形成强有力的审判依据。

二 非法证据排除规则

我国非法证据排除规则正式确立于2010年,近年来,司法实践和立法表明非法证据排除制度的确立和发展对我国完善以审判为中心的司法改革、证据制度改革、防止冤假错案发生均产生重大影响。非法证据排除从证据基本属性入手审查证据是否能够合格,成为案件证据的基本条件,"非法证据是当事人违反法律规定,未遵守法定程序或使用不法手段收集且对审判结果产生影响的证据,"[1] 合法性审查将非法证据排除在外,经非正当或法律所不允许的手段收集获取的证据不能被列为可用的证据即其不具备证据资格。因此,非法证据排除规则引导收集获取证据时应当采取法律允许的手段,能够为查明案件事实、公正审理案件并做出合理判决提供依据和基础。非法证据排除规则的确立以维护司法裁判公正性为出发点,坚持司法运行规律和法律基本原则,充分体现司法改革所要求的正当性和合法性。[2] "我国刑事非法证据排除规则确立以来,经过长时间的丰富发展,已经日趋成熟化和规范化,但是刑事非法证据亟待扩大。"[3] 为彰显程序公正自身的独立价值,以非法证据排除规则为中心确立的证据合法性争议解决成为庭审重点问题。证据的合法性属于法庭调查的先决问题,只有解决了证据合法的争议才能开始证据质证。严格落实非法证据排除规则,与以审判为中心的诉讼司法裁判改革相辅相成,互为补充。同时,非法证据排除规则也和证据裁判原则密切相关,

---

[1] 张益宁:《论刑事非法证据排除规则的完善》,《西部学刊》2022年第7期。
[2] 吴宏耀:《非法证据排除的规则与实效——兼论我国非法证据排除规则的完善进路》,《现代法学》2014年第4期。
[3] 张益宁:《论刑事非法证据排除规则的完善》,《西部学刊》2022年第7期。

也是全面贯彻证据原则的基本要求。排除非法言词证据的可能要高于实物证据，言词证据更容易受到当事人和诉讼参与人的主观影响，而实物证据即使取证程序违法，其真实性受到影响的可能性低于言词证据。但这种范围限制了非法证据排除规则对刑讯逼供等非法取证行为的威慑作用，因此扩大排除范围是必要的。非法取证对言词证据和实物证据的影响存在不同，为了查明案件事实真相、惩治犯罪，法律对物证和书证的排除作了严格限定，必须要达到严重影响司法公正的程度，且无法作出补正或合理解释。在侦查、审查起诉、审判阶段发现有应当排除的非法证据，应当依法予以排除，不得作为起诉意见、起诉决定和判决的依据。在刑事诉讼中明确规定在诉讼的各个阶段都可以排除非法证据，公安机关、人民检察院和人民法院均可成为排除非法证据的主体。

非法证据排除规则指采用非法手段取得的证据不得作为证明不利于被告人的事实的根据。非法证据排除的相关规定对审判阶段非法证据排除规则和言词证据的收集审查程序进行规范，法院向被告人及其辩护人送达起诉书副本时应当告知其拥有申请排除非法证据的诉讼权利，加大对非法证据的监督，当事人应当在开庭审理前提出，但在开庭审理期间才发现相关线索或者材料不属于该范围，法院可依职权排除非法证据。在司法实践中，大多是开庭审理前提出排除非法证据依申请启动排除非法证据程序，对案件中被告人及其辩护人申请排除非法证据的情形，法院可以在开庭审理前对具体情况进行调查核实，听取当事人意见。检察院可以决定撤回非法证据，撤回的证据，没有新的理由，不得在庭审中出示。被告人及其辩护人可以撤回排除非法证据的申请，撤回申请后，没有新的线索或者材料，不得再次提出申请。

对法庭审理过程中申请排除非法证据的，法庭应当进行审查。经审查，对证据收集的合法性有疑问的，应当进行调查；没有疑问的，应当当庭说明情况和理由，继续法庭审理。当事人及其辩护人、诉讼代理人以相同理由再次申请排除非法证据的，法庭不再进行审查。对证据收集进行合法性调查可根据具体情况在申请后进行，也可以在法庭调查结束前一并进行。在法庭辩论结束前，被告人及其辩护人提出被告人审判前供述是非法取得的，法庭也应当进行调查。

依据刑诉法及其解释的相关规定，经过法庭审理确认或者不能排除存在以非法方法收集证据的，应当对相关证据予以排除不得作为判决依据。法院对证据收集的合法性进行调查核实后应当将调查结论告知控辩双方当事人及辩护人或法定代理人并做出是否排除该证据的决定。必要时可以宣布休庭，由合议庭评议或者移交审委会讨论决定。落实庭前会议制度，非法证据排除与庭前会议之间有着重要关系，是启动庭前会议程序的重要情形。但我国刑事诉讼法未对庭前会议做出具体的规定，对其具体操作的细节未明确规定，司法实践中尚未形成完全统一的做法。① 如果能对庭前会议制度的具体实施程序进一步明确操作规范，增强对证据的调查核实，提高在司法实践中的操作性，可以节约司法资源，更好地保证庭审活动的效率和质量。

我国设立非法证据排除规则的目的是防止适用非法证据认定案件事实导致不公正判决。"非法证据排除规则有利于保障人权，排除通过刑讯逼供、威胁、利诱、欺骗等非法手段收集的证据，保障公民的基本权利，确保公平正义。"② 因此侦查人员在讯问犯罪嫌疑人时可以对讯问过程进行录音录像，对于可能判处无期徒刑、死刑的案件或者其他重大犯罪案件，应当对讯问过程进行录音或录像。这一规定会使侦查机关刑讯逼供等非法取证行为得到监督和管理。因此，应当加强在重大疑难案件中对案件证据的认定，防止侦查机关的非法取证，同时也对犯罪嫌疑人和被告人审判程序前后供述不一致现象起到一定的抑制作用，为公诉机关履行排除非法证据证明责任提供条件。与非法证据绝对排除相对应的是非法证据的相对排除，证据收集程序、方式存在瑕疵不符合证据要求的，如收集调取的物证、书证在勘查笔录、提取笔录上没有侦查人员等相关人员签名，对此类瑕疵证据，不能适用非法证据排除程序，不能随意将证据作为非法证据直接排除，在瑕疵范围内的证据应对其有一定容忍，不能一刀切全盘否定瑕疵证据，对证据排除应当持谨慎态度。一方面，为了实现程序公正，要对非法证据予以排除；另一方面，为了保证

---

① 左卫民：《"热"与"冷"：非法证据排除规则适用的实证研究》，《法商研究》2015年第3期。

② 宋克政：《论非法证据排除规则》，《法制与社会》2021年第9期。

刑事诉讼目的的全面实现，应当采用柔性政策，给法官提供一定的自由裁量的空间。绝对排除是指在刑事诉讼程序中侦查机关刑讯逼供或用暴力威胁手段获取的证据，这种方式获取的证人证言和被告人供述或辩解都属于非法证据的绝对排除。在一般情况下对于非法收集到的言词证据特别是证人证言都应当坚决予以排除。在收集、固定、审查、判断和适用物证、书证和有关技术性证据时，发现程序违法并可能影响案件的公正处理时必须予以补正且作出合理解释，否则坚决予以排除，使用非法证据认定案件事实实质上是对犯罪嫌疑人、被告人人身权利甚至生命权的侵犯，是对司法公正的侵害。① 随着社会的发展进步，社会群众的维权意识有了大幅度提升，犯罪嫌疑人的权利保障问题被提升到了一定的高度，认识到犯罪嫌疑人、被告人与被害人的权益应当是平等的，刑事诉讼将打击犯罪与保障权益相结合，才能真正实现司法公正。

对于在司法实践中被确定为不具备证据能力并作为排除规则适用对象的非法司法鉴定意见进行各自危害结果分析，进而从宏观层面提出对鉴定机构的优化设置，微观层面非法证据排除规则进行细化具体分为四类：司法鉴定机构或者鉴定人资格和条件的缺陷、鉴定程序和方法的错误、送检材料鉴真程序的违法及鉴定文书形式要件的欠缺。司法鉴定机构应由司法鉴定行业管理机构统一管理，登记注册并满足鉴定的执业资格，经有关职能部门审查合格才能成为合格的司法鉴定机构。合格的司法鉴定人应具备鉴定专业知识，即鉴定人需满足相应的学历要求和经过司法鉴定相关的专业培训；具备一定的实践能力，具有独立解决司法鉴定工作的实际问题的能力；具备法律知识能力，具备与司法鉴定工作和诉讼活动相关的法律知识；具备职业道德，符合司法鉴定人职业道德规范的要求，实事求是，客观公正；满足技术职称条件，公检法机关内部设立的鉴定部门的人员及经国家主部门授予司法鉴定资格的机构的人员和其他专业机构的专业人员。司法鉴定人一般需要具备相应的条件，能够解决诉讼中的专门性问题，具备司法鉴工作实际操作性的人员才是满足鉴定条件的司法鉴定人，若司法鉴定人不具有鉴定资格，不满足鉴定

---

① 陈瑞华：《非法证据排除规则的中国模式》，《中国法学》2010年第6期。

人员的条件，做出的鉴定结论或者鉴定意见很可能会成为非法证据予以排除。① 鉴定人及其近亲属与本案有无利害关系，或有其他可能影响客观鉴定的情况，作为诉讼参与人的鉴定人应当遵守法律有关回避的规定，以确保鉴定人的中立客观，确保所作出的鉴定意见的真实性。对于鉴定人应当回避而未回避的，鉴定意见不得作为定案的根据。

鉴定依据的检测材料要先经控辩双方当事人质证，鉴定材料经质证才能确保真实、完整、充分、与案件有关联性。检材未经质证，司法鉴定委托程序违法。如果是当事人一方自行委托的司法鉴定，则可以就此委托程序提出异议，从而申请重新鉴定。鉴定材料需要提取固定的，提取鉴定材料过程必须符合相应技术操作规范的要求并进行记录。鉴定材料应当记录鉴定材料的提取或者固定过程且需要能够保证鉴定材料能够与案件事实和方式相符合，能够准确对应。鉴定材料的提取需指派人员或案件代理人现场见证提取过程，并在鉴定材料提取记录单上签名确认。鉴定材料可以提取多份的，由办案机关、行政机关留存备用。当事人一方或其他单位委托司法鉴定机构鉴定，需要提取鉴定材料的应由司法鉴定机构记录提取过程并确保鉴定材料与被取样的人或物准确对应。司法鉴定机构安排人员提取人身相关鉴定材料，提取鉴定材料应当由不少于两名司法鉴定机构工作人员进行。禁止司法鉴定机构委托其他任何机构和个人代为提取鉴定材料。司法鉴定机构提取人身相关鉴定材料，应对提取过程全程录像；外出提取的须采用移动录像设备进行全程录像。关于司法鉴定管理的文件明确规定了鉴定文书需要后附相关资格证书。如果鉴定机构在受委托期间内有相应鉴定资质，涉及鉴定人有相应鉴定资质，鉴定意见书后没有附鉴定资质及执业证，属于鉴定意见瑕疵，不影响鉴定结论的真实性。如果鉴定机构在受托范围内没有鉴定资质，由司法鉴定机构作出的鉴定意见将作为非法证据予以排除。

鉴定意见的形式要件包括鉴定意见的书面格式和内容、鉴定人员数量、鉴定人签名或盖章等。鉴定意见在形式内容上的完善程度，不仅影

---

① 杨宇冠：《中国司法改革过程中的重要探索——从构建中国特色的非法证据排除规则历程看中国司法改革》，《证据科学》2010年第5期。

响到鉴定意见本身的合法性和规范性，而且也会影响到鉴定意见的真实性。鉴定文书必须具备法律规定文书格式和必备的各项内容，内容记录可以反映鉴定过程和鉴定使用的方法是否科学，根据设备和方法所作出的鉴定意见，可靠性有多大。因此只要鉴定机构或鉴定人其一不具备相应资质，则此鉴定不合法。在司法实践中，鉴定人运用专业知识对刑事诉讼中的专门性问题进行鉴别和判断后，需要作出明确意见。鉴定意见是否有科学根据，论据是否可靠，论证是否充分，论据与结论是否有矛盾，结论是否明确。[1] 判断鉴定意见是否科学、正确，最有效的方法就是将鉴定意见与案件其他证据情况进行关联对照，必须满足作为证据的关联性、客观性和合法性。若经审查鉴定意见与案件待证事实之间并无关联，则该鉴定意见不具有证明价值，应当予以排除。

现代的刑事诉讼法已不再仅仅被看作惩罚犯罪、打击犯罪的法律，它同时也是为了从程序上规范、限制国家的惩罚权，"充分切实的保障公民的人身权利和财产权利以及其他权利不受权力干涉和侵犯。"[2] 正因为如此，现代法治国家普遍要求公共权力的行使者应按照法定的诉讼程序进行诉讼活动，以及在违反法定程序的情况下承担相应的法律后果。非法证据的排除有利于司法机关完善刑事司法程序运行，有效排除司法人员非法取证行为。建立非法证据排除规则起到一定的威慑作用，加大对非法证据的排除力度，坚决以非法证据作为审判依据。非法证据的排除是对司法机关证据收集的否认和对侦查机关工作的不认可，公民、法人或其他组织监督执法机关制止侦查人员的非法取证行为最有效的办法就是宣告其违法获得证据不具有可采性，加大对非法证据的惩处力度，可以督促司法机关守法并依法办案。非法证据排除规则有利于有效防止违法行为，防止或减少冤假错案。实践中，造成不公正判决的原因无不与诉讼程序中的违法取证行为有关，非法证据排除规则可能会存在一定的误差，但该规则的最大优点就是可以保证言词证据的真实性，从而达到准确定罪量刑的目的。非法证据规则有利于切实保障诉讼参与人合法

---

[1] 杜志淳：《司法鉴定法立法研究》，法律出版社2015年版，第205—206页。
[2] 任韵霖：《浅谈非法证据排除规则的历程和意义》，《法制博览》2019年第3期。

权益，有利于促进公安机关、司法机关及其工作人员对证据态度的转变。非法证据排除规则在刑事诉讼中存在价值权衡问题，如果允许将非法取得的证据作为定案证据，对查明案件的真实情况，实现国家刑罚权是有益的，但是如果将非法证据纳入判决依据中会不可避免地造成滥用刑罚权的局面，非法证据的适用是以破坏国家法律所确立的秩序和侵犯公民基本权利为代价的。如果对非法证据予以排除会阻碍对犯罪的查明和惩治，然而这与刑事诉讼目的、主导价值观念、对公民个人权利重视程度等因素都是相关的。非法证据排除规则体现了司法机关及其工作人员法制观念的转变，即从惩罚犯罪到注重保护人权的诉讼理念的进步。

通过对非法证据的责任做出规定，法院对取证行为的合法性做出了否定性评价，进而对非法证据做出了无效的宣告。但这种宣告除了影响到证据效力外，并未对侦查人员本身产生实质影响。我国法律已对非法取证行为规定了相应的刑事处罚措施，但仅依靠刑法中刑讯逼供罪等罪名来制约非法取证行为还显得单薄，应当对不构成刑事犯罪的非法取证行为制定相应的惩戒制度，如制定法律法规对非法获取证据行为进行惩戒处罚并对其人身和财产等方面进行限制，对司法鉴定中鉴定机构和鉴定人的行为进行监督和管理，保证其作出的鉴定意见能够为审判程序所用；其次还可以通过行政处罚的方式向相关职能部门提出对一些诉讼程序中的工作人员的违法违规行为进行行政处分。[①] 以审判为中心的刑事司法理念，已经使我国刑事诉讼制度的完善和改革向前推进了一大步，对于非法证据排除规则的贯彻落实也起到了积极的促进作用。在良好的制度保障和良好的法治环境下，非法证据排除规则更能够真正产生实际效果，为实现程序正义、维护司法公正发挥更大作用。司法鉴定法立法应该从司法鉴定机构和司法鉴定人两方面入手落实非法证据排除规则的要求。[②]

首先是司法鉴定机构的要求。司法鉴定机构接受委托开展司法鉴定活动是司法鉴定的开始，同时也是保证司法鉴定质量的重要关口，这对

---

① 陈瑞华：《非法证据排除程序再讨论》，《法学研究》2014年第2期。
② 杜志淳：《司法鉴定法立法研究》，法律出版社2015年版，第173—175页。

鉴定意见在法庭上支持举证所需要的司法鉴定程序合法性有重要影响。司法鉴定机构指具备司法鉴定机构成立条件，由司法机关为履行相应的法定职责而设立的机构或者经司法行政机关核准登记并取得面向社会从事司法鉴定服务资格的机构。虽然已有《司法鉴定程序通则》进行了初步规范，但在司法鉴定法立法中还应结合非法证据排除规则研究的最新成果吸收合理观点进行规制。其中实物证据的鉴定问题应该引起重视，如笔迹鉴定中的原件、法医学鉴定中影像资料、证明司法鉴定过程中鉴定所用检材是真实的原件需要司法鉴定机构在接受委托单位委托时，接受案件程序一定要完备、可查证，否则在庭审质证过程中就有可能因为不能证明检材真实性使鉴定意见排除。除保证外部检材的真实性之外，司法鉴定机构内部的安全性也应当得到保障。司法鉴定机构的鉴定资格也是需要关注的问题，是否有明确的业务范围；是否有在业务范围内进行司法鉴定所必需的仪器、设备；是否有在业务范围内进行司法鉴定所必需的依法通过计量认证或者实验室认可的检测实验室；是否每项司法鉴定业务有三名以上鉴定人。鉴定程序规范性，包括司法鉴定的提请、决定与委托、受理、实施、补充鉴定、重新鉴定、专家共同鉴定等各个环节上必须符合诉讼法和其他相关法律法规和部门规章的规定。鉴定的步骤、方法应当是经过法律确认的、有效的，鉴定标准要符合国家法定行业标准。

在我国，司法鉴定机构主要为侦查机关内部普遍设立的鉴定机构，内部的资源、人员以及手段在我国司法鉴定活动中占有重要的地位，机关内部的侦查工作、行政执法工作与司法鉴定工作同步进行，整体发展。在刑事案件中，侦查机关的侦查工作和司法鉴定工作在机关内部同步进行，为侦查案件查明案件事实提供了整体连贯的程序布局，在需要诉讼的情况下，使侦查机关进行的侦查工作和司法鉴定工作更好地为后续诉讼活动进行做铺垫，持续提高司法鉴定机构内部管理水平，切实抓好质量建设，努力保证鉴定过程的规范性和鉴定结果的科学性。另一方面，侦查机关既开展侦查工作，又进行司法鉴定工作，鉴定工作很可能受到侦查工作的支配。侦查机关内部做出的司法鉴定结论，由侦查部门采用，做出相应的立案强制措施以及提交检察院移送起诉的依据，由此可能会产生不符合程序正义的做法。"司法鉴定机构的设置应该坚持以下原则：独立性、中立性和公益性。"① 司法鉴定机构作为对诉讼中的专门问题由拥有专门知识和技能的专业技术人员做出鉴定意见的机构，应当具有独立性，一直维持司法行政机关内部开展侦查工作、检察工作、审判工作的同时进行司法鉴定活动，其司法鉴定活动的公信力受到质疑。② 司法行政机关应尽力排除所做的鉴定结论成为非法证据的可能，让司法鉴定机构运用专门的知识和技能独立地做出判断，因此，"司法鉴定机关应有其独立的法律地位，所设立的司法鉴定机构独立于诉讼参与主体，所设立的司法鉴定机构的执业行为独立。"③ 鉴定机构作为司法鉴定主体，不能依靠其他机构或团体，与其他主体的工作有利害关系，影响鉴定意见作为诉讼证据。为了鉴定结论的科学性和合法性，司法鉴定机构应该保持中立地位，不因外界干扰而影响司法鉴定工作的质量，甚至影响诉讼活动的进行。此外，社会中的司法鉴定机构多集中于法医临床类、司法会计类鉴定类型，这种司法鉴定机构为营利机构，技术力量和鉴定质量方面尚有欠缺，司法行政机关应当加强对司法鉴定机构的监管，提升司法鉴定质量，保障鉴定意见的合法性和可靠性。

除司法行政机关内部的鉴定部门之外，司法鉴定机构在社会司法鉴定活动中处于中立地位，既不从属于国家机关，也"不依靠于参加诉讼的机关，其活动不受司法行政机关约束和管理，进行诉讼活动不受其他机关管理和干预，无行政区域划分管理"，④ 无上下级之分，完全独立地进行司法鉴定工作。司法鉴定机构为了保障进行司法鉴定工作的鉴定结论都是合法有效的，应当对机构内部加强管理形成统一操作的规范制度，将鉴定结论中非法排除因素降低，严格把控司法鉴定工作的质量。司法鉴定机构不仅要统一接受对法院或当事人的鉴定委托并协调实施司法鉴定工作，对案件的专门性问题进行深刻剖析，而且为涉案相关的专门性问题和为认定案件事实提供有力证据，为诉讼活动中的司法鉴定提供具

---

① 杜志淳：《司法鉴定法立法研究》，法律出版社2015年版，第98—101页。
② 杜志淳：《司法鉴定法立法研究》，法律出版社2015年版，第99—101页。
③ 杜志淳：《司法鉴定法立法研究》，法律出版社2015年版，第100页。
④ 杜志淳：《司法鉴定法立法研究》，法律出版社2015年版，第90页。

有司法审判意义的内容。司法鉴定作为一种有关司法的行为，法律规范要明确赋予其为开展司法鉴定工作进行采集信息，准备并检查检材并分析其在司法鉴定工作中的可用性，对鉴定原料应当严加管控，确保其真实性和完整性的权力，为司法鉴定工作质量负责。同时司法鉴定机构在进行鉴定工作时应坚决遵守职业操守，严格按照规范操作可以降低鉴定结论的非法排除概率，只有司法鉴定机构作出的鉴定意见尽可能准确、公正、合法，才有机会被诉讼程序接纳作为证据。因此，司法鉴定机构在排除非法证据方面应严格把关鉴定结论质量，为诉讼程序输送审判依据。

对于司法鉴定人出庭作证问题，我国规定除法定可以不出庭作证外，鉴定人必须出庭接受质询，如果鉴定人不按法庭要求出庭，那么鉴定意见可能会被排除。因此，司法鉴定法立法应该明确鉴定人应该出庭作证与非法证据排除规则配套。当事人要求鉴定人出庭接受询问的，鉴定人应当出庭，鉴定人出庭时，还应该携带其鉴定人资格证原件以证明身份合法性和执业类别在法定核准范围内。司法鉴定人出庭作证是正当程序的要求，是司法鉴定意见作为诉讼证据而进行质证的要求，同时这也是司法鉴定人的法定义务。司法鉴定人出庭作证程序的启动大致分为以下几种：依当事人申请，当事人申请司法鉴定人出庭的，应当在举证期限届满前七日内向法院提出书面申请。法院经审查同意后，应在开庭前三日向司法鉴定人送达出庭通知；法院依职权启动出庭作证程序，法院应在开庭前三日向司法鉴定人送达出庭通知。但没有明确受举证期限类似约束，不论是经历哪个审判阶段案件，法官认为需要鉴定人出庭的必须出庭。司法鉴定人出庭作证是在质证环节中对诉讼中出现的委托进行司法鉴定的专业问题由专业司法鉴定人员出庭进行科学的解答，这有利于明确专业问题，维护当事人合法权益，促进诉讼活动公平正义，审判人员可以做出公正的判决，同时司法鉴定人在出庭作证时享有人身和财产安全，个人信息不被泄露以及因出庭作证产生的费用由当事人承担的权利。

司法鉴定人出庭的主要任务是在法庭上阐述鉴定意见及作出该司法鉴定意见的根据和原理，接受审判人员和当事人及其他诉讼参与人的质证并回答有关案件司法鉴定的专业性问题。在司法鉴定人出庭作证时，法庭对于鉴定意见的质证主要是探究该鉴定结论的证据资格、证明力等相关问题。认定作为检材、原件证据等其他鉴定材料是否具有真实性，是否具有鉴定条件，这是确定司法鉴定结论的基础。鉴定技术的科学性和鉴定中的技术运用也是影响司法鉴定结论的重要因素。司法鉴定人出庭作证，审判人员可以对鉴定结论及鉴定过程有进一步的了解，确定鉴定结论是否可以在判决中作为合法证据使用，明确鉴定结论的作用，一方面，审判人员可以通过鉴定人出庭作证情况确定是否要重新进行司法鉴定，如何开启司法鉴定程序，有助于进一步认定案件事实。司法鉴定人出庭作证时，当事人对专业问题进行询问质证，增加对案件事实以及审理结果的理解与接受，保障当事人合法权益，有利于审判人员对法律事实进行认定，有助于诉讼活动的顺利进行，有利于有效地排除非法证据，促进诉讼活动的公平正义。另一方面，司法鉴定人出庭作证与当事人进行质证，可以防止审判人员滥用权力，提升法律实际运用的社会公信力，维护司法公正。出庭作证有利于提高诉讼效率，使司法鉴定人的鉴定成果得到回报，让出庭作证并质证能够正确地认定案件事实，防止出现误判情况，让正确的鉴定意见能有所用，"有利于提高司法鉴定的质量，避免出现重复鉴定的情况，浪费司法资源，影响诉讼效率。"[①] 司法鉴定人出庭作证花费了时间精力，利用了司法资源，还会收取出庭费用，使诉讼成本增加。但是出庭作证是为了让鉴定结论更好地被利用、被采纳，使其合法性可以作为证据运用于案件诉讼中，出庭作证的成本远小于鉴定意见在不能用的情况下再次进行鉴定即重复鉴定所浪费的司法资源，并可能带来一些问题。因此，司法鉴定人出庭作证也是提高诉讼效率的方式之一。司法鉴定人是司法鉴定活动实际操作者，其行为的实施直接对司法鉴定结论产生实质性的影响。司法鉴定人实施的鉴定行为将科学技术直接服务于司法活动，在司法活动当中具有科学性、中立性等特点。在我国司法鉴定登记管理办法中规定，司法鉴定人作为自然人不能以个人名义对外从事司法鉴定活动，必须接受所在司法鉴定机构

---

① 杜志淳：《司法鉴定法立法研究》，法律出版社2015年版，第61页。

的委派。在规定中可以看出已经对司法鉴定人的资格条件和工作方式做出限制，从源头对司法鉴定人进行了规范，明确了其应当遵守的职业规则，维护司法鉴定行业秩序，为司法鉴定人要承担的义务如出庭作证奠定了基础。

为保障当事人的诉讼权利，"实现诉讼程序公正，鉴定人出庭作证，被告人通过交叉询问或其他方式询问鉴定人，可以保障其行使质证权。"① 我国司法鉴定人出庭作证时应当在权利、义务、人身安全、财产安全、经济补偿以及法律责任等多方面进行保障，在法院向司法鉴定机构通知鉴定人出庭作证后，司法鉴定人无正当理由拒不出庭作证或出庭后拒绝接受诉讼双方当事人质证及审判人员的询问，不对司法鉴定结论和意见的合法性和科学性作当庭阐述的情况下，该鉴定意见不得作为认定案件事实的专门性证据，审判人员应当对待证事实进行重新鉴定。对于无正当理由拒不出庭作证的鉴定人，法院将会做出相应的处罚。司法行政机关接到人民法院有关鉴定人无正当理由拒不出庭的通报、司法建议或公民、法人和其他组织有关投诉、举报的，要依法进行调查处理。在调查中发现鉴定人存在经人民法院依法通知，拒绝出庭作证情形的，要依法给予其停止从事司法鉴定业务三个月以上一年以下的处罚；情节严重的，撤销登记。司法鉴定行业协会要依据法律法规制定鉴定人出庭作证的行业规范，加强鉴定人出庭作证行业自律管理。在诉讼的庭前会议中可以先确定当事人或者审判人员是否对当事人之间的鉴定结论提出异议，如果有异议，法院应提前通知鉴定人出庭作证，接受双方当事人质证及审判人员询问；如果当事人对鉴定结论没有异议，司法鉴定人则无须出庭。这样不仅可以保障当事人的合法权益，保护其诉讼权利的行使，还可以节约司法资源。"鉴定机构和鉴定人在接受鉴定委托、鉴定、出具结论要为出庭作证及时做准备，对疑难问题的解答应当专业而准确。"② 这都需要鉴定人在出庭作证前做大量准备工作，不会因为当事人对鉴定及鉴定意见有异议或申请出庭感到意外，并能科学客观精准就各

---

① 杜志淳：《司法鉴定法立法研究》，法律出版社2015年版，第61页。
② 杜志淳：《司法鉴定法立法研究》，法律出版社2015年版，第63页。

方当庭质询和问答作出应答,保证鉴定程序合法、合规,鉴定结论科学精确,为司法判决提供依据,定纷止争。司法鉴定机构作为主要司法鉴定活动主体,在接受委托后,已经负担了检材可能作为鉴定意见的责任,鉴定机构必须对证据的产出和利用负责,也应加强机构内部管理,为诉讼活动负责。司法鉴定法在立法中明确规定或提出要求,使之成为鉴定人执业的常识,这样不仅可消除法庭各方对鉴定意见的疑虑,也可增强法庭对司法鉴定人在开展司法鉴定活动过程中的行为可信,利于诉讼活动中各方主体心证形成,实现司法鉴定的公平与正义。

司法鉴定管理制度改革的目标是建立公正、高效的司法制度,实现司法鉴定统一管理的目标,作为科学性活动,司法鉴定的专业性与可靠性是司法鉴定统一管理的具体目标,最后实现司法鉴定管理制度改革的效率与公正。在当今经济发展迅速的时代,司法鉴定依靠科技大发展得以获得更精确更可靠的鉴定结果,保障司法公正。在许多方面,司法鉴定的鉴定结果对案件判决起着决定性作用。司法鉴定管理随着社会的发展而不断深化与发展,一方面需要借助鉴定机构、鉴定人的准入确保鉴定质量,还需要"统一司法鉴定管理制度体系与其他法律,尤其是与诉讼法和证据制度相衔接,在制度上确立司法鉴定的可信性可靠性。"[①] 无论是司法鉴定制度改革还是发展都是为保障司法鉴定制度上产生的鉴定结果具有制度上的可信性,由于鉴定意见是以司法鉴定人的专门知识作为基础的,这些鉴定意见的产生离不开科技的革新、制度供给和程序维护,这些制度不仅对司法鉴定所运用专门知识进行规范,还对鉴定人的判断给予了规范性限制,保障鉴定的可信性,司法鉴定机构的中立性和鉴定人的独立性促进了司法鉴定制度改革与发展。鉴定意见不仅需要具有可信性,还需要具有可靠性,可靠性来源于正当程序的维护以及坚实的证据基础,让司法鉴定结论的科学性成为理所应当、水到渠成的。司法鉴定统一管理法制化的价值目标是实现司法公正,司法公正要求司法鉴定制度是中立的,因此司法鉴定管理制度在价值上应当是中立的、公正的、科学的。

---

① 杜志淳:《司法鉴定法立法研究》,法律出版社2015年版,第12—13页。

司法鉴定法的体系结构决定司法鉴定法的性质，司法鉴定统一立法受制于其调整范围和对象，但这些问题须以司法鉴定法需要解决的社会关系和实际问题为前提，统一立法应当实际反映这些诉求。同时，当前的司法改革成果和诉讼法修改所要求的立法衔接决定了司法鉴定法体系和结构、内容的安排。司法鉴定统一立法应该充分反映行业管理、行业协会、诉讼程序需要的协调和对应，解决人民群众日益增长的通过司法鉴定的取证要求，提升司法机关依据鉴定意见裁判案件的准确性和公信力，减少冤假错案的发生。社会生活管理法治化对司法鉴定统一立法产生了更高要求，希望通过司法鉴定法的制定使鉴定意见这一法定证据能够真正发挥应有作用。因此，在司法鉴定统一立法中，应注意司法鉴定制度与诉讼制度、证据制度衔接，体现具备我国特殊形式的司法鉴定体制所要求的结构层次性和系统性。但是，司法鉴定统一立法的确非常复杂，本书只是初步解决了我国特殊司法鉴定体制的形成与演进过程，论证和分析了目前的司法鉴定法律规定和司法改革、诉讼法修改分离的问题，提出了司法鉴定统一立法相应解决对策，实际立法中，可能还需要进一步从实体规制和程序规范两个层面分别论证才能有成效。

参考文献

一 著作类

常林：《司法鉴定专家辅助人制度研究》，中国政法大学出版社 2012 年版。

陈邦达：《刑事司法鉴定程序的正当性》，北京大学出版社 2015 年版。

杜志淳等：《司法鉴定质量监控研究》，法律出版社 2013 年版。

杜志淳、宋远升：《司法鉴定证据制度的中国模式》，法律出版社 2013 年版。

杜志淳：《司法鉴定概论》，法律出版社 2012 年版。

杜志淳：《司法鉴定立法研究》，法律出版社 2011 年版。

房保国、陈宏钧：《鉴定意见研究》，中国政法大学出版社 2012 年版。

郭道晖：《当代中国立法》，中国民主法制出版社 1998 年版。

郭华：《案件事实认定方法》，中国人民公安大学出版社 2009 年版。

郭华：《鉴定结论论》，中国人民公安大学出版社 2007 年版。

郭华：《鉴定意见争议解决机制研究》，经济科学出版社 2013 年版。

郭华：《专家辅助人制度的中国模式》，经济科学出版社 2015 年版。

郭金霞等：《司法鉴定质量控制法律制度研究》，法律出版社 2009 年版。

郭金霞：《鉴定结论适用中的问题与对策研究》，中国政法大学出版社 2009 年版。

侯淑雯：《立法制度与技术原理》，中国工商出版社 2003 年版。
胡祖平主编：《司法鉴定理论与实践》，浙江大学出版社 2013 年版。
黄维智：《鉴定证据制度研究》，中国检察出版社 2006 年版。
霍先丹主编：《司法鉴定通论》，法律出版社 2009 年版。
纪宗宜：《司法鉴定证据研究》，法律出版社 2012 年版。
季美君：《专家证据制度比较研究》，北京大学出版社 2008 年版。
蒋丽华：《刑事鉴定质量控制法律制度研究》，中国检察出版社 2007 年版。
李林：《走向宪政的立法》，法律出版社 2003 年版。
李明璞：《地方立法的过程与方法》，湖北人民出版社 2013 年版。
李培传：《论立法》，中国法制出版社 2004 年版。
李小娟、刘勉义：《地方立法程序研究》，中国人民公安大学出版社 2003 年版。
刘海涛：《地方立法研究》，中国民主法制出版社 2002 年版。
刘晓丹：《论科学证据》，中国检察出版社 2010 年版。
刘振红：《司法鉴定诉讼专门性问题的展开》，中国政法大学出版社 2015 年版。
罗传贤：《立法程序与技术》，台北：五南图书出版公司 2005 年版。
马新福、朱振、汤善鹏：《立法论——一种法社会学视角》，吉林人民出版社 2005 年版。
苗连营：《立法程序论》，中国检察出版社 2001 年版。
邱爱民：《科学证据基础理论研究》，知识产权出版社 2013 年版。
王素芳：《诉讼视角下的司法鉴定制度研究》，上海大学出版社 2012 年版。
徐继军：《专家证人研究》，中国人民大学出版社 2004 年版。
杨炼：《立法过程中的利益衡量研究》，法律出版社 2010 年版。
叶自强：《法庭审判中的科学证据》，中国社会科学出版社 2012 年版。
易有禄：《正当立法程序研究：以立法权正当行使的程序控制为视角》，中国社会科学出版社 2009 年版。
曾祥华：《立法过程中的利益平衡》，知识产权出版社 2011 年版。

张斌:《科学证据采信基本原理研究》,中国政法大学出版社2012年版。

张南宁:《科学证据基本问题研究》,中国政法大学出版社2013年版。

二 论文类

包建明:《司法鉴定机构信访投诉实务探究》,《中国司法鉴定》2010年第3期。

陈邦达:《美国科学证据采信规则的嬗变及启示》,《比较法研究》2014年第3期。

陈飞翔、叶树理:《完善鉴定人出庭制度的若干思考》,《南京社会科学》2007年第3期。

陈龙鑫:《对公安机关司法鉴定体制改革的理性思考》,《中国司法鉴定》2010年第5期。

陈如超:《司法鉴定管理体制改革的方向与逻辑》,《法学研究》2016年第1期。

陈瑞华:《鉴定意见的审查判断问题》,《中国司法鉴定》2011年第5期。

陈瑞华:《论司法鉴定人的出庭作证》,《中国司法鉴定》2005年第4期。

程军伟:《司法鉴定的立法思考》,《中国司法鉴定》2010年第4期。

樊崇义、郭金霞:《司法鉴定实施过程诉讼化研究》,《中国司法鉴定》2008年第5期。

樊崇义、何东青:《刑事诉讼模式转型下的速裁程序》,《国家检察官学院学报》2020年第3期。

龚卫:《我国刑事司法鉴定启动权的反思》,《中国司法鉴定》2010年第2期。

顾静薇、郭振:《我国刑事司法鉴定启动程序的改革与完善》,《中国刑事法杂志》2012年第7期。

顾永忠:《论司法鉴定体制建立的依据及进一步改革的重点》,《中国司法鉴定》2011年第1期。

郭华（a）：《切实保障刑事诉讼法中司法鉴定条款的实施》，《法学》2012年第6期。

郭华（b）：《刑事鉴定制度修改的背景、争议及解读》，《证据科学》2012年第2期。

郭华：《司法鉴定制度改革的基本思路》，《法学研究》2011年第1期。

郭华：《刑事技术、刑事技术鉴定与司法鉴定关系之考量》，《现代法学》2010年第6期。

何家弘：《刑事诉讼中证据调查的实证研究》，《中外法学》2012年第1期。

何家弘主编：《证据学论坛》（第八卷），中国检察出版社2004年版。

何晓丹、吴何坚、沈敏：《论司法鉴定人资格认证框架的构建》，《中国司法鉴定》2011年第1期。

洪坚：《论建立我国的鉴定人选任制度》，《中国人民公安大学学报》2007年第5期。

胡铭：《鉴定人出庭与专家辅助人角色定位之实证研究》，《法学研究》2014年第4期。

季美君：《专家证据的价值与我国司法鉴定制度的修改》，《法学研究》2013年第2期。

李祖军、吕辉：《鉴定人出庭作证制度立法解读与完善进路——以2012年民事诉讼法为背景》，《河北法学》2014年第1期。

刘满达：《电子签名的法律效力认定》，《法学》2011年第1期。

刘鑫、王耀民：《论专家辅助人资格的审查》，《证据科学》2014年第6期。

孟勤国：《司法鉴定规则应重在规范法官行为——最高法院（2011）民一终字第41号判决书研读》，《法学评论》2013年第1期。

潘广俊、陈喆、胡铭：《专家辅助人制度的现状、困境与改善建议——以浙江省为例的实证分析》，《证据科学》2014年第6期。

裴小梅：《论专家辅助人的性格——中立性抑或倾向性？》，《山东社会科学》2008年第7期。

乔森旺、李金锁：《我国司法鉴定现状分析及完善管理机制的建议》，《中国司法鉴定》2009 年第 2 期。

施晓玲：《鉴定人出庭质证的相关法律问题》，《中国司法鉴定》2010 年第 3 期。

司法部赴德司法鉴定培训团、陈俊生、刘朝宽、陈金明、张虎、罗纪锋、张玫、周卫、何晓丹：《德国司法鉴定制度》，《中国司法鉴定》2010 年第 3 期。

苏青：《司法鉴定启动条件研究》，《证据科学》2016 年第 4 期。

孙海龙、姚建军：《司法鉴定与专家辅助人制度研究——以知识产权审判为视角》，《人民司法》2008 年第 3 期。

谭世贵、陈晓彤：《优化司法鉴定启动权的构想——以刑事诉讼为视角》，《中国司法鉴定》2009 年第 5 期。

涂舜、陈如超：《法鉴定管理的体制变迁及其改革方向：1978—2018》，《河北法学》2020 年第 1 期。

汪建成：《司法鉴定基础理论研究》，《法学家》2009 年第 4 期。

汪建成：《司法鉴定模式与专家证人模式的融合——中国刑事司法鉴定制度改革的方向》，《国家检察官学院学报》2011 年第 4 期。

汪建成：《专家证人模式与司法鉴定模式之比较》，《证据科学》2010 年第 1 期。

王瑞恒、任媛媛：《我国刑事诉讼中司法精神病鉴定启动权配置探析》，《中国司法鉴定》2010 年第 3 期。

吴洪淇：《刑事诉讼中的专家辅助人：制度变革与优化路径》，《中国刑事法杂志》2018 年第 5 期。

杨郁娟：《论电子证据的司法鉴定》，《中国司法鉴定》2011 年第 3 期。

俞世裕、潘广俊、林嘉栋、余晓辉：《鉴定人出庭作证制度实施现状及完善——以浙江省为视角》，《中国司法鉴定》2014 年第 5 期。

赵长江：《论我国司法鉴定质证程序的困境与出路》，《中国司法鉴定》2011 年第 3 期。